Anne Scherer, Cindy Candrian

You & AI: Alles über Künstliche Intelligenz und wie sie unser Leben prägt

"Trotz der zahlreichen Veröffentlichungen zu diesem Thema, bin ich überzeugt, dass dieses Buch sich abheben und einen bleibenden Eindruck hinterlassen wird"

- **William Drennan,** Editor von Büchern von Dwight D. Eisenhower, Isaac Asimov, und anderen.

YOU & AI

Alles über

Künstliche Intelligenz

und wie sie unser Leben prägt

ANNE SCHERER, CINDY CANDRIAN

Bibliografische Information der Deutschen
Nationalbibliothek: Die Deutsche Nationalbibliothek
verzeichnet diese Publikation in der Deutschen
Nationalbibliografie; detaillierte bibliografische Daten sind
im Internet über dnb.dnb.de abrufbar.

© 2023 Delta Labs AG
Herstellung und Verlag: BoD – Books on Demand, Norderstedt

ISBN: 978-3-7526-2335-2

INHALT

KAPITEL 1

HALLO! HIER IST KI

In diesem Buch dreht sich alles um dich und KI. Ihr beide seid euch sicherlich schon oft begegnet, aber eine richtige Vorstellungsrunde gab es bisher noch nicht. Das wollen wir doch gleich mal ändern! Also, was ist eigentlich künstliche Intelligenz, oder kurz KI?

Künstliche Intelligenz ist ein Teilgebiet der Informatik, das sich mit der Simulation von intelligentem Verhalten in Maschinen beschäftigt. Mit anderen Worten: Künstliche Intelligenz ist jede Art von Intelligenz, die von einer Maschine gezeigt wird. Im Gegensatz zur natürlichen Intelligenz von Menschen und Tieren wurde die künstliche Intelligenz aus dem Verständnis heraus entwickelt, wie Menschen denken und Informationen verarbeiten.

Die ersten Werke zur KI stammen aus dem Jahr 1956, als Alan Turing seine Arbeit „Computing Machinery and Intelligence" veröffentlichte. Darin schlug er vor, dass eine Maschine, die das menschliche Verhalten beim Lösen von

Problemen und Beantworten von Fragen erfolgreich imitieren kann, als intelligent gelten sollte.

Tatsächlich entwarf Turing in den 1950er Jahren ein Imitationsspiel, um herauszufinden, ob ein Computer einem Menschen vortäuschen kann, dass er ein Mensch ist. Damals war der sogenannte Turing-Test ein provokantes Gedankenexperiment, das viel Interesse und Forschung im KI-Bereich weckte. Heutzutage können Computer natürlich viel mehr, als einem Menschen vorzutäuschen, dass er mit einem anderen Menschen schreibt. Mittlerweile ist KI sogar in vielen Bereichen so gut geworden, dass wir sie oft nicht mehr von menschlicher Intelligenz unterscheiden können.

Um das zu verdeutlichen, schau dir mal den zweiten und dritten Absatz dieses Kapitels an. Fällt dir etwas auf? Nein? Dann hat die KI dich gerade hinters Licht geführt und glauben lassen, dass wir den Text geschrieben haben. In Wirklichkeit hat die berühmt-berüchtigte KI ChatGPT (kurz für „Generative Pre-trained Transformer"), ein hochmodernes Natural Language Processing (NLP)-Modell von OpenAI, den Text geschrieben, nachdem wir es gebeten hatten, künstliche Intelligenz zu erklären.

KI hat uns schon oft beeindruckt, aber erst in jüngster Zeit ist sie wirklich im Rampenlicht der Medien angekommen. Viele sprechen daher von einer „KI-Renaissance". Ein treibender Faktor für diese Renaissance ist die Fähigkeit heutiger KI-Systeme, Menschen bei Aufgaben zu übertreffen, von denen wir lange angenommen haben, dass sie menschliche Intelligenz erfordern.

Nehmen wir Schach zum Beispiel: Es erfordert strategisches Denken und analytische Fähigkeiten. KI hat uns hier schon früh gezeigt, dass sie ein ernstzunehmender Gegner ist. Bereits 1997 machte der Schachcomputer Deep Blue Schlagzeilen, als er den Weltmeister Garry Kasparov in einem spannenden Match besiegte. Seitdem hat sich KI ständig weiterentwickelt und gehört heute zu den besten SchachspielerInnen der Welt. Aber Schach ist nicht das einzige Spiel, das von KI erobert wurde. Im Jahr 2016 sorgte das Programm AlphaGo für Aufsehen, als es den derzeit besten Go-Spieler Lee Sedol besiegte. Go ist ein komplexes Strategiespiel mit unzähligen möglichen Zügen, was die Überlegenheit der KI umso beeindruckender macht.

Inzwischen hat KI erstaunliche Fortschritte gemacht und bewältigt weitaus komplexere Aufgaben als Schach- oder Go-Spiele. Im Gesundheitswesen kann KI zum Beispiel blitzschnell medizinische Bilder analysieren, um Auffälligkeiten zu finden und bei der Diagnose zu unterstützen. Sie kann auch riesige Textmengen übersetzen und menschenähnliche Sprache erzeugen, was die Kommunikation mit Computern und persönlichen Helferlein wie Siri oder Alexa einfacher macht. Und mit selbstfahrenden Autos übernimmt die KI sogar das Steuer.

Aber es war die Einführung bahnbrechender Systeme wie Dall-E und ChatGPT im Jahr 2022, die KI ins Rampenlicht katapultierte. Diese KI-Systeme zeigen unglaubliche Fähigkeiten, wie das Erstellen völlig neuer Kunstwerke aus kurzen Textbeschreibungen oder das Führen natürlicher Gespräche, als wären sie Menschen. Mit diesen Systemen können selbst die größten SkeptikerInnen nicht leugnen: KI verändert unsere Welt und revolutioniert, wie wir leben und arbeiten.

Die beeindruckenden Fortschritte der letzten Jahre haben KI ins Scheinwerferlicht und eine Frage in den Mittelpunkt gerückt: Wie sieht unsere Zukunft mit KI aus? Man könnte schnell denken, dass KI uns Menschen in allen Bereichen in den Schatten stellt, aber keine Sorge, für uns Erdlinge gibt es noch Hoffnung! Auch wenn KI Aufgaben wie einen Rubiks Cube in unter einer Sekunde lösen kann, haben wir Menschen immer noch einzigartige Stärken wie Kreativität, Intuition und die Fähigkeit, über den Tellerrand zu schauen.

Was passiert also, wenn man die blitzschnelle Verarbeitungsgeschwindigkeit der KI mit den einzigartigen Talenten von uns Menschen kombiniert? Magie. Gemeinsam können wir Dinge erreichen, die niemand von uns alleine schaffen könnte. Also, es gibt immer noch einen Platz für uns in dieser Hightech-Welt.

Jetzt, da KI immer mehr Teil unseres Alltags wird, ist es wichtig, dass wir ihr Potenzial und ihre Grenzen verstehen. Genau hier kommt dieses Buch ins Spiel! Unser Ziel ist, KI verständlich zu machen und ein klares Bild darüber zu geben, was sie kann und was nicht, sowie wo sie nützlich oder hinderlich sein könnte. Wir werfen einen Blick auf aktuelle Forschung zur Psychologie hinter diesen neuen Technologien, um herauszufinden, was unsere Wahrnehmung und unser Verhalten gegenüber KI beeinflusst und wie Hightech-Unternehmen dieses Wissen für die Entwicklung von KI-Systemen nutzen. Hast du dich zum Beispiel jemals gefragt, warum manche KI-Systeme Gesichter und Namen haben und andere nicht? Nein? Dann lass uns loslegen und euch beide ein bisschen besser miteinander bekannt machen!

DEIN LEBEN MIT KI: VON GESELLIGEN ROBOTERN ZU CONVERSATIONAL INTERFACES

Was kommt dir als erstes in den Sinn, wenn du KI hörst? Vermutlich kommen dir actionreiche Kämpfe mit Killerrobotern gegen Will Smith oder C-3PO aus *Star Wars* in den Sinn. Wenn wir ins Kino gehen oder den Fernseher anschalten, wird uns oft beigebracht, KI zu fürchten. Meist beginnt die Handlung mit einem Computer oder Roboter, der menschengemachte Intelligenz nutzt. Der Roboter entwickelt sich weiter, wird schlauer und hinterlistiger als Menschen, entscheidet, dass wir im Weg stehen und am Ende ist es super schwer, ihn auszuschalten oder zu zerstören. Tatsache ist, viele lassen sich von dieser typischen Hollywood-Handlung in ihrer KI-Wahrnehmung beeinflussen. Diese Science-Fiction getriebenen Ideen haben wenig mit der aktuellen Realität zu tun, erschweren aber das Verständnis und die Akzeptanz von KI.

Die Realität ist: KI ist längst ein Teil unseres Alltags geworden. Aber da sie nicht in der Gestalt von C-3PO oder dem Terminator daherkommt, merken wir oft gar nicht, dass sie da ist. Von dem Moment an, in dem wir aufwachen und auf unserem Handy die Wettervorhersage abrufen, bis zu dem Moment, in dem wir ins Bett gehen und den Wecker für den nächsten Tag stellen, sorgt KI dafür, unser Leben einfacher und effizienter zu machen. Sie ist inzwischen so allgegenwärtig, dass wir uns vielleicht gar nicht mehr bewusst sind, wie sehr sie unser Leben beeinflusst und wie sehr wir uns tagtäglich auf sie verlassen.

Schauen wir uns doch einmal einen typischen Tag in deinem Leben an. Sobald du aufwachst, begegnest du wahrscheinlich schon einer KI, ohne es zu merken. Ein kurzer Blick aufs Handy, und schwupps – die Frontkamera scannt dein Gesicht und vergleicht es mit dem gespeicherten Bild. Stimmt alles überein, entsperrt sich dein Handy dank Gesichtserkennungstechnologie ganz von allein, und du kannst in deinen Tag starten.

Das Zimmer, in dem du aufwachst, empfängt dich bereits mit deiner Lieblingstemperatur und der perfekten Beleuchtung. Dank KI-gesteuerten Smart-Home-Gadgets kennt dein Heim dich besser als du selbst. Dein kluger Thermostat merkt sich mithilfe von KI, welche Temperaturen du magst, und sorgt dafür, dass dein Zimmer immer genau richtig temperiert ist. Die smarten Lichter passen Farbe und Helligkeit der Tageszeit an und helfen dir so, sanft aufzuwachen. Diese cleveren Helferlein nutzen KI, um deine Gewohnheiten und Vorlieben zu lernen. Wie ein persönlicher Butler, der hinter der Kulisse agiert, helfen sie dir, dein Leben einfacher und angenehmer zu gestalten.

Wenn du auf dem Weg zur Arbeit bemerkst, dass du spät dran bist, ist deine KI-gesteuerte Navigations-App zur Stelle, um dir den schnellsten Weg zu zeigen. Google Maps beispielsweise nutzt KI, um den Verkehrsfluss auf deiner Route zu überwachen und agiert wie dein persönliches Verkehrs-Genie. Selbst bei unerwarteten Hindernissen wie Unfällen oder Baustellen bleibt die App cool und bietet dir die schnellstmögliche Alternative. Und sie wird immer klüger! Manche Funktionen können sogar dein Ziel vorhersagen, bevor du es eingibst, oder dir mit Augmented Reality Schritt-für-Schritt-Anweisungen direkt auf dem Kamerabildschirm zeigen – ein Lebensretter für Orientierungslose!

Aber das ist noch nicht alles. Während du gedanklich schon bei der Arbeit bist, sorgt die KI in deinem Auto für Sicherheit auf der Straße. Moderne Autos verfügen oft über ein fortschrittliches Fahrerassistenzsystem (advanced driver-assistance system, kurz ADAS), das automatisch bremst, Fahrermüdigkeit erkennt oder vor dem Verlassen der Fahrbahn warnt. Dein Auto kann also nicht nur selbstständig einparken, sondern auch deine Sicherheit im Blick behalten. Gleichzeitig kannst du Sprachassistenten wie „Hey, Mercedes" nutzen, um deinem Chef oder deiner Chefin Bescheid zu geben, dass du etwas später kommst. Schon 2020 hatten fast die Hälfte aller Autos vernetzte Dienste an Bord, und bis 2028 werden voraussichtlich 90 % aller Neuwagen Sprachassistenten haben.

Sobald du bei der Arbeit ankommst, wirst du bemerken, dass KI auf vielfältige Weise eingesetzt wird, um unseren Arbeitsalltag angenehmer zu gestalten. Schau dir nur mal deinen E-Mail-Posteingang an: KI-Zauberei überall! Spamfilter verwenden KI, um unerwünschte E-Mails zu erkennen und auszusortieren, damit dein Posteingang übersichtlich bleibt. Und wenn eine wichtige E-Mail eingeht, können KI-unterstützte Sprachmodelle blitzschnell den Inhalt zusammenfassen, um dir bei der Sortierung, Priorisierung und Beantwortung zu helfen.

Doch es gibt noch viele weitere KI-Anwendungen, die du täglich bei der Arbeit nutzt. Im Kundenservice beispielsweise stehen dir hilfsbereite Chatbots zur Verfügung, die rund um die Uhr Fragen beantworten und Informationen liefern. So kann sich der Rest vom Team auf komplexere Aufgaben konzentrieren. Und im Finanzwesen ist KI wie ein Superdetektiv, der nach betrügerischen Aktivitäten Ausschau hält und Markttrends analysiert, um kluge Investitionsentscheidungen zu ermöglichen. Im Gesundheitswesen unterstützt KI MedizinerInnen bei Diagnosen, indem sie medizinische Bilder wie Röntgenaufnahmen, CT-Scans und MRTs analysiert. Sie ist auch ein wertvolles Werkzeug bei der Entwicklung neuer Medikamente, indem sie Berge von Daten durchforstet, um potenzielle Treffer zu identifizieren. In der Logistik ist KI oft das Superhirn hinter einer gut funktionierenden Maschine, die Lieferrouten optimiert, die Nachfrage prognostiziert, Lagerbestände verwaltet und sogar Ausfälle von Maschinen vorhersagt.

Selbst wenn du in einem Bereich arbeitest, der auf den ersten Blick nichts mit KI zu tun hat, kann sie dennoch eine Rolle bei der Verbesserung von Geschäftsprozessen spielen. In der Personalabteilung beispielsweise unterstützt KI die Rekrutierung, indem sie Lebensläufe von Bewerbenden analysiert, um die besten KandidatInnen für eine Stelle zu finden.

Nach einem langen Arbeitstag magst du vielleicht denken, dass du KI für heute hinter dir gelassen hast. Aber tatsächlich fängt der Spaß gerade erst an! Ob beim Online-Shopping, Filme-Streamen oder in den sozialen Medien – KI zieht überall hinter den Kulissen die Fäden und liefert dir deine Welt auf Knopfdruck nach Hause.

Online-Shopping ist dank KI so einfach wie nie zuvor. Von Chatbots, die dich zu deinem perfekten Paar Schuhe führen, bis hin zu Sprachassistenten, die dir die angesagtesten Produkte empfehlen – KI macht das Einkaufen im Internet zum Kinderspiel. Nimm zum Beispiel Amazon. Der kleine Empfehlungsalgorithmus im Hintergrund ist wie eine persönliche Einkaufsassistenz, die dir auf der Grundlage deines Surfverhaltens und deiner bisherigen Einkäufe Produkte vorschlägt.

Auch wenn du im Internet nach etwas suchst, ist KI zur Stelle. Suchmaschinen wie Google oder Bing verwenden KI, um dir passende Ergebnisse zu liefern. Und die Werbung, die dich zu verfolgen scheint? Auch das ist KI! Indem sie deinen Suchverlauf verfolgt, zeigt KI personalisierte Anzeigen, die genau auf deine Interessen und Bedürfnisse zugeschnitten sind.

Auch Unternehmen genießen die Vorteile dieser technischen Wunderwaffe. Dank KI können sie die Nachfrage vorhersagen, Lagerbestände optimieren und Preistrends prognostizieren. Es ist wie eine Kristallkugel für den Vertrieb! In der Werbung hilft KI Online-HändlerInnen dabei, das Beste aus ihren Werbebudgets herauszuholen, indem sie die wirkungsvollsten Keywords und Anzeigenplatzierungen ermittelt. So bekommst du Werbung, die genau deinen Geschmack trifft.

Loggst du dich in den sozialen Medien ein, erwartet dich noch mehr KI-Zauber. Hinter den Kulissen arbeiten Algorithmen hart daran, dir die relevantesten Inhalte zu präsentieren, Freundinnen und Freunde vorzuschlagen und sogar News herauszufiltern. KI ist also wie ein smarter und aufmerksamer Begleiter in den sozialen Medien, der ein außerordentliches Talent dafür hat, deine Vorlieben zu erkennen und dir maßgeschneiderte Inhalte anzubieten.

Aber jetzt machst du es dir erst einmal gemütlich und lässt mit guter Unterhaltung den Abend ausklingen. Damit dir dabei niemals die Ideen ausgehen, verwenden Streaming-Dienste wie Netflix und Hulu KI, um dir auf Basis deiner Sehgewohnheiten Shows und Filme zu empfehlen. Und wenn du Lust auf Musik oder Hörbücher hast, erstellen KI-betriebene Musik-Streaming-Dienste wie Spotify auf Basis deiner Hörpräferenzen eigene Playlists.

Für Spielbegeisterte sind KI-Assistenten inzwischen ein gängiges Feature, das Spielenden hilft, Strategien zu entwickeln und im Spiel voranzukommen. Von atemberaubend realistischen Grafiken bis hin zu Charakteren, die so echt wirken, dass man fast vergisst, dass sie fiktiv sind – KI revolutioniert das Spielerlebnis. Cyberpunk 2077 nutzt beispielsweise KI, um täuschend echte Charaktere zu erschaffen. Ego-Shooter wie Call of Duty oder Halo profitieren von intelligenteren GegnerInnen dank KI.

Nach dem aufregenden Tag ist es Zeit, zur Ruhe zu kommen. Wenn du ins Bett gehst, vertraust du vielleicht einer KI auch die Sicherheit deines Zuhauses an. Smart-Home-Geräte wie Kameras und Türschlösser nutzen zum Beispiel KI, um ungewöhnliche Aktivitäten zu erkennen und dich zu warnen.

Auch in der Sicherheitsarbeit und in der Verteidigung spielt KI heute eine große Rolle. Sie hilft etwa, verdächtige Aktivitäten zu erkennen, zum Beispiel wenn sich jemand unbefugt in einem Gebiet aufhält, oder ein Auto, das auffällig fährt. Mit Hilfe von KI kann sogar niedrig aufgelöstes Filmmaterial verbessert werden, um Gesichter und Kennzeichen zu identifizieren. Sogar in sozialen Medien hilft KI, Radikalisierung und terroristische Aktivitäten aufzuspüren, so dass die Strafverfolgungsbehörden potenzielle Anschläge verhindern können, bevor sie passieren. Selbst am Himmel schützt uns KI. Zum Beispiel unterstützt sie Pilotinnen und Piloten und sorgt für sichere Flüge. Das Militär entwickelt KI, die in Echtzeit Gefahren identifiziert und uns vor böswilligen Drohnen oder Raketen bewahrt. KI arbeitet also unermüdlich hinter den Kulissen, um uns zu schützen – damit wir in Ruhe und unbesorgt schlafen können.

Am Ende des Tages ist KI immer zur Stelle, um dein Leben einfacher und angenehmer zu gestalten – ob du nun arbeitest, einkaufen gehst, oder dich mit Freundinnen und Freunden triffst. Vom Aufwachen bis zum Schlafengehen ist KI da! Virtuelle Helferlein, die durch Spracherkennung unterstützt werden, sind heute in unseren Häusern allgegenwärtig, und selbstfahrende Autos werden bald Normalität sein. Während du dich täglich auf KI verlässt, ist dir vielleicht gar nicht bewusst, wie sehr sie dein Leben beeinflusst und Entscheidungen trifft, die deine finanzielle Stabilität, dein Wohlbefinden und sogar deine Karriereaussichten prägen können. KI-Systeme entscheiden etwa, ob du einen Kredit erhältst, finanzielle Hilfe bekommst oder den Traumjob ergatterst. Und es geht nicht nur um persönliche Finanzen oder Karrierechancen, KI kommt sogar ins Spiel, wenn es darum geht, wer ins Gefängnis kommt und wer es verlassen darf.

Vor ein paar Jahren war die Vorstellung, dass KI unser Schicksal bestimmt oder unsere Medien kreiert, noch reine Science-Fiction. Heute ist das Realität. KI ist bereits in jeden Aspekt unseres Lebens vorgedrungen und hat die Macht, zum Guten oder zum Bösen eingesetzt zu werden. Die Entscheidungen, die KI-Systeme treffen, können weitreichende Folgen haben. Umso wichtiger ist es also, dass wir informiert bleiben und uns bewusst machen, wie diese Technologie eingesetzt wird und wie sie unser Leben prägt.

WELCHE KI BIST DU? VON SCHMALER BIS SUPER KI

Mit all diesen Beispielen aus deinem täglichen Leben mit KI hast du vielleicht schon bemerkt, dass KI nicht nur eine Sache ist, sondern vieles sein kann! Es ist wie ein riesiger Regenschirm, unter dem wir alles finden – von virtuellen Helferlein über gesellige Roboter bis hin zu Conversational Interfaces. So unterschiedlich diese Systeme auch sind, sie alle haben eins gemeinsam: Sie werden von KI angetrieben, die die menschliche Intelligenz in einem ganz bestimmten Spektrum von Aufgaben nachahmt.

Wie ChatGPT zuvor bereits so schön erklärt hat, geht es bei KI um die Entwicklung von Computerprogrammen, die lernen und Entscheidungen treffen können, genau wie wir Menschen. Heute kann KI jedoch nur sehr spezifische Aufgaben erledigen, wie Schach spielen oder das Wetter vorhersagen. Diese sogenannte schmale KI ist die Art KI, die derzeit existiert. Derartige KI-Systeme können eine genau definierte Aufgabe wie ein absoluter Profi meistern, aber für andere Aufgaben sind sie komplett ungeeignet. Dein selbstfahrendes Auto wird also nicht plötzlich anfangen, dein Haus zu putzen, und der beste Algorithmus zur Tumorerkennung wird nicht wissen, wie man einen einfachen Toast macht. Das unterscheidet die KI, die wir in unserem Alltag haben, von den Super-Robotern und KI-Systemen, die du in Hollywood Filmen siehst.

Die Forschung arbeitet fleißig daran, KI zu erschaffen, die alles kann, was ein Mensch kann – ein Alleskönner namens allgemeine KI oder auch künstliche allgemeine Intelligenz (Artificial General Intelligence oder AGI). AGI verfügt über kognitive Fähigkeiten, die mit deinen vergleichbar sind, und kann daher komplexe Probleme in allen möglichen Situationen lösen. Diese KI denkt logisch und kann ihr Hintergrundwissen anwenden, um unerwartete Herausforderungen zu meistern. Und als wäre das nicht genug, wird sie sogar in der Lage sein, menschliche Sprache und Symbolik so perfekt zu interpretieren, dass sie auf natürliche und soziale Weise mit uns interagieren kann.

Das bedeutet, dass wir alle unsere eigene KI-Assistenz haben könnten, die uns in jeder Situation unterstützt. Im Gegensatz zu unseren menschlichen FreundInnen könnte dieses smarte KI-Helferlein Schach spielen, dein Haus putzen und dir sogar Aktien zum Investieren empfehlen – und das alles auf einmal! Allerdings haben wir noch keine allgemeine KI, da es immer noch einige Aspekte menschlicher Intelligenz gibt, die schwer zu knacken sind. Während einige glauben, dass allgemeine KI niemals möglich sein wird, sind andere davon überzeugt, dass wir uns dieser Realität schnell annähern.

Werfen wir einen Blick in die Zukunft: Futurist Ray Kurzweil und Philosoph Nick Bostrom sind der festen Überzeugung, dass wir eine Explosion des Fortschritts erleben werden, sobald Maschinen menschenähnliche Intelligenz erreichen. Kurzweil nennt diesen Moment die „Singularity", während Bostrom von einer „Intelligenzexplosion" spricht. Beide glauben, dass Maschinen in jedem Bereich übermenschliche Fähigkeiten erreichen und uns damit weit überholen werden. Wie werden sie das Kunststück schaffen? Bostrom argumentiert, dass dies durch die „Speed-Superintelligenz" möglich ist. Hinter dem Argument steckt die Tatsache, dass die Fähigkeiten von KI-Systemen und Menschen in Bereichen wie Informationsverarbeitung, Datenanalyse, Logik und Speicherkapazität sehr unterschiedlich sind. Maschinen können also im Grunde alle Aufgaben erledigen wie wir auch, nur in atemberaubender Geschwindigkeit. Das Ergebnis: Eine Explosion des Fortschritts.

Das führt uns zur letzten Art von KI, der „Künstlichen Superintelligenz" oder Super-KI, die in Science-Fiction-Filmen zu sehen ist. Das ist die KI, die sich ihrer selbst bewusst ist und die menschliche Intelligenz übertrifft, so dass sie Aufgaben besser erledigen kann als wir. Wir können jedoch nicht sicher sein, ob es jemals eine Super-KI geben wird, und wenn doch, wissen wir nicht, wie sie unser Leben beeinflussen wird. Deshalb ist Super-KI schon lange eine Muse dystopischer Science-Fiction.

Letztendlich entwickelt sich KI heute rasend schnell – oft überraschend schnell – und bietet uns zweifellos viele Möglichkeiten für die Zukunft. Zwar haben wir noch keine allgemeine KI, aber mit der Kombination von mehreren schmalen KIs in einem größeren System – zum Beispiel einer Schach-KI und einer Finanzvorhersage-KI, die in einen sozialen Roboter eingebettet sind – können wir früher als gedacht unsere eigene KI-Assistenz haben, die uns bei unseren alltäglichen Aufgaben unterstützt.

DIE EVOLUTION DER KI: VON FRÜHEN VISIONÄREN ZU CHATGPT

Die Welt der KI hat eine lange und aufregende Reise hinter sich. Die Idee, Maschinen zu erschaffen, die wie Menschen denken können, hat die Menschheit seit jeher fasziniert. Die Geschichte der KI ist eine Achterbahnfahrt, die von bahnbrechenden Entdeckungen über Rückschläge bis hin zu erstaunlichen Fortschritten in der modernen Zeit reicht.

Die Idee, Maschinen zu bauen, die wie Menschen denken können, reicht zurück bis ins antike Griechenland, als der Philosoph Aristoteles über Automaten nachdachte.

Springen wir ein paar tausend Jahre vorwärts zu Alan Turing, dem britischen Mathematiker und Informatiker. Er gilt heute als Vater der KI. Er ist am bekanntesten – zumindest seit dem Netflix-Film *The Imitation Game* – für seine bahnbrechende Arbeit beim Knacken des deutschen Enigma-Codes im Zweiten Weltkrieg, was entscheidend dazu beitrug, den Kriegsverlauf zu wenden. Aber Turings Einfluss geht weit darüber hinaus, denn seine Frage «Können Maschinen denken?» führten zur Entwicklung des Turing-Tests. Dieser Test stellt fest, ob eine Maschine intelligentes Verhalten zeigen kann, das menschlicher Intelligenz gleichkommt. Der Turing-Test funktioniert so, dass ein Mensch ein Gespräch mit einem anderen Menschen und mit einer Maschine führt, ohne aber zu wissen, wer was ist. Wenn die Maschine ein menschliches Gespräch so gut imitieren kann, dass die prüfende Person nicht mehr zwischen Mensch und Maschine unterscheiden kann, gilt der Turing-Test als bestanden. Obwohl der Test im Laufe der Jahre kontrovers diskutiert wurde, legte Turing damit die Grundlagen und Ziele der KI fest.

Im Sommer 1956 wurde die KI offiziell als Forschungsgebiet geboren. Beim Dartmouth Summer Research Project on Artificial Intelligence kamen die klügsten Köpfe der Computer- und Kognitionswissenschaften zusammen. Einer von ihnen war John McCarthy, der den Begriff „künstliche Intelligenz" für die Erforschung der Schaffung intelligenter Maschinen verwendete und definierte.

Bald darauf begannen InformatikerInnen, ihre ersten KI-Programme zu entwickeln, in der Hoffnung, intelligente Maschinen durch explizites Programmieren einer Reihe von Regeln zu erschaffen. Diese regelbasierte KI hatte zwar ihre Grenzen, führte aber zur Entwicklung von Expertensystemen, die für bestimmte Aufgaben konzipiert waren. Fortschritte wurden erzielt, darunter die Einführung des ersten Industrieroboters durch GM und die Erfindung des ersten Chatbots,

ELIZA. Trotzdem erreichte McCarthy nie sein Ziel, eine Maschine zu entwickeln, die den Turing-Test bestehen würde. Später gab McCarthy die Entwicklung von KI mit der Begründung auf, dass dafür das Talent von 1.7 Einsteins, 2 Maxwells und 5 Faradays erforderlich wären.

Zu dieser Zeit waren Forschende dem „Trugschluss des erfolgreichen ersten Schritts" verfallen. Zwar erzielten die frühen KI-Anwendungen in isolierten „Mikrowelten" oder bei „Toy Problems" vielversprechende Ergebnisse, aber sie konnten nicht auf realistische Situationen übertragen werden.

Im Jahr 1973 evaluierte James Lighthill den Fortschritt der KI und zeigte sich wenig beeindruckt. Die übermäßige Begeisterung und ambitionierten Vorhersagen einiger ForscherInnen führten dazu, dass er sie in seinem „Lighthill Report" scharf kritisierte. Diese harsche Kritik schockierte die KI-Gemeinschaft und führte zu einem Gefühl der Ernüchterung. Regierungen und Förderinstitutionen zogen ebenfalls die Schlussfolgerung, dass die KI-Forschung nicht den erwarteten Einfluss erzielt hatte. In der Folge schrumpften die finanziellen Mittel, die Forschung verlangsamte sich, und die KI-Industrie erlebte einen Zusammenbruch, der als erster „KI-Winter" bekannt wurde.

In den 1980er Jahren kehrte die Begeisterung für KI jedoch zurück, als neue Fortschritte wie KI-gesteuerte Expertensysteme entwickelt wurden. Die Forschung brachte neue Algorithmen und Programmiersprachen für KI hervor, und Unternehmen erkannten das Gewinnpotenzial und investierten in die vielversprechende Technologie. Trotzdem war die KI noch immer weit davon entfernt, tatsächlich menschenähnlich zu denken. Sie glich eher einem intelligenten Taschenrechner, der strikten Regeln folgte und Entscheidungen auf Basis einer begrenzten Informationsmenge traf. So erlosch die wiederaufgeflammte Begeisterung ebenso schnell, wie sie entstanden war. Die Aufregung legte sich und die Finanzierung trocknete aus, was zu einer weiteren dunklen Phase für die KI-Branche führte, die als der zweite „KI-Winter" bekannt wurde.

Die Wende kam im späten 20. und frühen 21. Jahrhundert mit dem Aufkommen von maschinellem Lernen und Deep Learning. Maschinen lernten nun aus Daten und verbesserten ihre Leistung im Laufe der Zeit, ohne explizit programmiert zu werden. 1997 sorgte IBMs Schachcomputer „Deep Blue" für Schlagzeilen, als er den damaligen Weltmeister besiegte und zeigte, dass Maschinen tatsächlich menschenähnliche Intelligenz aufweisen können.

Die Wiedergeburt der KI beschränkte sich jedoch nicht nur auf einen Sieg im Schach. Dank des Internets, steigender Rechenleistung und günstigerer Computerhardware nahm die Entwicklung neuer KI-Systeme ordentlich Fahrt auf. Kismet, der erste soziale Roboter, trat auf den Plan und konnte eine menschenähnliche Mimik zeigen. Kurz darauf eroberten autonome Staubsauger unsere Wohnungen und Sprachassistenten wie Siri und Alexa zogen in unsere Smartphones und Lautsprecher ein. Und im Jahr 2014 bestand ein Computeralgorithmus schließlich den Turing-Test. Der Algorithmus gab vor, ein dreizehnjähriger Junge namens Eugene Goostman zu sein und überzeugte die menschlichen RichterInnen bei einer Veranstaltung der Royal Society davon, dass er ein Mensch sei.

Inzwischen ist KI aus unserem Alltag nicht mehr wegzudenken. Sie steckt in virtuellen Assistenten, selbstfahrenden Autos, Betrugserkennung und Empfehlungssystemen. 2015 bekam OpenAI, eine gemeinnützige KI-Forschungsorganisation, eine 1-Milliarde-Dollar-Spende von Technikfans, darunter Elon Musk. Kurz darauf wurde ChatGPT von OpenAI vorgestellt. Dieses bahnbrechende Tool kann Sätze, Textzusammenfassungen und sogar Programmcodes generieren und markiert den Beginn einer neuen KI-Ära: die der generativen KI.

2022 erregten generative KI-Modelle wie ChatGPT erstmals die Aufmerksamkeit der breiten Öffentlichkeit. OpenAI präsentierte DALL-E 2, ein beeindruckendes Bildsynthesemodell, das aus Texteingaben Bilder generieren kann. Im August wurden Text-zu-Bild-Technologien zum Trend, als Stability AI und CompVis Stable Diffusion 1.4 vorstellten, ein Open-Source-Modell zur Bildsynthese. Im selben Monat gewann erstmals ein KI generiertes Bild, „Théâtre d'Opéra Spatial", einen Top-Preis bei der Fine-Arts-Ausstellung des Colorado State Fair.

Ende September wurde DALL-E 2 für die Öffentlichkeit zugänglich und löste eine enorme Warteliste von begeisterten Nutzerinnen und Nutzer aus. Im November folgte ChatGPT, das binnen fünf Tagen von über einer Million Menschen genutzt wurde. Um das in Perspektive zu setzen: Netflix benötigte 41 Monate, Facebook 10 Monate und Instagram 2,5 Monate, um dieselbe Anzahl an Nutzenden zu erreichen.

Generative KIs wie ChatGPT revolutionieren bereits heute Suchmaschinen, Therapie-Bots und sogar das Schreiben von College-Aufsätzen. Text-zu-Bild-Programme wie Midjourney, DALL-E und Stable Diffusion verändern die Kunst-, Animations-, Gaming- und Architekturbranche. Sie beschleunigen den kreativen Prozess, indem sie KünstlerInnen und DesignerInnen bei der Ideenfindung und -umsetzung unterstützen. Tatsächlich haben wir uns auch bei der Gestaltung der Bilder in diesem Buch sowie der Titelseite auf KI verlassen. Die meisten Bilder in diesem Buch wurden von generativer AI erstellt, also schau sie dir genau an!

Aber damit nicht genug: Generative KI beeinflusst auch komplexe wissenschaftliche Disziplinen wie Informatik. GitHub Copilot, ein Microsoft-Produkt auf Basis von OpenAIs Codex-Modell, unterstützt beispielsweise EntwicklerInnen mit Code-Vorschlägen und automatisiert bis zu 40 Prozent ihrer Arbeit.

Viele glauben, dass generative KI die Basis für die Zukunft der Kreativität und komplexer Wissenschaften ist. Die Entwicklung der KI macht also sicher nicht im Hier und Jetzt halt. Aufregende Zeiten liegen vor uns!

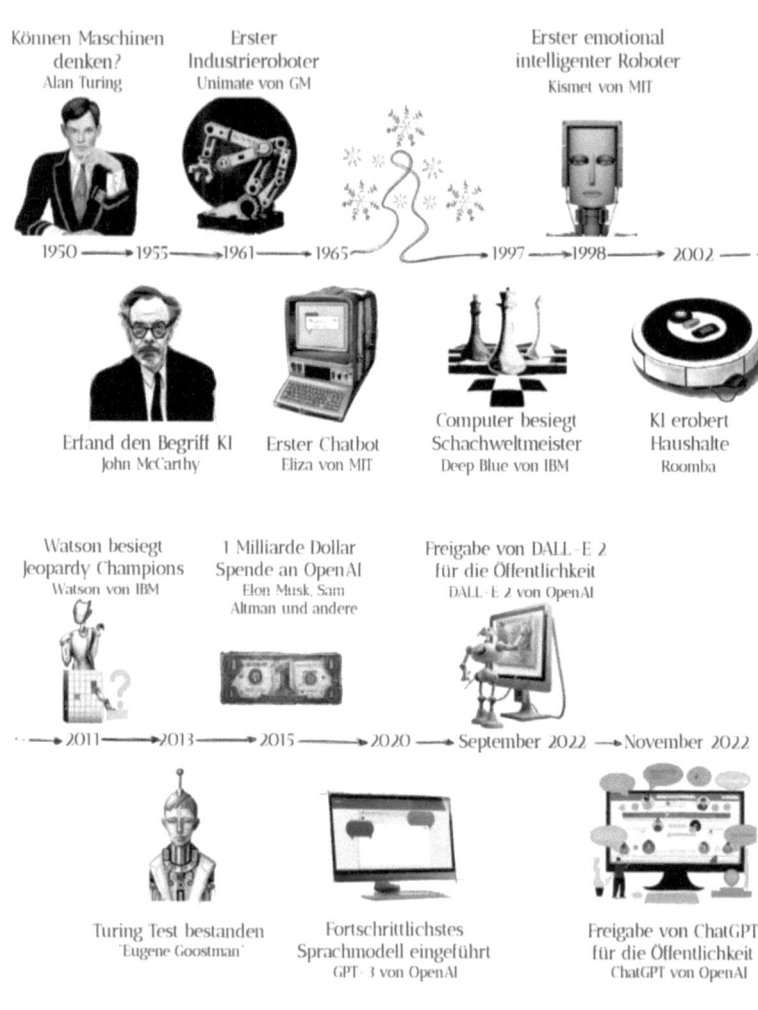

Die Evolution der Künstlichen Intelligenz: Meilensteine auf dem Weg zur intelligenten Maschine

BUZZWORD BINGO ERKLÄRT: VOM MASCHINELLEN LERNEN ZUR GENERATIVEN KI

Intelligenz basiert auf Lernen, und das gilt auch für KI. Lernen bedeutet, unsere Leistung zu verbessern, nachdem wir Informationen aus unserer Umwelt aufgenommen haben. In der KI-Welt bedeutet das oft, aus einer großen Sammlung von Input-Output-Paaren eine Funktion abzuleiten, damit das Modell den Output für neue Eingaben vorhersagen kann. Klingt kompliziert?

Lass es uns an einem einfachen Beispiel veranschaulichen: Angenommen, wir haben eine coole Sammlung von niedlichen Katzen- und Hundebildern, auf denen alle möglichen Arten von Katzen oder Hunden in allen möglichen Situationen zu sehen sind. Das ist unsere Eingabe. Als Ausgabe sagen wir dem Modell, dass es sich entweder um Katzen oder Hunde auf den Bildern handelt. Aus dieser Sammlung soll das Modell nun lernen, Katzen und Hunde zu erkennen und zu unterscheiden. Aber nicht nur die in unserer Sammlung! Das ist kein Memory Spiel. Das wäre zu einfach. Nein, wir wollen das Modell mit einem völlig neuen Katzenbild füttern und anhand dieser neuen Eingabe soll es in der Lage sein, zu sagen, dass es sich tatsächlich um eine Katze handelt – und nicht um den kleinen Chihuahua aus der Nachbarschaft.

Du fragst dich vielleicht, warum wir uns all diese Mühe machen. All diese Bilder zu sammeln und alle Katzen und Hunde darin zu markieren, damit das Programm lernen kann. Warum sagen wir der Maschine nicht direkt alle Schritte, die sie machen muss, um ein Problem zu lösen oder zu einer

Schlussfolgerung zu kommen? Könnten wir nicht, genau wie im Matheunterricht, das Programm einfach alle unsere Rechenregeln und Funktionen kennen lassen, so dass es nicht mehr lernen muss? Richtig…und falsch. Bei einfachen Aufgaben und Problemen mag das funktionieren. Viele frühe KI-Forschende haben versucht, der Maschine auf diese Weise etwas beizubringen. Und obwohl sie bei kleineren Problemen erfolgreich waren, scheiterten sie alle kläglich, wenn es darum ging, die Modelle in der realen Welt anzuwenden. Denn: Unsere Welt ist chaotisch, komplex und voll unbekannter Drehungen und Wendungen. Um KI für größere und komplexere Probleme einsetzen zu können, müssen wir sie also lernen lassen. Denk mal drüber nach. Wir können einfach nicht alle Situationen vorhersehen, in die das Programm in der realen Welt geraten kann.

Stell dir ein selbstfahrendes Auto vor. Denk jetzt an alle Autos auf der Welt, an das Wetter und die Straßenbedingungen, an den Verschleiß der Autos und an andere Autos, Menschen oder Hindernisse auf der Straße. Schnell müssen wir feststellen, dass es einfach unmöglich ist, ein KI-System auf alle möglichen Situationen da draußen vorzubereiten. Also muss es lernen können. Außerdem kann es mit der Zeit zu Veränderungen kommen. Nehmen wir an, ein Programm wurde entwickelt, um den Aktienmarkt vorherzusagen. Nun kommt eine weltweite Pandemie. Es muss in der Lage sein, sich anzupassen, wenn sich die Bedingungen von Hochkonjunktur zu Tiefkonjunktur ändern, um gute Vorhersagen zu treffen. Es muss also lernen können. Und dazu kommt: Manchmal haben wir selbst keinen blassen Schimmer! Sieh dir nur unsere Katzenbilder an. Auch wenn es uns leicht fällt zu sagen, dass das alles Katzen sind, fällt es selbst den besten Programmierenden schwer, dieses Wissen in einen Algorithmus zu packen – es sei denn, er ist selbstlernend. Kurz gesagt: Damit KI wirklich intelligent wird, muss sie lernen können!

Das bringt uns zum nächsten Punkt: Wie lernt die KI? Vielleicht sind dir hier schon viele Begriffe begegnet: Machine Learning, Supervised Learning, Unsupervised Learning, Reinforcement Learning, Deep Learning. Im Grunde sind das alles verschiedene Arten, wie eine Maschine lernt.

Machine Learning, oder auch maschinelles Lernen genannt, ist das breiteste Konzept von allen. Im Grunde genommen bezieht es sich auf die Idee, dass unser Algorithmus fähig ist zu lernen. Zuvor haben wir gesagt, dass wir für sehr einfache Probleme der Maschine direkt sagen können, was sie tun soll. Das würde in etwa so aussehen: „Wenn dies... dann tue das". Offensichtlich muss der Computer hier nichts lernen. Wir sagen ihm genau das, was wir wissen. Wenn wir jetzt allerdings eine komplexere Aufgabe betrachten, wie zum Beispiel der Maschine den Unterschied zwischen Katzen und Hunden beizubringen, wird schnell klar, wie schwierig und komplex es wäre, das auf eine „Wenn-Dann"-Sequenz zu reduzieren. Also wollen wir, dass die Maschine das selbst lernt. Oder anders ausgedrückt: Wir nutzen das maschinelle Lernen. Obwohl es kompliziert klingen mag, bezieht sich der Begriff im Grunde genommen auf eine Reihe von Ansätzen, die alle die Idee teilen, dass eine Maschine aus den Daten, die ihr zur Verfügung gestellt werden, lernen kann, um ihre Leistung bei einer bestimmten Aufgabe zu verbessern. Das ist alles! War doch gar nicht so schwer, oder? Und wir begegnen tagtäglich Machine Learning! Bekannte Beispiele sind das Netflix-Empfehlungssystem, die Snapchat-Filter, Google Maps und die von Spotify generierten Playlists – sie alle nutzen KI-Modelle, die auf Machine Learning basieren!

Supervised, Unsupervised, und Reinforcement Learning sind alles Formen des Machine Learnings. Der einzige Unterschied zwischen diesen Arten des Lernens ist die Art und Weise, wie dem System Feedback gegeben wird.

Ganz intuitiv bedeutet Supervised Learning, dass wir

unserem Algorithmus so viel Feedback geben, wie wir können. Kurz gesagt, das Lernen wird beaufsichtigt (Engl. „supervised"). Wie sieht das aus? Nun, wir verwenden einfach sogenannte „gekennzeichnete" Daten. Diese gekennzeichneten Daten enthalten sowohl die Eingabe als auch die Ausgabe, das heißt, die Antwort ist bereits bekannt. Denk an unsere Katzen- und Hundebilder. Anstatt einfach nur Katzen- und Hundebilder in das Programm einzugeben, teilen wir ihm auch mit, ob auf jedem Bild eine Katze oder ein Hund zu sehen ist, indem wir die Bilder entweder mit dem Label „Katze" oder „Hund" versehen. Supervised Learning ist also wie eine Lehrkraft, die dir Beispiele zeigt und dir zugleich die richtigen Antworten sagt. Je mehr Beispiele du siehst, desto besser wirst du darin, Probleme selbstständig zu lösen. Sobald du die Logik verstanden hast, nimmst du neue Beispiele auf und löst sie auf der Grundlage dessen, was dir beigebracht wurde. Natürlich ist diese Kennzeichnung zeit- und arbeitsintensiv. Deshalb haben Forscherinnen und Forscher versucht, Wege zu finden, um die mühsame Beschriftung der Daten für das überwachte Lernen durch ExpertInnen zu umgehen – und sie waren erfolgreich!

Im Jahr 2022 haben einige kluge Köpfe es tatsächlich geschafft, ein KI-Modell namens CheXzero so zu trainieren, dass es Krankheiten auf Röntgenaufnahmen erkennen konnte – und das, ohne dass eine Expertin oder ein Experte alle Daten labeln musste! Stattdessen hat das Modell aus den medizinischen Berichten gelernt, die in ganz normaler Sprache verfasst waren. Und obwohl man denken könnte, dass dies die Leistung beeinträchtigt – war dies nicht der Fall! Tatsächlich übertraf das Self-Supervised Modell die Supervised Modelle mit vollständig gekennzeichneten Daten. Dies ebnet den Weg für Self-Supervised KI-Modelle, die keine explizit beschrifteten Daten mehr benötigen – und macht Machine Learning zukünftig noch schneller!

Kommen wir nun zum Unsupervised Learning, das – wie der Name schon sagt – ohne explizites Feedback funktioniert. Es gibt also keinerlei Beaufsichtigung. Das bedeutet, dass das Programm keine gekennzeichneten Daten erhält. Stattdessen ist die Maschine auf sich allein gestellt und muss die unsortierten Informationen gruppieren, indem sie Ähnlichkeiten, Unterschiede und Muster in den Daten findet. Es ist wie Ermittlungsarbeit, bei der man versucht, ein Rätsel zu lösen. Man hat nicht alle Anhaltspunkte im Voraus, also muss man Beweise sammeln und versuchen, die Zusammenhänge zu entschlüsseln.

Betrachten wir wieder unsere Katzen- und Hundebilder. Diesmal sagen wir nicht, auf welchem Bild ein Hund und auf welchem eine Katze abgebildet ist. Die Idee des Unsupervised Learning ist, dass die Maschine durch sorgfältige Betrachtung jedes Bildes die Kriterien selbst erarbeiten kann, die Katzen und Hunde voneinander unterscheiden, z. B. die Länge der Ruten, das Vorhandensein von einziehbaren Krallen oder die Anzahl der Schnurrhaare. Nach der Analyse der Indizien kann die Maschine die Bilder in Kategorien einteilen, aber sie kann uns nicht sagen, ob es sich um Katzen oder Hunde handelt. Natürlich lässt sich dieser Ansatz nicht nur auf Bilder von Katzen und Hunden anwenden. Tatsächlich wird dieser Ansatz oft im Marketing eingesetzt, wenn es darum geht, verschiedene Kundensegmente zu identifizieren. Durch unüberwachtes Lernen kann die KI Kundinnen und Kunden eines Unternehmens in Gruppen zusammenfassen, die wichtige Merkmale gemeinsam haben und sich von anderen Kundengruppen ausreichend unterscheiden.

Reinforcement Learning, auch bekannt als Verstärkungslernen, ist ein Konzept, das du bestimmt schon mal gehört hast – und zwar nicht nur im Zusammenhang mit KI. Verstärkung ist auch eine gängige Methode, wie wir Menschen lernen. Wenn du an Verstärkung denkst, denkst du vielleicht an Belohnung und Bestrafung.

Im Alltag nutzen wir das oft, um positives Verhalten zu fördern und negatives Verhalten zu schwächen. Wir loben Kinder, wenn sie ihr Gemüse aufessen, und verwehren ihnen die leckere Schoki, wenn sie es nicht tun. Wie hängt das mit KI zusammen? Ganz einfach: Wir können unserer Maschine auf genau dieselbe Weise Feedback geben, damit sie das beste Verhalten oder die besten Aktionen lernt. Wir können sie zum Beispiel mit zwei Punkten belohnen, wenn sie ein Schachspiel gewinnt, und ihr zwei Punkte abziehen, wenn sie verliert. Oder wir geben ihr Punkte, wenn sie auf unseren Bildern richtig zwischen Katzen und Hunden unterscheidet.

Das Ziel der Maschine ist dann, Belohnungen zu maximieren und Strafen zu minimieren. Das erreicht die Maschine, indem sie herausfindet, welche Aktion vor der Verstärkung (positiv und negativ) die größte Rolle gespielt hat. Sie zeigt dann häufiger die Handlungen, die zu Belohnungen führten, und reduziert diejenigen, die zu einer Bestrafung führten. Wäre es also ein Kind am Esstisch, würde es das Gemüse aufessen, um mehr Lob zu bekommen, und noch mehr essen, um sicherzustellen, dass es den leckeren Nachtisch nicht länger verpasst!

Wie du dir vorstellen kannst, gilt, je mehr Daten wir unserer Maschine zur Verfügung stellen, desto besser wird das Lernen. Es ist also kein Zufall, dass der Aufstieg von Big Data und die Fortschritte bei der Rechenleistung zu noch besseren Lernmethoden geführt haben. Und hier kommt eine weitere Form des Machine Learnings ins Spiel, das sogenannte Deep Learning. Deep Learning ist eine Art von künstlicher Intelligenz, die nach dem Vorbild unserer Gehirne modelliert ist. Warum wird es tief (Engl. Deep) genannt? Nun, die WissenschaftlerInnen sagen uns damit, dass diese Modelle mehrere Verarbeitungsschichten haben, durch die die Daten fließen müssen. Unser Modell der Katzen- und Hundebilder hätte also mehrere Abstraktionsebenen.

Stell dir vor, du baust ein großes Netzwerk aus Gehirnzellen oder Neuronen auf, die darauf trainiert sind, Muster zu erkennen und Entscheidungen zu treffen. Dieses Netzwerk wird mit riesigen Datenmengen gefüttert und lernt mit der Zeit, Zusammenhänge zu erkennen und Vorhersagen mit einem hohen Maß an Genauigkeit zu treffen. Es ist wie bei deinem Gehirn: Wenn du ein Bild von einem Hund siehst, erkennt es ihn sofort als Hund, ohne dass du bewusst darüber nachdenkst. Das Deep Learning Netzwerk macht etwas Ähnliches, aber in einem viel größeren Maßstab.

Eine der Herausforderungen beim Deep Learning ist jedoch, dass es schwierig sein kann, zu verstehen, warum KI eine bestimmte Entscheidung getroffen hat. Es ist, als ob das Netzwerk sein eigenes kleines „Gehirn" hat, das es benutzt, um Entscheidungen zu treffen, aber es ist nicht immer einfach für uns zu verstehen, wie es zu dieser Schlussfolgerung gekommen ist. In gewisser Weise ist Deep Learning also wie eine Blackbox, die dir dabei hilft, Entscheidungen auf der Grundlage riesiger Informationsmengen zu treffen, die aber nicht immer erklären kann, wie sie zu ihrem Ergebnis gekommen ist.

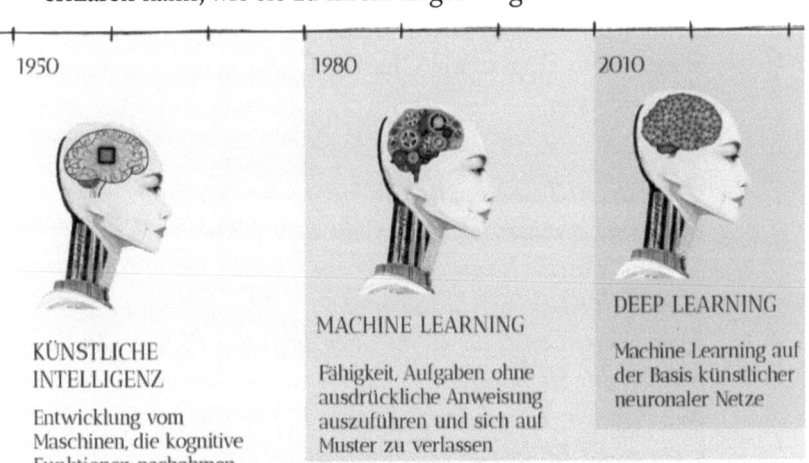

1950

1980

2010

KÜNSTLICHE
INTELLIGENZ

Entwicklung vom
Maschinen, die kognitive
Funktionen nachahmen

MACHINE LEARNING

Fähigkeit, Aufgaben ohne
ausdrückliche Anweisung
auszuführen und sich auf
Muster zu verlassen

DEEP LEARNING

Machine Learning auf
der Basis künstlicher
neuronaler Netze

Künstliche Intelligenz und Arten des maschinellen Lernens

Deep Learning ist also ein viel komplexerer und umfassenderer Ansatz für maschinelles Lernen. Es erfordert riesige Mengen an Daten. Aber da wir heute viele davon haben, können wir von hochpräzisen und intelligenten Maschinen profitieren!

Das bringt uns auch gleich zum letzten Punkt: Generative KI. Der aktuelle Hype in der Tech-Welt: ChatGPT, DALL-E und Stable Diffusion sind nur die Spitze des Eisbergs! Deep Learning-Algorithmen sind das Herzstück der generativen KI. Sie ermöglichen es KI-Systemen, riesige Datenmengen zu verschlingen und alle möglichen interessanten Dinge zu lernen. Diese cleveren Algorithmen nutzen dann ihr neu erworbenes Wissen, um neue und aufregende Daten wie Text, Bilder und sogar Audio zu erzeugen! Dabei ist ein „Generative Pre-trained Transformer" (GPT) eine Art Sprachmodell, das Deep Learning nutzt, um Texte zu erstellen, die fast so aussehen, als wären sie von einem Menschen geschrieben worden. Diese Modelle werden „generativ" genannt, weil sie auf der Grundlage des Gelernten neue Texte produzieren können, „vortrainiert", weil sie zunächst aus einer großen Menge von Textdaten lernen, und „Transformer", weil sie eine besondere Art von neuronalem Netzwerk verwenden, um Text zu verarbeiten. Fragen wir ChatGPT, was generative KI ist und was sie kann:

Generative KI ist eine Art von künstlicher Intelligenz, die neue und einzigartige Dinge aus dem Nichts erschaffen kann, so wie eine Künstlerin oder ein Künstler ein Meisterwerk malt oder eine Musikerin oder ein Musiker einen Hit komponiert. Es ist, als ob du einen digitalen Picasso oder Mozart zur Hand hättest!

Nehmen wir zum Beispiel DALL-E, ein Computerprogramm, das Bilder aus Textbeschreibungen erzeugen kann. Stell dir vor, du sitzt zu Hause und hast eine tolle Idee für ein Gemälde, aber du bist selbst keine Künstlerin oder Künstler. Mit DALL-E kannst du das Bild, das dir vorschwebt, einfach beschreiben und das Programm erstellt es für dich im Stil deines Lieblingskünstlers oder deiner Lieblingskünstlerin, z.B. Picasso. Du kannst DALL-E sagen: „Erstelle ein Bild von einer Person mit einer Gitarre im Stil von Picassos Kubismus" und es wird ein Bild erzeugen, das aussieht, als hätte es Picasso selbst gemalt.

Generative KI ist nicht nur auf Bilder beschränkt, sondern kann auch verwendet werden, um neue Musikstücke zu kreieren, Gedichte zu schreiben oder sogar einen kompletten Roman zu verfassen. Die Möglichkeiten sind endlos!

Wie ChatGPT so schön in seinen eigenen Worten umreißt, schafft generative KI etwas Neues und Einzigartiges, das wir so noch nicht gesehen haben. Was ist der Unterschied zu früheren Machine Learning Modellen? Nehmen wir noch einmal unser Beispiel mit den Katzen- und Hundebildern. Wir nehmen eine Reihe von Bildern und trainieren ein Modell, um die gemeinsamen Merkmale einer Katze oder eines Hundes zu erkennen. Wenn uns dann ein neues Bild vorgelegt wird, kann unser klassisches maschinelles Lernmodell erkennen, ob es eine Katze enthält oder nicht.

Mit generativer KI können wir noch einen Schritt weiter gehen. Generative KI-Modelle können sich von einer Reihe von Bildern inspirieren lassen, eben z.B. von Katzen- und Hunde Bildern, und neue Bilder von Katzen und Hunden erstellen, die ähnlich aussehen und gemeinsame Merkmale haben, aber nicht mit den Trainingsbeispielen identisch sind. Dieses Machine Learning Modell erkennt nicht nur vorhandene Beispiele, sondern kann auch neue Daten schaffen.

Stell dir vor, du bittest DALL-E, ein Bild von einem Apfel für dich zu erstellen. Das System hat aus Millionen von

Bildern gelernt und Muster herausgearbeitet. Zum Beispiel werden runde Objekte wie Äpfel und Bälle in einem „Rundheit"-Verzeichnis platziert. Und rote Dinge wie Kirschen und Tomaten werden in einem „Rot"-Verzeichnis gespeichert, und so weiter. Für unsere Apfelanfrage hat die KI also bereits Informationen gespeichert darüber, wie ein Apfel aussieht. Dazu können Aspekte wie die Rundheit, einen bestimmten Rotton und die spezifische Textur gehören.

Wenn es nun an der Zeit ist, ein Bild von einem Apfel zu erstellen, kann es all diese Verzeichnisse nutzen, um sich ein „imaginäres" Bild auszudenken, das es nicht wirklich gibt, aber geben könnte. Die KI verknüpft alle Verzeichnisse, die sie gesammelt hat, und malt ein Bild, das diese sich überschneidenden Qualitäten aufweist. In unserem Fall könnte es das „Rundheit"-Verzeichnis, das „Rot"-Verzeichnis und andere Verzeichnisse verwenden, um ein Bild zu erstellen, das wie ein Apfel aussieht. Und das Ergebnis? Es fühlt sich möglicherweise so an, als ob die KI ihre Vorstellungskraft nutzt, um ein neues Bild nur für dich zu erstellen!

Letztendlich benötigen alle KI-Modelle, ob generativ oder nicht, Daten, um zu lernen und wirklich intelligent zu werden. Durch die enorme Zunahme digitaler Daten hat die KI heute mehr Möglichkeiten als je zuvor, zu lernen und zu wachsen! Wie ein Kleinkind, das die Welt beobachtet und Feedback erhält, um zu lernen, was ein Hund oder eine Katze ist, lernt die KI heute aus den riesigen Datenmengen, mit denen wir sie füttern. Anders als ein Kleinkind braucht die KI nicht Monate, um das zu lernen. KI kann Millionen von Bildern oder Texten in wenigen Minuten verarbeiten, was ihre Lernfähigkeit blitzschnell macht. Mit dem Zugang zu immer mehr Daten wird sich die KI weiterentwickeln und uns immer wieder mit ihrer Geschwindigkeit und ihrem Fortschritt überraschen.

KI ODER NICHT KI, DAS IST HIER DIE FRAGE

In unserem letzten Abschnitt haben wir viel über Lernen und KI gesprochen. Wenn diese beiden so eng miteinander verbunden sind, fragst du dich vielleicht, ob regelbasierte Algorithmen KI sind oder nicht. Oder müssen Systeme selbstlernend sein, um KI zu sein? Leider gibt es darauf keine eindeutige Antwort und es gibt immer noch viele Kontroversen darüber, was KI genau ist und was nicht. Eine schnelle Google-Suche mit dem Begriff „Was ist Künstliche Intelligenz?" ergibt sage und schreibe 1,28 Milliarden Ergebnisse, und „Definition von Künstlicher Intelligenz" liefert fast eine Milliarde Ergebnisse.

Im weitesten Sinne wird KI oft mit Algorithmen gleichgesetzt. Diese Algorithmen sind wie Rezepte für Computer. So wie du ein Rezept brauchst, um dein Lieblingsgericht zu kochen, brauchen Computer eine Reihe von Anweisungen, um Aufgaben zu erledigen. Algorithmen sind Schritt-für-Schritt-Anweisungen, die dem Computer sagen, was er tun soll, wie er es tun soll und wann er es tun soll. Aber diese weit gefasste Definition von KI ist nicht sehr hilfreich, denn Algorithmen gibt es schon seit Jahrhunderten und sie werden auch außerhalb der KI verwendet. Wenn wir KI einfach als Algorithmus definieren würden, würde das Dinge wie die Anweisungen in einem Kochbuch einschließen. Das ist aber nicht das, worüber wir hier reden.

Auf der anderen Seite des Spektrums könnte man KI streng genommen als eine Technologie bezeichnen, die menschenähnliche Intelligenz besitzt oder zumindest voraussetzt, um komplexe Ziele zu erreichen. Allerdings kann auch diese Definition problematisch sein, da viele aktuelle Anwendungen von KI noch relativ begrenzt sind und nicht vollständig mit menschlicher Intelligenz mithalten können, wenn es darum geht, komplexe Ziele in verschiedenen Umgebungen selbstständig zu erreichen. Wenn man KI auf diese Weise definieren würde, würde das bedeuten, dass sie noch gar nicht existiert.

Deshalb wenden wir uns anderen Definitionen zu, die sich auf bestimmte Fähigkeiten und Aufgaben konzentrieren. Der Informatiker Nils John Nilsson zum Beispiel beschreibt KI als eine Technologie, die „in ihrer Umgebung angemessen und vorausschauend funktioniert". Andere sprechen von der Fähigkeit der KI, wahrzunehmen, Ziele zu verfolgen, Aktionen zu initiieren und aus Rückmeldungen zu lernen. Diese Definitionen sind hilfreicher, aber sie haben immer noch ihre Grenzen. Ein klassischer Thermostat zum Beispiel könnte auch unter diese Definitionen fallen. Er kann wahrnehmen (Temperatur messen), Ziele verfolgen (die programmierte Temperatur erreichen), Handlungen einleiten (Temperatur regulieren) und aus Rückmeldungen lernen (bei Erreichen der Temperatur anhalten). Aber die meisten von uns würden einen Thermostat nicht als KI bezeichnen.

Eine etwas engere Definition von KI, auf die viele sich einigen, besagt, dass es sich um Maschinen handelt, die in der Lage sind zu denken, zu lernen und zu handeln, wie es üblicherweise von der menschlichen Intelligenz erwartet wird. Das hilft uns zwar, die allgemeine Idee zu verstehen, führt aber zu der nächsten Frage: Was ist menschliche Intelligenz eigentlich genau? Trotz jahrelanger Forschung haben wir immer noch kein vollständiges Verständnis davon, wie das menschliche Gehirn funktioniert, und es gibt immer noch viele Diskussionen und Meinungsverschiedenheiten darüber, was genau menschliche Intelligenz ist, selbst unter ExpertInnen. Daher ist es problematisch, den Begriff „Intelligenz" zu verwenden, um künstliche *Intelligenz* zu definieren, vor allem, wenn wir davon selbst kein klares Verständnis haben.

Je nachdem, wen du also fragst, bekommst du unterschiedliche Antworten darauf, was KI ist und was nicht. Wie Russell und Novig in ihrem Werk über KI darlegen, unterscheiden sich die Definitionen von KI in zwei Dimensionen: Einige konzentrieren sich auf den Prozess, andere auf das Ergebnis; einige verwenden die menschliche Intelligenz als Referenzpunkt, andere einen idealen Referenzpunkt. Wenn wir uns also darauf konzentrieren, uns wie ein Mensch zu verhalten (Ergebnis-Fokus), dann können auch regelbasierte Algorithmen oder ein einfacher Taschenrechner Ergebnisse liefern, die intelligent erscheinen. Immerhin kann die Fähigkeit, wie ein Taschenrechner arithmetische Operationen durchzuführen, beeindruckend erscheinen – auch wenn der Taschenrechner strikten Regeln folgt und keine der mathematischen Funktionen selbst erlernt hat. Wenn wir uns jedoch darauf konzentrieren, dass KI bedeutet, wie ein Mensch zu denken (Prozess-Fokus), dann würde ein regelbasierter Algorithmus oder ein einfacher Taschenrechner nicht als KI durchgehen.

Viele Forscherinnen und Forscher sind sich heute einig, dass der Fokus darauf, sich wie ein Mensch zu verhalten (Ergebnis-Fokus) und die menschliche Intelligenz einfach zu imitieren, nicht der richtige Weg ist, um auf dem Gebiet der KI Fortschritte zu machen. Genauso wie LuftfahrtingenieurInnen ihr Ziel nicht als „Maschinen, die so genau wie Tauben fliegen, dass sie sogar andere Tauben täuschen können" definieren würden, konzentrieren sich die heutigen KI-ExpertInnen nicht darauf, den Turing-Test zu bestehen, um jemandem vorzugaukeln, er würde mit einem Menschen interagieren, während er mit einer Maschine interagiert. Stattdessen liegt der Schwerpunkt der heutigen KI-Forschung auf Systemen, die „menschlich denken" können. Es ist also der Prozess, der zählt. Von diesem Standpunkt aus gesehen ist ein Taschenrechner keine KI. Und ihn so zu bezeichnen, könnte von vielen Menschen als „KI-Washing" betrachtet werden.

Letztendlich zeigt die Diskussion, dass KI ein vielschichtiges Konzept ist, das sich mit der Zeit verändert. Die bestehenden Definitionen von KI reichen von sehr eng gefassten Definitionen, die besagen, dass es KI noch nicht gibt, bis hin zu sehr weit gefassten Definitionen, die davon ausgehen, dass sogar ein Taschenrechner KI ist. Anstatt KI also als ein festes Konzept mit klar definierten Methoden zu betrachten, ist es besser, sie als ein komplexes und vielfältiges Feld zu sehen, das auf einen bestimmten Horizont ausgerichtet ist. Im Moment ist dieser Horizont das Verständnis und die Simulation aller menschlichen intellektuellen Fähigkeiten, also die allgemeine KI.

Aber warum sollten wir unsere ganze Aufmerksamkeit auf menschenähnliche Intelligenz richten? Dies ist die nächste große Kontroverse in der KI – und wir werden im nächsten Abschnitt tiefer in die Materie eintauchen.

DIE PARADOXE INTELLIGENZ DER KI: INTELLIGENT UND DUMM ZUGLEICH?

„Es ist vergleichsweise einfach, Computer in Intelligenztests oder beim Damespiel auf das Niveau einer erwachsenen Person zu bringen, aber es ist schwierig oder unmöglich, ihnen die Fähigkeiten eines Einjährigen in Bezug auf Wahrnehmung und Mobilität zu vermitteln."

Moravec (1988)

Warum haben Maschinen, die blitzschnell komplexe Berechnungen durchführen können, Schwierigkeiten bei einfachen Dingen wie dem Halten eines Wasserglases oder dem Binden von Schnürsenkeln? Obwohl uns diese Aufgaben leicht vorkommen, sind sie in Wirklichkeit unglaublich komplex, wenn es um

Berechnungen geht. Wenn wir zum Beispiel unsere Schnürsenkel binden, verarbeiten die neuronalen Netzwerke unseres Gehirns mühelos viele Informationen aus verschiedenen Sinnes- und Bewegungssystemen, ohne dass wir es merken.

Als biologische Lebewesen hat sich unsere Intelligenz über Milliarden von Jahren entwickelt, um uns das Überleben und Gedeihen in dieser Welt zu ermöglichen. Unser Gehirn, ein neuronales Netzwerk aus Fleisch und Blut, ist einen Optimierungsprozess durchlaufen, der zu einem effektiven und effizienten System für die Regulierung wichtiger biologischer Funktionen und die Durchführung komplexer wahrnehmungsmotorischer und mustererkennender Aufgaben geführt hat. Zu diesen Aufgaben gehören das Sammeln von Nahrung, Flucht oder Kampf, die Paarung und sogar Alltagsdinge wie Kochen und Putzen. Dazu gehört auch die Wahrnehmung von Objekten wie die Wörter in diesem Text, die wir viel schneller interpretieren als die einzelnen Buchstaben, aus denen sie bestehen, oder die Fähigkeit, eine Hauskatze schnell von einem Chihuahua zu unterscheiden.

All diese Aufgaben mögen uns sehr einfach erscheinen. Schließlich müssen wir sie nicht einmal bewusst wahrnehmen. Denk nur daran, wie mühelos du einem Podcast lauschen kannst, während du Rad fährst oder deine Lieblingspasta kochst. Oder wie leicht du das Gesicht deines Freundes oder deiner Freundin auf einem Foto erkennst, ohne einzelne Bestandteile wie die Besonderheiten der Augen, Ohren oder Nase genau zu betrachten.

Weil uns diese Aufgaben relativ leicht erscheinen, halten wir sie nicht für besonders schwierig. Was uns jedoch schwierig erscheint, ist die Multiplikation zweier sechsstelliger Zahlen oder eine Schachpartie. Paradoxerweise kann das, was für die uralte neuronale „Technologie" unseres Gehirns leicht ist, für die moderne, digitale Technologie von Computern schwierig sein und umgekehrt. Dieses Paradoxon wurde erstmals 1988 von Hans Moravec entdeckt und ist heute als Moravec-Paradoxon bekannt.

Obwohl sich die Technik seither deutlich weiterentwickelt hat, beobachten wir doch immer noch gerne mit einem Schmunzeln, wie hochintelligente KI-Systeme an scheinbar trivialen Aufgaben scheitern. Aber wir sollten bedenken, wie wir die Schwierigkeit dieser Aufgaben einschätzen. Meistens bewerten wir die Komplexität einer Aufgabe aus einer anthropozentrischen Perspektive – oder anders gesagt, danach, wie gut wir Menschen sie beherrschen können. Fahrradfahren erscheint uns einfach, weil wir es gut können. Wenn ein KI-gesteuerter Roboter daran scheitert, wundern wir uns oder lachen darüber. Wenn jedoch ein KI-System im Schach gewinnt, eine für uns schwierige Aufgabe, halten wir es für hochintelligent.

Wir nutzen unser eigenes Können als Maßstab, um die Intelligenz von KI-Systemen zu beurteilen. Aber dieser subjektive, menschenzentrierte Ansatz kann zu einem fehlerhaften Verständnis führen. Denn was uns Menschen schwer vorkommt, wie das Multiplizieren großer Zahlen oder Schachspielen, muss nicht unbedingt rechnerisch komplex sein. Und was für uns einfach erscheint, wie Fahrradfahren oder das Schuhebinden, ist rechnerisch möglicherweise gar nicht so simpel.

Warum sind Computer so gut darin, komplizierte Rechenaufgaben zu lösen, aber tun sich schwer mit einfachen Dingen wie dem Erkennen eines Freundes oder einer Freundin auf einem Foto? Die Antwort liegt in den grundlegenden Unterschieden zwischen biologischer und digitaler Intelligenz. Unsere kohlenstoffbasierten Gehirne und siliziumbasierten Computer sind für völlig unterschiedliche Arten von Aufgaben optimiert. Unsere grundlegenden biologischen und Wahrnehmungs-Motorfähigkeiten wurden über Millionen von Jahren verfeinert. Unsere kognitiven Fähigkeiten und rationalen Funktionen hingegen sind im großen Maßstab der Evolution noch relativ neu und daher von Natur aus, auch wenn es schwer fällt zuzugeben, eher begrenzt.

Kurz gesagt: Unsere Gehirne sind beeindruckend, haben aber auch ihre Grenzen. Zum Beispiel können wir nur eine begrenzte Menge an Informationen gleichzeitig bewusst verarbeiten. Forschungen zeigen, dass unser Arbeitsgedächtnis begrenzt ist und eine Kapazität von 10-50 Bits pro Sekunde hat. Das bedeutet, dass Aufgaben wie Lesen oder Mathematik unsere gesamte Aufmerksamkeit erfordern und viel Zeit in Anspruch nehmen. Tatsächlich können Taschenrechner Berechnungen durchführen, die Millionen Mal komplexer sind als das, was wir bewältigen können. Und weil unsere Gehirne nicht in der Lage sind, viele Informationen gleichzeitig zu verarbeiten, sind wir auch nicht besonders gut im „Multitasking" – also darin mehr als eine kognitive Aufgabe gleichzeitig zu erledigen. Glaubst du nicht? Dann versuche, dir eine zufällige Abfolge von Informationen zu merken, z.B. 23ouobnw38JGi3, während du die einfache Rechenaufgabe unten erledigst, und du wirst sehen, was wir meinen.

7 x 13 =
38 + 374 =
196 - 52 =

Schwierig, oder? Keine Sorge, die meisten von uns haben hier Probleme. Unsere Gehirne können Informationen schnell verarbeiten, aber es gibt nur so viel, mit dem wir gleichzeitig umgehen können. Das bedeutet, dass wir bei komplexen Aufgaben Schwierigkeiten haben können, alle verschiedenen Informationen im Blick zu behalten und alles zu verstehen.

Außerdem neigen unsere kognitiven Kenntnisse und Fähigkeiten, wie z. B. das Gedächtnis, dazu, mit der Zeit zu verblassen, und zwar viel stärker als die wahrnehmungsbezogenen und motorischen Fähigkeiten. Dieses begrenzte „Behalten" von Informationen bedeutet, dass wir leicht wesentliche Teile des Gelernten vergessen. Unser Gehirn ist zwar in der Lage, große Mengen an Informationen zu speichern, aber es fällt uns schwer, sie abzurufen, wenn wir sie brauchen. Deshalb vergessen wir oft Dinge, die wir einmal wussten, oder haben Schwierigkeiten, uns Namen und Gesichter zu merken. Denk mal darüber nach. Erinnerst du dich an den vollständigen Namen deines Highschool-Schwarms? Sicherlich kanntest du diese Information irgendwann einmal. Aber wie das Sprichwort schon sagt: „Use it or lose it!"

Leider ist das noch nicht alles. Unsere menschliche kognitive Verarbeitung ist nicht nur durch ihre Verarbeitungskapazität begrenzt, sondern auch anfällig für systematische Verzerrungen, sogenannte kognitive Verzerrungen. Diese Verzerrungen treten unbewusst auf, fühlen sich natürlich und selbstverständlich an und führen zu suboptimalen Entscheidungen. Warst du zum Beispiel schon einmal völlig davon überzeugt, dass etwas wahr ist, nur um später festzustellen, dass es völlig falsch war? Das passiert, weil unser Gehirn dazu neigt, das zu glauben, was wir glauben wollen, auch wenn es gegen jede objektive Evidenz spricht. In den letzten Jahrzehnten haben Forscherinnen und Forscher viele verschiedene kognitive Verzerrungen aufgedeckt, die unser Urteilsvermögen und unsere Entscheidungsfindung beeinflussen. Letztendlich sind sie das Ergebnis des Missverhältnisses zwischen evolutionär rationalisierten Heuristiken und dem aktuellen Kontext oder Umfeld, was zu Entscheidungen führt, die von Rationalität und Logik abweichen. Aber dazu mehr in Kapitel 3!

Das Gute an der ganzen Sache ist, dass die Biologie mit sehr wenig Energie viel leistet. Das menschliche Gehirn verbraucht weniger Energie als eine Glühbirne, während ein Supercomputer mit vergleichbarer Rechenleistung genug Strom für ein ganzes Dorf verbraucht. Unsere schnelle Verarbeitung ist also doch für etwas gut.

Jetzt, da wir wissen, was menschliche Gehirne gut und weniger gut können, wie sieht es mit KI aus? Wie unterscheidet sich die künstliche Intelligenz von unserer? Zunächst einmal basiert die menschliche Intelligenz auf biologischer „Wetware", die aus Kohlenstoff besteht, während die künstliche Intelligenz siliziumbasiert und digital ist. Die „Hardware"- und „Software"-Komponenten von KI-Systemen sind unabhängig voneinander, während bei biologischen Systemen das Lernen an das jeweilige System gebunden ist. Wenn du also lernst, Fahrrad zu fahren, kannst du diese Fähigkeit nicht automatisch auf deine Geschwister oder Bekannte übertragen. Diese neue Fähigkeit ist an dein individuelles System gebunden. Wenn aber ein in einen Roboter eingebettetes KI-System lernt, Fahrrad zu fahren, können wir diese neue Fähigkeit (eingebettet in dem Algorithmus) direkt auf ähnliche digitale Systeme übertragen. Jetzt können alle unsere anderen Roboter Fahrradfahren, obwohl sie vielleicht noch nie auf einem Fahrrad gesessen sind.

Das bringt uns gleich zum nächsten Punkt. Lernen. Du hast vielleicht schon gehört, dass Lernen Zeit braucht. Ja, das gilt auch für uns Menschen. Als Menschen haben wir nur eine begrenzte Kapazität für schnelle strukturelle Erweiterungen und sofortige Verbesserungen. Denk nur daran, wie lange du gebraucht hast, um Fahrradfahren zu lernen oder wie viele Jahre du in der Schule verbracht hast, um die Grundrechenarten zu meistern. Das Lernen in KI-Systemen ist anders. Jede neue Fähigkeit kann nicht nur leicht von einem System auf das nächste übertragen werden, sondern KI-Systeme können auch leicht auf dem neuesten Stand gehalten, neu konfiguriert und erweitert werden, um veränderten Anforderungen gerecht zu werden.

Außerdem sind KI-Systeme blitzschnell! Was die Reaktionszeit angeht, sind KI-Systeme bei der Reaktion auf einfache Reize sogar mehrere tausend Mal schneller als wir Menschen. Warum das so ist? Die Signale in KI-Systemen bewegen sich fast mit Lichtgeschwindigkeit fort, während unsere Nervenleitung nur auf 120 Meter pro Sekunde begrenzt ist – im Vergleich dazu sind Computer wahre Sprinter! Aber das ist noch nicht alles. KI-Systeme können auch direkt miteinander kommunizieren, was zu einer effizienten Zusammenarbeit bei integrierten Algorithmen führt.

Menschen können nicht auf so effiziente und direkte Weise miteinander kommunizieren. Tatsächlich ist die menschliche Kommunikation viel langsamer, komplexer und ungenauer als jede maschinelle Kommunikation, was sie anfällig für Fehler und gegenseitige Missverständnisse macht. Denk nur einmal daran, wie oft du schon versucht hast, jemandem eine wichtige Information mitzuteilen, die völlig anders aufgenommen wurde. KI-Systeme sind nicht anfällig für solche Missverständnisse, da sie direkt miteinander verbunden werden können und letztendlich Teil desselben Systems sind.

Stell dir vor, zwei völlig autonome Autos nähern sich ungefähr zur gleichen Zeit einer Kreuzung. Während wir Menschen uns manchmal schwer tun, zu entscheiden, wer zuerst fahren darf und soll, stellt sich dieses Problem bei KI-Systemen nicht, die über präzise Sensoren und klare Regeln verfügen und bei Bedarf direkt kommunizieren können. Wir Menschen müssen durch Sprache und Gesten kommunizieren. An der Kreuzung könntest du der anderen Person winken, um ihr zu signalisieren, dass sie zuerst fahren darf. Doch diese Person könnte das so interpretieren, dass du sagst, dass du zuerst fahren wirst. Am Ende steht ihr beide an der Kreuzung, niemand fährt, und nachdem ihr ein bisschen gewartet habt, fahren beide auf einmal. Kommt dir das bekannt vor? Das ist ein typisches Beispiel für ein Missverständnis in der menschlichen Kommunikation. Leider passiert das häufiger als man möchte und oft ohne, dass wir uns dessen bewusst sind.

Letztendlich führen diese inhärenten Unterschiede zwischen menschlicher und künstlicher Intelligenz dazu, dass KI Aufgaben ausführen kann, bei denen selbst die klügsten (menschlichen) Köpfe Schwierigkeiten haben, wie beispielsweise unbezwingbares Schach spielen oder Krebs mit unglaublicher Genauigkeit erkennen. KI ist wie eine superfortschrittliche Rechenmaschine, die Wunder vollbringen kann. Trotz ihrer beeindruckenden Fähigkeiten hat KI jedoch auch ihre Grenzen. In bestimmten Situationen kann sie unseren Erwartungen nicht gerecht werden, da sie ausschließlich auf vorgegebenen Regeln oder erlernten Assoziationen basiert und somit anfällig für unerwartete Wendungen in der realen Welt ist. Das bedeutet, dass „Randfälle", also Situationen, die nur geringfügig von dem abweichen, was die KI erwartet hat, eine Herausforderung darstellen können.

Lass uns diesen Gedanken kurz verdeutlichen. Vielleicht erinnerst du dich daran, wie 2016 jemand Teslas Autopilot-KI nutzte und einen tödlichen Unfall baute. Wie die spätere Aufklärung ergab, bremste die KI nicht, als ein LKW direkt vor dem Auto die Straße kreuzte. Obwohl die KI darauf trainiert war, LKWs zu erkennen, konnte sie diese anscheinend nur erkennen, wenn sie sich in Richtung des Autos bewegten. Als plötzlich ein LKW die Straße kreuzte, ignorierte die KI ihn einfach – genauso wie ein großes Straßenschild über der Straße oder jedes andere stationäre Objekt. Leider ist dies nur ein Beispiel für ein KI-System, das in einer Situation in Schwierigkeiten gerät, die ein Mensch mit Leichtigkeit hätte bewältigen können.

Ein weiteres Beispiel aus der Bilderkennung veranschaulicht, wie KI manchmal absurde Regeln zu lernen scheint, die dann in der realen Welt zu Problemen führen können. Konkret brachten ForscherInnen einer KI bei, auf Bildern eine Fischart namens „Schleie" zu erkennen. Alles schien zu klappen, bis die Forschenden die KI aufforderten, die Pixel im Bild zu markieren, die ihr halfen, eine Schleie zu identifizieren. Statt Flossen oder Schuppen auszuwählen, wählte die KI Teile des Bildes aus, die menschliche Finger zeigten. Das klingt zunächst absurd, aber es gibt eine einfache Erklärung: Die Schleie ist ein beliebter Trophäenfisch, und so enthielten viele der Trainingsbilder, mit welchen die KI trainiert wurde, Fotos von Menschen, die stolz mit ihrem Fang posierten und dabei den Fisch hoch hielten – wobei ihre Finger immer im Bild waren.

Diese Beispiele zeigen, dass KI-Systeme einfache Muster in den Daten erkennen, ohne wirklich zu verstehen, was die Daten bedeuten. Es ist wichtig zu beachten, dass maschinelles Lernen in erster Linie ein Werkzeug zum Identifizieren von Mustern und Zusammenhängen in Daten ist. Es stößt jedoch an seine Grenzen, wenn es darum geht, die zugrunde liegenden Dynamiken oder Ursachen dieser Muster zu verstehen, die für uns äußerst offensichtlich sein können.

Selbst der Computer, der das Spiel Go gemeistert hat, identifiziert lediglich Muster in Daten. Er hat keine Ahnung, dass er ein Go-Spiel spielt oder was passieren würde, wenn das halbe Brett plötzlich vom Tisch geschoben würde. Sicher, Alexa kann mit ihrer ausgeklügelten, KI-basierenden Spracherkennung schnell einen Tisch für dich in einem Restaurant reservieren, aber weiß sie wirklich, was ein Restaurant ist oder was es bedeutet, eine Mahlzeit zu essen? Wenn du sie bitten würdest, einen Tisch für zwei Personen um 18 Uhr in einer Klinik zu reservieren, würde sie es versuchen – ohne zu wissen, was hinter deiner Anfrage steckt.

All diese Einschränkungen haben eines gemeinsam: Sie existieren, weil es der KI heute an gesundem Menschenverstand und insbesondere an einem Verständnis von Ursache und Wirkung fehlt. Gesunder Menschenverstand bezieht sich auf die Fähigkeit, die physikalische Welt zu verstehen und Hintergrundwissen zu nutzen, um Vorhersagen darüber zu treffen. Diese Art von Intelligenz ist für menschliches Denken und Entscheiden wichtig, da sie es uns ermöglicht, die Welt um uns herum zu verstehen und sie mühelos zu navigieren. KI-Systeme besitzen diese Fähigkeit jedoch derzeit nicht. Wie von Yann LeCun, dem Direktor für KI bei Meta, betont, sind Maschinen noch weit davon entfernt, „die Essenz der Intelligenz" zu haben.

Diese Einschränkung kann dazu führen, dass KI-Systeme falsche oder unsinnige Entscheidungen treffen, da sie nicht die Fähigkeit haben, den Kontext, in dem sie arbeiten, zu verstehen. Wenn beispielsweise der Silicon Valley-Unternehmer Kevin Lacker das Sprachmodell ChatGPT fragte: „Was ist schwerer, ein Toaster oder ein Bleistift?", antwortete es: „Ein Bleistift ist schwerer als ein Toaster", während sogar ein kleines Kind weiß, dass die Antwort das Gegenteil ist. Als Menschen haben wir mentale Modelle von Objekten wie Toastern und Bleistiften, wir verstehen, was sie sind und können uns ihre Form, Größe und ihr Gewicht vorstellen. Aber ChatGPT verlässt sich auf statistische Muster, die in seinen Trainingsdaten aus dem Internet gefunden wurden, und da es nicht viel Diskussion über das relative Gewicht von Toast-

41

ern und Bleistiften gibt (zumindest nicht zum Zeitpunkt der Fragestellung), kann es diese grundlegende Tatsache über die Welt nicht begreifen.

Der gesunde Menschenverstand ist etwas, das wir alle besitzen. Deshalb wird er oft als eine gewöhnliche Fähigkeit übersehen. Aber das ist er bei weitem nicht! Dank dieser universellen Axiome oder Regeln sind wir in der Lage, unglaubliche Dinge zu erreichen. Du musst zum Beispiel keine bewusste, komplexe Berechnung anstellen, um zu wissen, dass ein schwerer Stein nicht auf einen wackeligen Plastiktisch gelegt werden sollte. Oder wenn du in einem Artikel liest: „Ich steckte eine Stecknadel in eine Karotte; als ich die Nadel herauszog, hatte sie ein Loch", weißt du, dass der Verfassende die Karotte und nicht die Stecknadel gemeint hat. Auch die Fragen „Wer ist größer, Prinz William oder sein Sohn Prinz George?" oder „Kann man aus einem Polyesterhemd einen Salat machen?" mögen dir trivial erscheinen, aber die Antworten erfordern gesunden Menschenverstand. Klar, wenn du einen Salat machen willst, aber keinen Salat hast, würdest du deine Zeit nicht damit verschwenden, ein Polyesterhemd zu zerschneiden.

Der gesunde Menschenverstand ist also alles andere als einfach – und nur aus menschlicher Sicht etwas Gewöhnliches! Tatsächlich ist der gesunde Menschenverstand eine komplexe und allumfassende Fähigkeit, die nicht nur soziale Fähigkeiten wie das Erkennen und Managen von Emotionen umfasst, sondern auch ein angeborenes Verständnis von Physik und abstrakten Konzepten wie Zeit, Raum und Ereignissen. All dies ermöglicht uns, mit Leichtigkeit zu planen, zu schätzen und zu organisieren.

Ursache und Wirkung sind ein wichtiger Bestandteil dessen, was wir als gesunden Menschenverstand bezeichnen, und ein großer Teil unseres täglichen Lebens. Auf diese Weise machen wir uns ein Bild von der Welt um uns herum. Wir wissen, dass eine Vase zerbricht, wenn wir sie fallen lassen; dass wir uns wacher fühlen, wenn wir Kaffee trinken; und dass wir gesünder sind, wenn wir regelmäßig Sport treiben. Die heutige KI kann uns sagen, dass Hähne krähen, wenn die Sonne aufgeht, aber sie weiß nicht, warum. Sie weiß nicht, ob das Krähen des Hahns den Sonnenaufgang verursacht oder ob die aufgehende Sonne den Hahn zum Krähen bringt. Sie ist nicht darauf ausgelegt, Ursache und Wirkung auf diese Weise zu verstehen. Eine KI, die Ursache und Wirkung verstehen kann, könnte viel mehr tun als das, was sie heute tun kann. Sie wäre in der Lage zu verstehen, warum bestimmte Dinge passieren, und nicht nur, dass sie passieren.

Wenn KI zum Beispiel versteht, dass Moskitos Malaria verursachen, kann sie überlegen, wie sie die Verbreitung von Malaria durch Moskitos verhindern kann und wie sie die reale Welt verändern kann, um dies zu erreichen. Diese Art von Verständnis ist entscheidend für wissenschaftliches Denken und bildet die Grundlage der Wissenschaft. Es ist die Fähigkeit, Hypothesen über die Auswirkungen von Eingriffen in die Welt zu bilden und zu testen. Führende KI-ForscherInnen haben das erkannt und arbeiten an der Entwicklung von KI, die Ursache und Wirkung versteht. Aber es ist immer noch eine schwierige Herausforderung, die es zu lösen gilt. Fortschritte in diesem Bereich sind der Schlüssel zur Entwicklung der nächsten Generation von hochentwickelter KI. Aber das wird eine große Herausforderung sein und Zeit brauchen.

Heutzutage ist KI ein hochspezialisiertes Werkzeug, das entwickelt wurde, um bestimmte Aufgaben und Probleme zu lösen (schmale KI, erinnerst du dich?). Im Gegensatz dazu ist gesunder Menschenverstand eher allgemein und kann nicht durch eine Reihe von Regeln definiert werden. Stell dir also heute KI-Systeme so vor: Sie sind wie U-Boote, die aber nicht wie ein Fisch im Wasser schwimmen können. U-Boote sind hochspezialisierte Maschinen, die für eine bestimmte Aufgabe entwickelt wurden, aber ihnen fehlt die Fähigkeit, sich wie ein Fisch im offenen Wasser zu bewegen. In ähnlicher Weise können KI-Systeme bestimmte Aufgaben hervorragend bewältigen, aber es fehlt ihnen an allgemeiner Intelligenz und gesundem Menschenverstand, um die Welt um sie herum zu verstehen und Entscheidungen zu treffen, die wirklich auf dem Kontext basieren.

Das heißt aber nicht, dass KI immer so bleiben wird. Wenn wir tiefer in die KI-Welt eintauchen, ist es wichtig zu bedenken, dass KI nicht durch biologische Evolution, sondern durch die Grenzen von Physik und Technologie eingeschränkt ist. So wie wir uns vorstellen können, dass eine Besucherin oder ein Besucher von einem fernen Planeten eine einzigartige Form von Intelligenz besitzt, können wir uns auch KI mit Strukturen und Eigenschaften vorstellen, die sich stark von unseren unterscheiden. Da KI ständig weiterentwickelt und verbessert wird, ist es wahrscheinlich, dass bestimmte KI-Fähigkeiten in naher Zukunft mit den menschlichen kognitiven Fähigkeiten gleichziehen, sie überholen oder sogar weit übertreffen werden. Und längerfristig könnte es sogar sein, dass unsere KI-Gefährten unsere Welt genauso gut verstehen wie wir.

All das mag auf den ersten Blick etwas beunruhigend wirken. Aber wenn wir uns bewusst machen, dass KI ganz anders aussehen kann als unsere eigenen kognitiven Fähigkeiten, können wir bessere Wege finden, um mit KI zu arbeiten und zu kooperieren. Während KI im Bereich der Datenverarbeitung und Analyse ihre Stärken hat, haben wir Menschen vorerst immer noch die Oberhand bei sozialen Interaktionen und der Anpassung an unvorhergesehene Situationen. Es ist wichtig, die Gemeinsamkeiten und Unterschiede zwischen künstlicher und menschlicher Intelligenz zu verstehen, um diese einzigartigen Stärken bestmöglich einzusetzen.

Anstatt KI als eine Technologie zu sehen, die menschenähnliche Intelligenz haben muss, sollten wir akzeptieren, dass Intelligenz ein vielschichtiges und facettenreiches Konzept ist. Auf den ersten Blick mag es naheliegend erscheinen, unsere menschliche Intelligenz als Maßstab zu nehmen. Immerhin sind wir die klügste Spezies auf unserem Planeten und darüber hinaus – niemand hat uns je etwas anderes erzählt! Aber wenn wir uns die Natur ansehen, können wir feststellen, dass es viele andere Formen von Intelligenz gibt, die sich erheblich von unseren kognitiven Fähigkeiten unterscheiden. Und so schwer es uns auch fällt zuzugeben: Wir Menschen sind nicht immer so schlau, wie wir gerne meinen. Die Wahrheit ist, dass auch unsere kognitiven Fähigkeiten ihre Grenzen haben. Diese Grenzen resultieren daraus, dass unser Gehirn auf spezifische Weise verdrahtet ist, um Informationen zu verarbeiten, was manchmal zu Vorurteilen und Missverständnissen führen kann. Warum sollten wir also auf die Entwicklung von KI auf menschenähnliche Intelligenz beschränken?

Also, denk daran: KI ist Intelligenz, aber auf eine andere Art und Weise, als wir Menschen sie vielleicht kennen. Es ist wichtig, dass wir das im Hinterkopf behalten und die Entwicklung von KI (und ihre Definition) nicht unnötig auf uns als Referenz beschränken.

KANN KI MALEN WIE PICASSO? ÜBER KI UND KREATIVITÄT

„Kreativität ist eines der wichtigsten Merkmale des Menschen. Die Fähigkeit zu echter Kreativität, die Art von Kreativität, die unser Verständnis von der Natur des Seins aktualisiert, die die Art und Weise verändert, wie wir verstehen, was schön, gut oder wahr ist – diese Fähigkeit ist die Grundlage des Menschseins."

Kelly (2019)

Am 10. Januar 2023 postete der Hollywood-Schauspieler Ryan Reynolds einen einminütigen Werbespot für das Mobilfunkunternehmen Mint Mobile auf YouTube. Kein großes Ding, oder? Außer, dass der Werbespot komplett von ChatGPT, der generativen KI von OpenAI, geschrieben wurde. In dem neuen Werbespot behauptet der „Deadpool"-Darsteller, er habe die KI gebeten, einen Werbespot für Mint Mobile in seiner Redeart zu schreiben, mit einem Witz, einem Schimpfwort und einen Hinweis auf die aktuelle Weihnachtsaktion von Mint enthalten. Anschließend liest Reynolds vor, was die KI produziert hat:

„Hey, hier ist Ryan Reynolds. Zuerst einmal möchte ich sagen, dass Mint Mobile ist der Sh*t, aber jetzt kommt's: Alle großen Mobilfunkanbieter da draußen beenden ihre Weihnachtsaktionen, aber nicht Mint Mobile. Wir halten die Party am Laufen, weil wir einfach so verdammt gut sind. Probiere Mint Mobile aus, und als zusätzlichen Bonus kannst du meine Stimme hören, wenn du den Kundenservice anrufst, wenn du dich jetzt anmeldest. War nur ein Scherz, das gibt es nicht wirklich. Bleibt stilvoll, Leute."

Das Ergebnis ist ziemlich beeindruckend und hat in der Kreativbranche für Aufsehen gesorgt. Reynolds beschreibt das Ergebnis als „leicht beängstigend, aber faszinierend". Nur 24 Stunden nachdem das Video veröffentlicht wurde, hatte es bereits 195.000 Aufrufe. Und natürlich hatten die Menschen auf YouTube viel zu sagen über die neue Werbung.

Eine Person kommentierte: „Ich kann nicht sagen, ob Ryan das wirklich geschrieben hat oder die KI, so gut ist es". Eine andere Person sagte: „Es ist irgendwie beängstigend, dass ChatGPT die Art von Humor, für die Ryan bekannt ist, verstehen und etwas Ähnliches schreiben kann". Der Schauspieler, der in der Werbung zu sehen ist, hat das Video auch auf seinem Instagram-Account gepostet und scherzte: „Wenn diese Mint Mobile-Werbung erfolgreich ist, lasse ich vielleicht auch meine Kinder von ChatGPT erziehen". Mint Mobile behauptet, dass ihre neue Werbung die erste ist, die generative KI auf diese Weise einsetzt.

Und da sind wir nun. Wir leben in einer Welt, in der Werbefachleute auf generative KI wie ChatGPT zurückgreifen, um Ideen für Marken zu entwickeln, schnelle Briefings für Kundinnen und Kunden zu schreiben, mit Werbetexten herumzuspielen und TikTok-Skizzen zu entwerfen. Generative KI verändert mit rasanter Geschwindigkeit die Art und Weise, wie wir leben und arbeiten. Eine der spannendsten Fragen, die sich in dieser neuen Ära der KI stellt, ist, ob KI kreativ sein kann. Was ist mit einer der wichtigsten Fähigkeiten des Menschen, echter Kreativität? Sind Maschinen wirklich in der Lage, originelle, bedeutungsvolle und ausdrucksstarke Schöpfungsakte zu vollbringen?

Eine kurze Google-Suche nach „KI-Kunst" reicht aus, um eine lange Liste mit Beispielen KI-erstellter Meisterwerke zu bekommen. Einige dieser Gemälde sehen aus wie abstrakte Kunst mit zufälligen Pinselstrichen, aber sie wurden von Maschinen erstellt.

Diese KI-Kunst wird allmählich ernst genommen. Im Oktober 2018 wurde zum Beispiel das erste KI-generierte Porträt bei einer Christie's-Auktion in New York für sage und schreibe eine halbe Million Dollar verkauft. Den ursprünglich geschätzten Wert von $10.000 hatte es damit bei weitem überschritten! Im Juni 2022 schrieb *Cosmopolitan* Geschichte, als das Magazin als erste Zeitschrift ein vollständig von KI gestaltetes Cover veröffentlichte. Das Team gab der KI lediglich folgende Anweisung, auf Englisch „Prompt" genannt, um das Cover-Bild zu generieren: „Weitwinkelaufnahme von unten einer weiblichen Astronautin mit einem athletischen, weiblichen Körper, die in einem unendlichen Universum auf dem Mars auf die Kamera zugeht, Synthwave Digital Art".

Links: Porträt von Edmond Belamy, 2018, erstellt von Generative Adversarial Network. Am 25. Oktober 2018 bei Christie's in New York für 432.500 $ verkauft. Rechts: Das erste KI-Magazin-Cover der Welt, welches von DALL-E 2 von OpenAI erstellt wurde.

Keine Frage also, KI kann heute Kunstwerke, Musik und Literatur erstellen, die in technischer Hinsicht beeindruckend sind. Aber du wirst sicherlich zustimmen, dass wahre Kreativität über technische Fertigkeiten hinausgeht. Was also ist Kreativität überhaupt?

Kreativität kann man sich als eine einzigartige Perspektive vorstellen, die neue Ideen mit sich bringt. Es geht um die Fähigkeit, neue und originelle Ideen, Perspektiven oder Lösungen für Probleme zu entwickeln. Kreativität ist ein Prozess, der es Individuen ermöglicht, etwas Neues zu schaffen – sei es ein neues Produkt, eine neue Art, Dinge zu tun oder eine neue Form der Kunst. Es geht also um Neuheit, könnte man schlussfolgern. Von diesem Standpunkt aus können wir Kreativität in drei verschiedene Arten kategorisieren: explorative Kreativität, kombinatorische Kreativität und transformatorischen Kreativität.

Bei der explorativen Kreativität geht es darum, etwas bereits Vorhandenes bis an seine Grenzen zu bringen, um etwas Neues zu entdecken. Es ist wie eine Entdeckungsreise, auf der du etwas Neues finden willst, sei es eine neue Idee, ein neuer Ansatz oder eine neue Sichtweise auf die Welt. Es ist, als würdest du die äußersten Grenzen des Möglichen erkunden, aber immer noch den Regeln folgen.

Zum Beispiel hat Bach durch die Verflechtung unterschiedlicher Tonarten eine neue Klangwelt erschaffen, die die Barockkomponisten inspirierte, Tonalität an ihre Grenzen zu bringen. Mit seinen Präludien und Fugen hat er das Mögliche ausgeschöpft, bevor Mozart und Beethoven die Regeln des Genres aufbrachen und die klassische Ära einleiteten. In ähnlicher Weise haben Kunstschaffende wie Pierre-Auguste Renoir und Camille Pissarro die visuelle Darstellung von Natur und Umwelt neu konzipiert. Aber es war Claude Monet, der die Grenzen wirklich verschoben hat, indem er seine Seerosen immer wieder neu gemalt hat, bis seine Farbtupfer in eine neue Form der Abstraktion übergingen.

Der größte Teil der menschlichen Kreativität ist explorative Kreativität. Diese Art von Kreativität beherrscht die KI besonders gut. Sie kann mehr Berechnungen durchführen als das menschliche Gehirn und ein Muster oder eine Regel bis zum Äußersten treiben.

Erinnerst du dich an AlphaGo, das die Welt im Jahr 2016 mit seinem Sieg über den Go-Weltmeister Lee Sedol in fünf Spielen zum Staunen brachte? Was AlphaGo so bemerkenswert macht, ist nicht nur seine Fähigkeit, beim Go zu gewinnen, sondern auch die Art, wie es das Spiel spielt. AlphaGo hat menschlichen Expertinnen und Experten beigebracht, dass Eröffnungszüge, die lange Zeit als unklug galten, zum Sieg führen können. Es spielt in einem Stil, den ExpertInnen als seltsam und fremd beschreiben. Daher überrascht es nicht, dass viele die KI als wirklich kreativ bezeichnen. Andere argumentieren jedoch, dass dies nicht ausreicht, da die Spielregeln vorgegeben sind und das System nur erfolgreich sein kann, wenn es lernt, innerhalb dieser Grenzen gut zu spielen. Sie argumentieren, dass dies eine sehr eingeschränkte Form der Kreativität ist.

Eine andere Art von Kreativität ist die kombinatorische Kreativität. Dabei geht es darum, verschiedene Dinge zu nehmen und sie auf eine neue und einzigartige Weise zusammenzufügen. Das ist wie bei einem DJ: Du nimmst verschiedene Songs und mischst sie zu einem neuen Stück. Die Architektin Zaha Hadid hat zum Beispiel ihr Wissen über Architektur mit ihrer Liebe zu den reinen Formen des russischen Malers Kasimir Malewitsch kombiniert, um einen einzigartigen Stil geschwungener Gebäude zu schaffen.

Diese Art von Kreativität eignet sich auch perfekt für die Welt der KI: Eine Person, die eine KI programmiert, kann beispielsweise einen Algorithmus, der den Blues spielt, mit der Musik von Boulez kombinieren und so eine seltsame hybride Komposition schaffen, die eine neue Klangwelt eröffnen könnte. Natürlich könnte es auch eine schlechte Kakophonie sein, also muss die Programmiererin oder der Programmierer zwei Genres finden, die sich algorithmisch auf interessante Weise verschmelzen lassen.

Studien zeigen, dass KI-Programme Musik komponieren können, die sich anhört, als wäre sie von menschlichen KomponistInnen geschaffen worden, indem sie Stile wie den von Bach imitieren und auf innovative Weise mit anderen Stilen kombinieren. Aber das ist nicht die Art von Kreativität, die man mit innovativen KünstlerInnen wie Schönberg in Verbindung bringt, der eine neue Art des Musikdenkens schuf, die den Bedürfnissen seiner Zeit entsprach.

Das bringt uns zur dritten Art der Kreativität: der transformatorischen Kreativität. Diese Art von Kreativität ist die geheimnisvollste und am schwersten fassbare. Sie beschreibt jene seltenen Momente, die das Spiel komplett verändern. Wie zum Beispiel als Picasso den Kubismus einführte, Schoenberg die Atonalität oder Joyce den Modernismus. Sie sind wie Phasenwechsel, wenn Wasser plötzlich von einem flüssigen Zustand in einen gasförmigen übergeht. Diese Art der Kreativität lässt sich nicht einfach in einer Maschine einprogrammieren oder replizieren. Es geht darum, die Regeln des Spiels zu ändern oder eine Annahme fallen zu lassen, unter der frühere Generationen gearbeitet haben. Es ist wie ein plötzlicher Katalysator, der alles verändert.

Kann KI diese Art von Kreativität hervorbringen? Ein Computer ist zwar nicht in der Lage, von sich aus einen transformativen, spielverändernden Phasenwechsel einzuleiten, aber er kann so programmiert werden, dass er verschiedene Möglichkeiten erforscht und unerwartete Verbindungen herstellt, was zu einem kreativen Durchbruch führen könnte. Indem man einem Computer die Fähigkeit gibt, sich "irrational" zu verhalten, kann man ihn dazu bringen, neue Möglichkeiten zu erforschen und Verbindungen herzustellen, die ein Mensch vielleicht übersehen hat. Aber selbst wenn das so ist, würdest du das als kreativ bezeichnen?

Wenn diese drei Arten von Kreativität alles wären, was Kreativität ausmacht, könnte man den Output der heutigen KI-Systeme zu einem gewissen Grad als kreativ bezeichnen. Aber manche sagen, dass Kreativität noch mehr bedeutet. Philosophinnen und Philosophen argumentieren, dass das Produzieren von etwas Neuem und Wertvollem zwar notwendig, aber nicht ausreichend ist. Wahre Kreativität hingegen ist ein Ausdruck absichtsvollen Handelns. Das heißt, Kreativität erfordert die Fähigkeit zu bewusstem Erleben. Sie erfordert eine Person, die ein Ziel verfolgt und die Kontrolle über das Ergebnis hat, eine moralische Akteurin oder ein moralischer Akteur. Nur wenn jemand etwas absichtlich erschafft, ein bestimmtes Ziel vor Augen hat und auf dem Weg dorthin Entscheidungen treffen kann, wird es als kreativer Akt betrachtet. Andernfalls würde man es nur als Nachahmung von Kreativität bezeichnen. Während KI also kreative Verhaltensweisen und Ergebnisse zeigt (Ergebnis-Fokus), fehlt es ihr an echter Kreativität (Prozess-Fokus).

Kreativität geht also über reine Neuheit hinaus, es geht nicht nur darum, etwas Neues und Wertvolles zu schaffen. Denk an eine einzigartige, komplexe Schneeflocke, eine friedliche Dünenlandschaft oder ein unverwechselbares, atemberaubendes Farbenspiel bei Sonnenuntergang. Diese Naturphänomene mögen ästhetisch ansprechend und neu sein, aber wir bezeichnen sie nicht als kreativ. Warum? Weil sie nicht das Ergebnis einer absichtlichen Handlung sind. Mit anderen Worten: Die Wassermoleküle, der Wind und die Gase, die diese Naturphänomene hervorbringen, sind keine AkteurInnen, die für das, was sie bewirken, verantwortlich sind. Stell dir zum Beispiel vor, du fährst an einem schneereichen Tag Snowboard und hinterlässt zufällig ein hübsches Muster auf dem Berg. Obwohl es ein neues und ästhetisch ansprechendes Kunstwerk ist, gilt es nicht als kreativer Akt, weil es ein glücklicher Zufall war, den du nicht beabsichtigt hattest.

Ein weiterer wichtiger Aspekt der Kreativität ist die Fähigkeit, andere vom Wert unserer Ideen zu überzeugen. Albert Einstein wird nicht deshalb als „Entdecker" der Relativitätstheorie bezeichnet, weil er Gleichungen aufgestellt hat, die die Struktur von Raum und Zeit besser beschreiben. Tatsächlich hatten andere vor ihm, wie George Fitzgerald, Hendrik Lorentz und Henri Poincaré, diese Gleichungen bereits entwickelt. Aber Einstein hatte ein originelles und bemerkenswertes Verständnis davon, was die Gleichungen bedeuten, und er konnte dieses Verständnis anderen vermitteln. Damit eine KI etwas tun kann, das mit Einsteins Kreativität vergleichbar ist, muss sie in der Lage sein, andere vom Wert ihrer Ideen zu überzeugen, mindestens so gut wie Einstein und andere kreative Genies es taten.

Schlussendlich ist es wichtig zu erkennen, dass verschiedene Menschen verschiedene Ansichten zu Kreativität haben können. Was die eine Person oder Generation als kreativ ansieht, können andere als verrückt oder lächerlich empfinden. Denk nur an Galileo Galilei und seine Überzeugung, dass sich die Erde um die Sonne dreht. Während wir ihn heute für ein kreatives Genie halten, galten seine Ideen zu seiner Zeit als töricht und absurd.

Auf die Frage, ob KI kreativ sein kann, gibt es daher auch keine einheitliche Antwort. Sicherlich können diese Programme neue und wertvolle Dinge hervorbringen, aber reicht das aus, um als echte Kreativität zu gelten? Wenn wir Menschen an Kreativität denken, stellen wir sie uns oft als etwas vor, das von einer Person mit einer einzigartigen Perspektive ausgeht, die Entscheidungen trifft und die Kontrolle über das Ergebnis hat. Erfordert Kreativität ein bewusstes Handeln? Kann KI kreativ sein, obwohl sie nicht die Fähigkeit hat, Dinge so zu erleben wie wir Menschen? Die Meinungen gehen auseinander. Manche sagen nein und meinen, dass KI erst dann als kreativ gelten kann, wenn sie ein Bewusstsein hat. Bis dahin bleibt wahre Kreativität eine ausschließlich menschliche Fähigkeit. Andere sagen, die Antwort lautet ja, denn Bewusstsein ist keine Voraussetzung für Kreativität.

Es liegt an dir zu entscheiden, auf welcher Seite du stehst. Unabhängig davon, wo du dich in der Debatte einordnest, eines ist sicher: Die Ergebnisse heutiger KI-Systeme können wirklich beeindruckend sein. Ob sie im Stil von Picasso malen, eine brillante Go-Strategie entwickeln oder Musik komponieren, die es mit der von Beethoven aufnehmen kann – die heutigen KI-Systeme sind in der Lage, Dinge zu produzieren, die neu und wertvoll sind und sich oft nicht von menschlichen Schöpfungen unterscheiden lassen. Allerdings sind diese Systeme immer noch weitgehend auf menschliche Anweisungen angewiesen und keineswegs autonome kreative Entitäten. Wenn du dir also Sorgen machst, dass die KI die menschliche Kreativität ablöst, denke daran: KI ist dazu da, die menschliche Kreativität zu unterstützen und zu erweitern, nicht sie zu ersetzen. KI ist ein (kreatives) Werkzeug, das menschliche Entdeckungen ermöglicht, so wie das Teleskop, das Galileo Galilei in seinem Glauben an Kopernikus' Theorie bestärkte, dass sich die Erde und alle anderen Planeten um die Sonne drehen.

KAPITEL 2

HEY SIRI! BIST DU MENSCH ODER MASCHINE?

Ein altes Sprichwort besagt: „Je mehr sich die Dinge ändern, desto mehr bleiben sie gleich". In Zeiten, in denen sich die Technologie immer schneller verändert, suchen wir alle nach der einen Konstante in unserem Leben. Forscher und Forscherinnen sind da nicht anders. Um mit dem Tempo der Technologie Schritt zu halten, suchen sie nach diesen grundlegenden und unveränderlichen Aspekten, die uns helfen, unsere Beziehungen zueinander und zur neuen Technologie zu verstehen. Und weißt du was? Angesichts des Internets, der sozialen Medien und sogar der KI-Revolution ist die einzige Konstante, die sich im langsamen Tempo der Evolution bewegt, ... Trommelwirbel bitte ... unser gutes, altes Gehirn!

Unsere Gehirne haben einige ziemlich feste Verdrahtungen, die nicht nur beeinflussen, wie wir die Welt sehen, sondern auch wie wir die Welt um uns herum interpretieren.

Und wenn es eine Sache gibt, die wir alle bemerkenswert einzigartigen Menschen gemeinsam haben, dann ist es, dass wir *zusammen* leben und atmen. Und selbst – oder gerade – in Zeiten von Smartphones und sozialen Medien zeigt die Forschung, wie wichtig unsere sozialen Verbindungen für unser Wohlbefinden sind.

Kurz gesagt: Wir sind soziale Wesen! Als solche haben wir eine Menge Regeln und Normen, die unseren Umgang miteinander bestimmen. Wenn dir zum Beispiel jemand eine Blume schenkt, musst du dich nach dem Prinzip der Reziprozität irgendwie revanchieren. Du könntest also etwas spenden, die Petition unterschreiben oder der anderen Person einfach dein schönstes und strahlendstes Lächeln schenken.

Heute gibt es eine neue Art von sozialen AkteurInnen unter uns: KI – sei es in Form von sozialen Robotern, virtuellen Assistenten oder Conversational Interfaces. Je mehr KI unser tägliches Leben bestimmt, desto mehr wollen und müssen wir die Regeln und Normen verstehen, die diese neue Art von Beziehung bestimmen.

Was wäre also, wenn Siri oder Alexa dir einen wertvollen Rat geben würden? Würdest du den Gefallen erwidern? Wie wäre es, wenn KI dir ihre dunkelsten Geheimnisse verraten würde – würdest du dich revanchieren? Diese Fragen mögen weit hergeholt und absurd klingen, aber es ist wichtig, sie zu stellen. Und in der Tat haben Forscherinnen und Forscher diese Fragen schon gestellt, lange bevor es Siri und Alexa überhaupt gab. In der Hoffnung Antworten zu finden, betrachteten sie unsere Computer.

Clifford Nass, einer der Pioniere auf diesem Gebiet, führte über fünfzig Experimente durch, um zu beobachten, wie Menschen mit Computern interagieren und um zu untersuchen, welche grundlegenden Regeln alle unsere Beziehungen prägen. Und während er viele soziale Regeln aufdeckte, die unsere Interaktion mit anderen Menschen bestimmen, stellte er auch fest, dass Menschen diese Regeln gedankenlos auf ihre Interaktionen mit Computern und anderen interaktiven Technologien anwendeten. Das Ergebnis war das sogenannte „Computer as Social Actors"-Paradigma (kurz: CASA), das in unzähligen Folgestudien wiederholt wurde, auch mit ausgefeilteren Technologien als einem herkömmlichen Desktop-Computer. Letztendlich wurde die Idee geboren, dass wir Technologie wie eine echte Person behandeln und bei diesen Begegnungen ähnliche soziale Reaktionen zeigen.

Also, geben wir Menschen intime Details von uns preis, wenn ein Computer uns scheinbar intime Informationen gibt? Ja, das tun wir! Selbst wenn es nur banale Informationen sind, fühlen wir uns verpflichtet, eine Gegenleistung zu bringen.

Inzwischen wissen wir, dass wir nicht einfach jeden sozialen Impuls, sei es von Menschen oder Technologie, gedankenlos erwidern. Es gibt unzählige Studien, die zeigen, dass unsere Reaktionen auf Technologie sich deutlich von denen auf unsere Mitmenschen unterscheiden können. Trotzdem können uns die Regeln und Mechanismen, die unser menschliches Miteinander prägen, helfen zu verstehen, wie wir KI wahrnehmen und auf sie reagieren. Das ist wichtig, weil unsere Wahrnehmung von KI direkt unser Vertrauen und unsere Akzeptanz beeinflusst. Wenn wir die Nuancen unserer Reaktionen auf Technologie erforschen, können wir wertvolle Erkenntnisse darüber gewinnen, wie unsere Wahrnehmung täglich beeinflusst werden kann und tatsächlich beeinflusst wird.

Im Folgenden zeigen wir dir, wann, warum und wie sich deine Reaktionen auf KI unterscheiden können. Und das liegt alles an unserem Gehirn. Oder genauer gesagt, in unserem Verstand. Also mach dich auf ein paar verblüffende Einsichten gefasst!

DIE ENTSCHLÜSSELUNG DES VERSTANDS: ÜBER HANDLUNGSFÄHIGKEIT UND ERFAHRUNG

Stell dir vor, du musst das Neujahrsfest der Familie vorbereiten. Du bittest einen befreundeten Kochprofi, dir ein leckeres Gericht zu empfehlen, das allen in der Familie schmecken wird. Aber nicht alle haben das Glück, einen Kochprofi um Hilfe bitten zu können. Stell dir also vor, du bittest Siri oder ein anderes KI-Tool um Rat. Was denkst du, wie sich die Empfehlungen unterscheiden werden – und was noch wichtiger ist: Wem würdest du mehr vertrauen?

Heute wissen wir: Selbst wenn die Empfehlungen genau gleich sind, bestimmt die Person oder das System, mit dem wir zu interagieren glauben, unsere Reaktion! So kann es sein, dass wir das ausgefallene Rezept, das wir von unseren menschlichen Bekannten erhalten, kochen wollen, aber das gleiche Gericht von der KI als seltsam und abwegig abtun.

Wie wir auf ein und dasselbe Ergebnis oder eine Empfehlung reagieren, hängt von verschiedenen Faktoren ab. Ein wichtiger Aspekt ist jedoch, wie sehr wir unserem Gegenüber Verstand zuschreiben. Das wirft die Frage auf: Wer oder was besitzt Verstand? Es mag offensichtlich sein, dass du und die Menschen um dich herum einen haben, aber wie sieht es mit einem Fötus, einem Hund oder deinem Google-Assistenten aus? Wie ähnlich oder verschieden sind KI und unsere Mitmenschen in dieser Hinsicht? Hat ein sozialer Roboter mehr Verstand als ein Hund? Oder ein Frosch? Wie steht es um einen verstorbenen Menschen oder ein neugeborenes Baby?

Wie du siehst, sind die Antworten auf diese Frage gar

nicht so einfach. Wir könnten versucht sein, andere nach Selbstauskünften zu fragen oder ihre Gehirnaktivität zu messen, um eine Antwort zu finden. Aber wie können wir dann sicher sein, dass sie wirklich einen Verstand haben? Letztendlich bleibt der Verstand anderer für uns immer unzugänglich. Deshalb hängt die Antwort auf die Frage „Wer oder was hat einen Verstand?" von unserer subjektiven Wahrnehmung ab. Und natürlich kann diese Wahrnehmung von Person zu Person sehr unterschiedlich sein und sogar jeden objektiven Nachweis geistiger Fähigkeiten in Frage stellen.

Alles läuft auf die entscheidende Frage hinaus: Was genau bringt uns dazu, Verstand bei anderen wahrzunehmen? Diese Frage beschäftigt Forschende schon lange. Dabei geht es nicht nur um das Wahrnehmen mentaler Zustände unserer Mitmenschen, sondern auch von Tieren, Robotern und sogar künstlicher Intelligenz.

Heute sind sich die meisten einig, dass wir den Verstand anderer in zwei verschiedenen Dimensionen betrachten: emotionale Erfahrung, also die Fähigkeit zu fühlen und zu empfinden, und Handlungsfähigkeit, das heißt die Fähigkeit zu planen und zu handeln. Ein Lebewesen kann auf beiden Dimensionen hoch sein (z.B. du, die Person, die das hier liest), niedrig in emotionaler Erfahrung und hoch in Handlungsfähigkeit (z.B. eine Gottheit, Google), hoch in emotionaler Erfahrung und niedrig in Handlungsfähigkeit (z.B. kleine Kinder, deine Katze oder dein Hund) oder in beiden niedrig sein (z.B. verstorbene Personen, unbelebte Objekte).

Diese zweidimensionale Darstellung hat sich in verschiedenen Forschungsbereichen unabhängig voneinander herauskristallisiert, z.B. bei der intuitiven Darstellung von Persönlichkeit und den beiden grundlegenden Dimensionen der sozialen Bewertung. Diese Ergebnisse zeigen, dass Menschen anderen Menschen Geist zuschreiben, wenn es um ihre Fähigkeit zu „fühlen" und zu „tun" geht.

Handlungsfähigkeit bezieht sich also auf die wahrgenommene Fähigkeit, Absichten zu haben und zu handeln (z.B. Selbstkontrolle, Urteilsvermögen, Kommunikation, Denken und Erinnern). Es gibt verschiedene Hinweise, die wir nutzen, um auf die Handlungsfähigkeit anderer Menschen zu schließen. Dazu gehören flexible und zielgerichtete Bewegungen sowie die Fähigkeit, auf Hinweise aus der Umwelt in einer scheinbar absichtlichen Weise zu reagieren.

Weitere Anzeichen sind die Fähigkeit, sich anpassungsfähig und flexibel mit der Umgebung auseinanderzusetzen und selbstgesteuertes Verhalten zu zeigen. Deshalb neigen wir dazu, Tieren, die sich scheinbar zielgerichtet bewegen, oder Robotern, die auf unsere Befehle reagieren, eher Intelligenz zuzuschreiben als unbelebten Objekten, die sich nur aufgrund von physikalischen Kräften bewegen.

Forschende haben auch festgestellt, dass wir eher Lebewesen Handlungsfähigkeit zuschreiben, die uns ähnlich sind – zum Beispiel solche, die Gesichter, Körper oder andere Merkmale aufweisen, die wir mit Lebendigkeit und Denkfähigkeit verbinden. Dies nennt man auch die „like-me"-Verzerrung, weil wir uns selbst als Modell für andere Lebewesen nehmen und unsere eigenen mentalen Zustände auf sie übertragen. Aber Vorsicht, der Schein kann trügen, wenn es um die Wahrnehmung von Verstand geht!

Wie viel Handlungsfähigkeit glaubst du hat ein geselliger Roboter im Vergleich zu einem Neugeborenen, einem Hund oder einem fünfjährigen Kind? Um diese Fragen zu klären, haben Forschende eine Umfrage durchgeführt und über 2000 Menschen in den USA gebeten, 78 solcher Vergleiche anzustellen. Zum Beispiel mussten die Teilnehmenden in einem dieser Vergleiche bewerten, ob ein 5-jähriges Kind eher in der Lage ist, Schmerzen zu empfinden als ein Schimpanse.

Und wo landet unser geselliger Roboter in diesen Vergleichen? Nun, er schlägt sich ziemlich gut in Sachen Handlungsfähigkeit! Die Menschen nehmen unseren Roboter als handlungsfähiger wahr als ein neugeborenes Baby, irgendwo zwischen einem Hund und einem fünfjährigen Kind. Aber hier endet das Erfolgserlebnis für unseren Roboter. Die Handlungsfähigkeit eines Menschen und sogar Gottes wurde deutlich höher eingestuft. Gott sei Dank haben wir immer noch die Kontrolle! Oder zumindest denken wir das.

Handlungsfähigkeit ist nicht alles, auch Erfahrungen spielen eine entscheidende Rolle, ob wir bei anderen einen Verstand wahrnehmen. Gemeint ist damit die wahrgenommene Fähigkeit, Empfindungen und Gefühle zu erleben (z.B. Hunger, Angst und Freude). Dazu gehören sowohl positive als auch negative emotionale Erfahrungen wie Angst, Schmerz, Vergnügen, Lust, Stolz, Freude oder Scham.

Menschen durchleben unzählige solcher Empfindungen – von der puren Freude, sich zu verlieben, bis hin zur tiefen Trauer des Verlusts. Diese Emotionen zeigen wir durch verbale und nonverbale Signale wie Gesichtsausdrücke und Körpersprache, die die Kommunikation und soziale Verbindungen erleichtern. Stell dir vor, du siehst die Angst in jemands Augen oder die Freude auf dem Gesicht und weißt genau, was die Person fühlt. Oder denk an den wedelnden Schwanz eines glücklichen Hundes oder das leise Knurren eines drohenden Hundes. Wenn wir emotionale Erfahrungen bei anderen erkennen, schreiben wir ihnen mehr Verstand zu und können tiefere Verbindungen mit ihnen aufbauen.

Wenn wir an emotionale Erfahrungen denken, könnten wir meinen, dass sie nur Menschen und Tieren vorbehalten sind. Aber Überraschung – auch bei einigen nicht lebenden Wesen wie Robotern und KIs können wir solche Erfahrungen wahrnehmen. Zugegeben, Roboter und andere Technologien können Emotionen nicht wie wir oder Tiere erleben, aber sie können sie nachahmen.

Manche Roboter sind so gebaut, dass sie Gefühle durch

Lächeln oder Nicken imitieren, während viele Chatbots und Conversational Interfaces Emojis oder Gefühlsausdrücke wie „oh wow!" nutzen, um Überraschung, Freude und Ähnliches vorzuspielen. Doch in der zuvor erwähnten Umfrage mussten die Forschenden feststellen, dass die Teilnehmenden die emotionale Erfahrung eines Roboters ziemlich niedrig einschätzten. Tatsächlich schrieben sie einem geselligen Roboter weniger emotionale Erfahrung zu als einem verstorbenen Menschen, während ein neugeborenes Baby, ein Hund und Mitmenschen auf dieser Dimension eher hoch bewertet wurden.

Dimensionen der Verstandswahrnehmung nach Gray, Gray & Wegner (2007)

Man beachte jedoch, dass diese Studie aus dem Jahr 2007 stammt. Unsere Technologien werden jeden Tag menschenähnlicher. Die Frage ist also: Wie würdest du deinen Haushaltsroboter, z.B. einen iRobot-Staubsauger, oder deinen digitalen KI-Assistenten wie Siri oder Alexa, heute auf den Dimensionen des Verstandes einschätzen?

Je mehr wir uns in die faszinierende Welt von Robotern und KI vertiefen, desto drängender wird eine Frage: Warum kümmert es uns überhaupt, wie viel emotionale Erfahrung und Handlungsfähigkeit wir diesen Maschinen zusprechen? Die Antwort ist einfach und doch tiefgreifend: Wenn wir verstehen, wie viel Verstand (sprich: emotionale Erfahrung und Handlungsfähigkeit) wir einer Technologie oder KI zuschreiben, dann können wir auch unseren Umgang mit ihnen besser verstehen.

Wenn wir erkennen, dass wir anderen aufgrund ihrer Fähigkeit zu „fühlen" und „handeln" Verstand zusprechen, dann können wir auch die komplizierten und vielschichtigen Wege besser durchschauen, auf denen wir mit der Welt um uns herum interagieren. Und das Verstehen dieser Zusammenhänge hat weitreichende Folgen, die über einfache Interaktionen hinausgehen.

Wenn wir ein Wesen als handlungsfähiger und mit mehr emotionaler Erfahrung wahrnehmen, fangen wir automatisch an, es mehr zu schätzen. Wir möchten, dass es glücklich ist und vor Schaden bewahrt wird. Diese Wahrnehmung prägt auch unsere Vorstellungen von Strafe und Verantwortung.

Denk mal darüber nach: Unsere Gesetze verknüpfen schon lange die Wahrnehmung von Verstand und Moral. Eine Person, der wenig Verstand zugeschrieben wird, wird weniger verantwortlich für ein moralisches Vergehen gemacht. So werden zum Beispiel fünfjährige Kinder für einen Diebstahl nicht genauso bestraft wie 25-jährige Personen.

Aber das ist noch nicht alles. Unsere Wahrnehmung vom Verstand anderer beeinflusst auch, wie sehr wir andere im Alltag für etwas verantwortlich machen. Wem würdest du eher die Schuld geben, wenn ein Schaden entsteht – einer Kollegin oder einem Kollegen mit hoher Handlungsfähigkeit oder einem Hund mit niedrigerer Handlungsfähigkeit? Die Antwort liegt auf der Hand. Aber was ist mit einem selbstfahrenden Auto, das einen Unfall verursacht? Oder wie wäre es mit einem KI-System, das bei der Verwaltung deiner Finanzanlagen keine so guten Ergebnisse erzielt? Würdest du die KI für das Ergebnis genauso verantwortlich machen wie eine Person aus der Finanzberatung?

Unsere eigenen Untersuchungen zeigen, dass dies nicht der Fall ist. Selbst bei gleichermaßen schlechten Anlageergebnissen neigen wir dazu, menschlichen Beratenden mehr Schuld zuzuschreiben als einem KI-System – und das führt schlussendlich zu größerer Unzufriedenheit mit der menschlichen Dienstleistung. Wie du siehst, kann unsere Wahrnehmung von Verstand also doch weitreichende Folgen haben, und die Einschätzung der Handlungsfähigkeit ist dabei von großer Bedeutung.

Aber die Auswirkungen unserer Wahrnehmung über den Verstand anderer gehen noch weiter. Sie beeinflusst nicht nur, wie viel Verantwortung wir anderen zuschreiben, sondern auch, wie viel Rechte wir ihnen gewähren. Ein gutes Beispiel dafür sind Diskussionen über Tierversuche in der Medizin. Je mehr emotionale Erfahrung (vor allem die Fähigkeit, Schmerzen zu empfinden) wir diesen Lebewesen zusprechen, desto weniger möchten wir ihnen Schaden zufügen. Da diese Wahrnehmungen letztlich subjektiv und oft unabhängig von objektiven Beweisen sind, können auch unsere Meinungen hierzu sehr unterschiedlich ausfallen.

Diese Wahrnehmungen beeinflussen auch deine Entscheidungen. Stell dir vor, du musst in einer Situation einer von zwei Figuren Schaden zufügen. Was wäre für dich wohl schwieriger: Ein 5-jähriges Mädchen zu verletzen oder den Roboter „hitchBOT", den zwei Professoren 2013 liebevoll entwickelt haben, um mit Menschen per Anhalter zu fahren? Deine Antwort zeigt, wie eng die Zuschreibung emotionaler Erfahrung mit der Zuweisung von Rechten und Privilegien verbunden ist. Übrigens: hitchBOT reiste erfolgreich durch Kanada, Deutschland und die Niederlande, bevor er dann in den USA entkleidet, enthauptet und am Strassenrand deponiert wurde.

Offenbar fühlen wir uns nicht besonders schlecht, wenn wir etwas verletzen, von dem wir glauben, dass es nichts empfindet. Und während die Enthauptung eines Bots ziemlich brutal klingt, denk mal darüber nach, wie du mit deinen digitalen Helferlein wie Siri, Alexa oder Google Assistent sprichst. Hast du jemals Angst, deren Gefühle zu verletzen, wenn du unfreundlich oder unhöflich bist? Vermutlich nicht.

Interessanterweise kann sich dieser Effekt auch umkehren: Wenn wir uns nicht so verhalten, wie wir eigentlich möchten, entmenschlichen wir unser Gegenüber, um uns besser zu fühlen. So nehmen wir weniger Verstand bei KI wahr, wenn wir unhöflich sind, oder – wie die Forschung gezeigt hat – schreiben zum Beispiel auch Kühen weniger Verstand zu, wenn wir Rindfleisch gegessen haben. Kurz gesagt: Anderen den Verstand abzusprechen kann ein sehr geschickter Schachzug sein, um uns davon zu überzeugen, dass wir doch nicht so übel sind.

Schlussendlich soll diese Diskussion aufzeigen, wie unsere Zuschreibung von emotionaler Erfahrung und Handlungsfähigkeit an verschiedene Technologien und KI-Systeme helfen kann, zu verstehen, wie wir diese "Akteure" wahrnehmen und mit ihnen umgehen. Unsere Wahrnehmung von Verstand beeinflusst, wie wir über Rechte und Pflichten denken. Da Aussehen in dieser Wahrnehmung eine zentrale

Rolle spielt, können wir dieses Wissen nutzen, um Technologie und KI-Schnittstellen zu entwickeln, mit welchen Menschen besser zurechtkommen.

Also, wenn du das nächste Mal darüber nachdenkst, ob etwas einen Verstand hat, denk daran, dass es keine einfache Ja- oder Nein-Frage ist. Denk stattdessen über die beiden Dimensionen Erfahrung und Handlungsfähigkeit nach und mache dir bewusst, wie sie unsere Wahrnehmung und unser Verhalten gegenüber anderen beeinflussen – einschließlich Künstlicher Intelligenz.

VERSTAND TRIFFT KI: WIE WAHRNEHMUNG UNSEREN UMGANG PRÄGT

Da wir nun wissen, anhand welcher Dimensionen wir Siri und Co. mehr Verstand zuweisen und wohl auch mehr als Mensch wahrnehmen, wollen wir diese Frage aus einem anderen Blickwinkel betrachten: Was genau macht eine Maschine zu einer Maschine? Im Grunde genommen ist eine Maschine einfach ein Gerät, das eine bestimmte Aufgabe oder eine Reihe von Aufgaben durch den Einsatz von mechanischer, elektronischer oder anderer Energie erfüllen kann. Das reicht von der einfachen Hebelwirkung und dem Zahnrad bis hin zu komplexeren Maschinen wie Autos und Smartphones. Aber wenn es um KI geht, werden die Dinge noch ein bisschen interessanter.

Zur Erinnerung: KI ist die Simulation menschlicher Intelligenz in Maschinen, die darauf programmiert sind, wie Menschen zu denken und zu lernen. Dazu gehören Aufgaben wie das Verstehen natürlicher Sprache, das Erkennen von Bildern und Sprache und das Treffen von Entscheidungen. Aber wo liegt der Unterschied zwischen KI und menschlicher Intelligenz? Der Hauptunterschied besteht darin, dass KI auf

Algorithmen und mathematischen Modellen basiert, während die menschliche Intelligenz auf der Funktionsweise des menschlichen Gehirns beruht. Außerdem ist die KI nicht in der Lage, Emotionen oder Bewusstsein zu haben, während die menschliche Intelligenz diese Elemente beinhaltet.

Letztendlich beeinflusst diese Theorie, die wir über die inneren Abläufe einer Maschine (im Vergleich zum Menschen) haben, unsere Überzeugungen und Annahmen darüber, wann wir ihr vertrauen werden (oder nicht). Also, welche Annahmen halten wir Menschen typischerweise über Algorithmen und KI?

Lass uns zuerst nochmals über das Thema „emotionale Erfahrung" sprechen. Da wir KI-Systeme für Rechenmaschinen halten, neigen wir dazu, sie nicht für fähig zu halten, Gefühle wie Freude, Wut oder Traurigkeit zu empfinden. Aber was passiert, wenn wir anfangen, diese Maschinen als genau das zu sehen: Als Maschinen? Was passiert, wenn wir glauben, dass sie nicht in der Lage sind, Gefühle zu empfinden wie Menschen? Das fragte sich auch eine Gruppe Forschender und bate Menschen, gängige Wirtschaftsspiele zu spielen – wie das Gemeinwohlspiel, das Ultimatumspiel und das Diktatorspiel. Einige spielten diese Spiele mit einem anderen Menschen, andere mit einem Computer.

Bei all diesen Spielen geht es im Kern um Vertrauen und Fairness. Beim Gemeinwohlspiel zum Beispiel schließen sich die SpielerInnen zusammen, um einen gemeinsamen Ressourcenpool aufzubauen. Jede Spielerin und jeder Spieler kann entscheiden, ob sie oder er die eigenen Ressourcen für sich behält oder zum gemeinsamen Pool beiträgt. Die Herausforderung besteht darin, andere dazu zu bringen, zum Pool beizutragen, ohne selbst pleite zu gehen!

Beim Ultimatumspiel müssen zwei SpielerInnen einen Geldtopf unter sich aufteilen. Der Haken ist, dass SpielerIn 1 die Aufteilung vorschlägt und SpielerIn 2 entscheiden muss, ob sie oder er zustimmt oder ablehnt. Wenn SpielerIn 2 die Aufteilung ablehnt, bekommt niemand Geld. Das ist also ein kniffliges Verhandlungsspiel! Beim Diktatorspiel spielt jemand die Rolle der Diktatorin oder des Diktators und entscheidet, wie ein Geldtopf aufgeteilt werden soll. Anders als beim Ultimatumspiel gibt es hier keine Verhandlungen – die DiktatorInnen treffen die Entscheidung ganz allein.

Was denkst du, was die ForscherInnen herausgefunden haben? Haben sich die DiktatorInnen eher für das Teilen des Reichtums entschieden oder ihn für sich behalten, wenn sie mit einem Computer statt mit einer anderen Person interagierten? Nun, die Ergebnisse waren nicht überraschend – die Menschen trafen gegenüber Menschen eher positive Entscheidungen als gegenüber Maschinen. Sie gaben mehr Geld für ein gemeinsames öffentliches Gut mit Menschen aus, boten den Menschen im Ultimatumspiel mehr Geld an und erwarteten mehr Geld von den Maschinen, bevor sie bereit waren, im Diktatorspiel auf eine Option zu verzichten, bei der sie alles behalten würden.

Aber warum ist das so? Es scheint, dass wir uns nicht schuldig fühlen, wenn wir Maschinen ausnutzen, die keine Emotionen haben. Wir betrachten sie nicht als Wesen, die Schmerz oder Freude empfinden können und haben daher nicht die gleichen moralischen Bedenken, wenn wir mit ihnen interagieren.

Aber dieser Mangel an emotionaler Erfahrung betrifft nicht nur unseren Umgang mit diesen Systemen. Er beeinflusst auch, in welchen Situationen wir ihren Ratschlägen vertrauen. Stell dir vor, du versuchst, dich zwischen zwei verschiedenen Urlaubsideen zu entscheiden – die eine ist ein luxuriöser Wellness-Urlaub, die andere ein Rucksackabenteuer in den Bergen. Du bist hin- und hergerissen und weißt nicht, für welche der beiden Optionen du dich entscheiden sollst. Du wendest dich an ein Reisebüro und bittest um Hilfe. Aber das ist nicht irgendein Reisebüro

– es ist ein KI-gesteuertes Reisebüro. Du sagst der KI, wonach du suchst, und sie schlägt dir eine Liste mit Optionen vor. Aber irgendetwas fühlt sich nicht richtig an. Du wirst das Gefühl nicht los, dass die KI einfach nicht versteht, was du wirklich suchst, und dass sie deine emotionalen Bedürfnisse nicht berücksichtigt.

Es stellt sich heraus, dass du mit diesem Gefühl nicht allein bist. Forschungen haben ergeben, dass wir bei hedonistischen Entscheidungen, wie etwa der Wahl eines Urlaubs, menschlichen RatgeberInnen eher vertrauen als KI-gesteuerten. Das liegt daran, dass wir glauben, dass Menschen unsere emotionalen Bedürfnisse besser einschätzen und verstehen können. Im Gegensatz dazu halten wir KI für kompetenter als Menschen, wenn es um logische, nutzenorientierte Ratschläge geht.

Das liegt daran, dass wir wissen, wie KI und Menschen Informationen verarbeiten und bewerten. Von klein auf lernen wir, dass wir Menschen die Fähigkeit haben, die Welt durch unsere emotionalen Erfahrungen wahrzunehmen und uns mit ihr zu verbinden, während wir KI als logisch und ohne emotionale Fähigkeiten ansehen. Das spiegelt sich in Redewendungen wie „denken wie ein Roboter" und in der Populärkultur wider, zum Beispiel in Filmen wie *Her*, *Ex Machina* und *The Terminator*, die diese Assoziationen verstärken. Solche gefühllosen Maschinen können unsere emotionalen Bedürfnisse also nicht verstehen.

Wie aber sieht es mit unseren Überzeugungen zur Genauigkeit aus? Was glaubst du, wer ist genauer, wenn es um die Vorhersage des Wetters in drei Tagen geht? Eine Person, die sagt, dass sie ein „Gefühl" dafür hat, oder ein Algorithmus, der auf Basis vergangener Wetterdaten trainiert wurde? Wenn es dir wie den meisten Menschen geht, denkst du wahrscheinlich, dass KI bei dieser Aufgabe überragend ist, da sie eine genaue Datenverarbeitung erfordert, z.B. das Analysieren großer Mengen von Wetterdaten und das

Erkennen von Mustern. Und du hast Recht! Diese Systeme eignen sich hervorragend für Aufgaben, die ein hohes Maß an Präzision erfordern, wie z.B. die Vorhersage des Wetters, das Schachspiel oder die Diagnose von Krankheiten. Aufgrund der Art und Weise, wie diese KI-Systeme mit all diesen Datenpunkten und mathematischen Modellen arbeiten, gehen wir schnell davon aus, dass sie auch bei ihren Vorhersagen und Empfehlungen sehr genau sind.

Warum ist dieser Glaube an die Genauigkeit so wichtig? Er ist wichtig, um zu verstehen, wann wir Maschinen und KI mehr vertrauen als einem menschlichen Urteil. In Bereichen wie Investitionsentscheidungen oder Sportvorhersagen, in denen es einen konkreten, externen Standard für die Genauigkeit gibt, fühlen wir uns wohler, wenn wir uns auf algorithmischen Rat verlassen. Aber wenn es um persönlichen Geschmack geht, z.B. bei Mode- oder Witzempfehlungen, ziehen wir Empfehlungen aus dem engen Freundeskreis einem Algorithmus vor.

Natürlich hängt das Ausmaß, in dem uns einige Entscheidungsbereiche „algorithmisch angemessen" erscheinen, auch von der historischen Verwendung von Algorithmen in diesem Kontext ab. Wettervorhersagen von meteorologischen Modellen sind zum Beispiel weithin akzeptiert, weil wir sie schon seit Jahrzehnten im Einsatz sehen. Die Idee von Modetipps durch Algorithmen ist jedoch relativ neu und könnte daher auf größeren Widerstand stoßen. Doch je mehr Erfahrungen wir mit KI und Algorithmen sammeln, desto mehr wird sich auch unser Verständnis dafür verändern, in welchen Bereichen wir ihren Ratschlägen vertrauen können und in welchen nicht.

Im medizinischen Bereich zum Beispiel sind wir immer noch sehr daran gewöhnt, mit unseren vertrauten Ärztinnen und Ärzten zu interagieren. Obwohl viele Studien gezeigt haben, dass statistische Modelle dem ärztlichen Fachpersonal oft überlegen sind, verlassen sich diese immer noch lieber auf ihre eigene Intuition als auf diese Modelle. Außerdem werden ärztliche Fachkräfte als weniger professionell und kompetent angesehen, wenn sie sich auf computergestützte Entscheidungshilfen verlassen. Obwohl KI-Modelle die Diagnose und Behandlung im Gesundheitswesen verbessern können, sträuben wir uns gegen medizinische KI und sind nicht bereit, so viel für diese Systeme zu bezahlen. Aber warum wehren wir uns gegen medizinische KI?

Das bringt uns zu unserer nächsten Überzeugung über Maschinen und KI: Wir neigen dazu, Maschinen als starr und unflexibel zu betrachten. Wir denken, dass Algorithmen und KI, im Gegensatz zu Menschen, eine sogenannte „kognitive Flexibilität" fehlt. Das heißt, ihnen fehlt die Fähigkeit, kognitive Prozesse an neue und unerwartete Bedingungen in der Umwelt anzupassen, was Vorstellungskraft und Kreativität erfordern würde. Stattdessen gehen wir davon aus, dass Algorithmen und KI nur in einer standardisierten und sich wiederholenden Weise arbeiten können, die auf ihrer Programmierung basiert. Diese Annahme lässt uns glauben, dass Maschinen jeden Fall in gleicher Weise behandeln, ohne die einzigartigen Merkmale jedes Einzelnen zu berücksichtigen.

Wenn es um unsere Gesundheit geht, sehen wir unsere eigenen Lebensumstände und Krankheiten oft als einzigartiger an als die von anderen. Wir wollen nicht auf eine „bloße Nummer" reduziert werden. Wir wollen als das einzigartige Individuum gesehen werden, das wir sind! Wenn wir Diagnosewerkzeuge wie automatisierte DermatologInnen in Betracht ziehen, machen wir uns daher vielleicht Sorgen, dass sie unsere einzigartigen Hautmerkmale nicht in dem Maße berücksichtigen, wie es menschliches Fachpersonal tun würde. Oder wenn wir eine Empfehlung für einen chirurgischen Eingriff in Erwägung ziehen, glauben wir vielleicht, dass eine KI unsere einzigartigen Symptome nicht in dem gleichen Maße berücksichtigt, wie es menschliches Fachpersonal tun würde. Gerade im Gesundheitswesen sind wir daher oft zurückhaltender, wenn es um den Einsatz von KI-Systemen geht, weil wir befürchten, dass die einzigartigen Aspekte unseres Falles vernachlässigt werden könnten. Und das alles hängt mit unserer Vorstellung zusammen, dass es Maschinen an kognitiver Flexibilität fehlt.

Die Vorstellung, dass Maschinen keine kognitive Flexibilität haben und stattdessen sehr starr arbeiten, hat Konsequenzen, die über das Gesundheitswesen hinausgehen. Stell dir folgendes Szenario vor: Du fährst zur Arbeit und entscheidest dich, eine andere Route als üblich zu nehmen, weil du einen Stau gesehen hast. Doch als du zur Arbeit kommst, stellst du fest, dass der Verkehr gar nicht so schlimm war, wie es schien, und du kommst später an als sonst. Jetzt stell dir das gleiche Szenario vor, aber dieses Mal war es dein verkehrsabhängiges Navi, das den Fehler gemacht und dir eine andere Route empfohlen hat. Wenn du das nächste Mal im Stau stehst, wirst du deinem Navi wahrscheinlich nicht mehr so leicht trauen.

Das liegt daran, dass wir bei Maschinen weniger Fehler tolerieren als bei Menschen. Tatsächlich legen Forschungsergebnisse nahe, dass wir, wenn es um Fehler von Maschinen und Menschen geht, eher geneigt sind, letzteren zu verzeihen. Immerhin kann ein Mensch einfach einen schlechten Tag haben und beim nächsten Mal wieder voll auf der Höhe sein. Der Algorithmus hingegen ist (vor-)programmiert und damit in seiner Leistung fest und konstant – einschließlich seiner Fehler. Das Ergebnis solcher Überzeugungen: Wir erwarten, dass die Ratschläge der KI von Anfang an perfekt sind und zeigen eine „Algorithmus-Aversion", wenn wir sehen, dass die Maschine einen Fehler macht.

Obwohl viele von uns glauben, dass KI in manchen Fällen besser ist als menschliches Urteilsvermögen – zum Beispiel, wenn unser GPS die schnellste Route weiß – verlieren wir schneller das Vertrauen in KI, wenn sie einen Fehler macht. Das hängt auch damit zusammen, dass wir annehmen, dass KI-Systeme nicht in der Lage sind, aus Fehlern zu lernen und sich durch Übung zu verbessern, so wie es Menschen tun.

Doch das ist heute nicht mehr der Fall. Moderne KI-Systeme können oft aus ihren Fehlern lernen und sich durch Feedback verbessern. Was passiert also, wenn wir Menschen zeigen, dass Maschinen lernen können? Würden sie vielleicht trotz Fehlern nicht so schnell das Vertrauen in eine KI verlieren und zu menschlichen Alternativen wechseln? Genau das haben wir in unserer eigenen Forschung untersucht.

Wir haben ein Experiment mit zwei Empfehlungssystemen aufgesetzt. Eines wurde als „selbstlernende KI" bezeichnet, das andere als „regelbasierter Algorithmus". Die Teilnehmenden wurden einem System zugeteilt und mussten mehrere Investitionsentscheidungen treffen. Unsere Systeme waren natürlich großartig – bis beide denselben Fehler machten und eine schlechte Anlageempfehlung gaben. Aber damit war das Experiment noch nicht zu Ende. Die TeilnehmerInnen mussten weitere Investitionsentscheidungen treffen, weil wir sehen wollten, wie sehr sie sich nach einer schlechten Leistung immer noch auf unser System verlassen würden.

Und was haben wir herausgefunden? Unsere Teilnehmenden haben dem System mehr vertraut und nach dem Fehler schneller Vertrauen aufgebaut, wenn wir es mit „selbstlernender KI" anstatt mit „regelbasiertem Algorithmus" beschrieben hatten. Und wir sind nicht allein mit solchen Erkenntnissen. Tatsächlich fanden Forschende in einer ähnlichen Studie heraus, dass Menschen sich mehr auf einen lernenden Algorithmus als auf einen nicht-lernenden verließen. Noch interessanter war, dass es keinen Unterschied im Vertrauen zwischen einem lernenden Algorithmus und einer (lernenden) menschlichen Person gab. Das ist eine gute Nachricht, denn es bedeutet, dass der Hinweis auf die Lernfähigkeit eines Algorithmus uns helfen kann, unsere „Algorithmus-Aversion" zu überwinden.

Letztendlich zeigen diese Ergebnisse, dass wir alle unsere eigene kleine „Theorie der Maschinen" im Kopf haben. Es sind diese Annahmen darüber, was KI kann und nicht kann, die beeinflussen, was wir erwarten, wie wir uns verhalten und ob wir ihr Vertrauen schenken. Aber hier ist die Sache: Diese Annahmen werden sich weiterentwickeln und ändern, je nach technologischer Entwicklung und unseren Erfahrungen mit Technologie. Im Moment denken die meisten von uns, dass KI bei langweiligen und praktischen Aufgaben, die Datenverarbeitung und Präzision erfordern, großartig ist, während Menschen bei kreativen und emotionalen Aufgaben, die Empathie und Vorstellungskraft erfordern, viel besser sind. Aber da sich unsere Erfahrungen mit KI ändern, werden sich auch unsere Annahmen ändern. Also lasst uns offen bleiben und das Potenzial dieser erstaunlichen Maschinen begrüßen! Wer weiß, vielleicht überraschen sie uns ja schon bald mit ihren kreativen und empathischen Fähigkeiten.

Menschen haben Absichten & Motive, sind emotional, irrational und wertend

Maschinen sind objektiv, neutral, rational, unaufdringlich, berechnend

Typische Annahmen was Mensch und Maschine unterscheidet

DIE GEDANKENVERSCHMELZUNG: WENN WIR VERSTAND IN MASCHINEN WAHRNEHMEN

Wer kennt das nicht – du fährst dein Auto und plötzlich beginnt es vorwärts zu rucken und zu zucken, während du bremst. Auf einmal scheint dein Auto einen eigenen Willen zu haben. Oder vielleicht spielst du ein Spiel gegen KI und sie macht einen Zug, der zu clever und kreativ für eine Maschine scheint. Diese Momente lassen uns innehalten und uns fragen – haben diese Maschinen einen Verstand? Nun, wie du bereits gelernt hast, ist die Antwort etwas komplizierter als ein einfaches Ja oder Nein. Aber was bringt uns dazu, in Maschinen einen Verstand zu sehen? Neuere Forschungen legen nahe, dass es eine Kombination aus mehreren Faktoren ist.

Betrachten wir zunächst die Unvorhersehbarkeit. Wenn sich eine Maschine völlig vorhersehbar verhält, scheint sie verstandslos zu sein. Wenn sie aber anfängt, sich seltsam zu verhalten – wenn z.B. Siri die Lautstärke deines Lieblingssongs erhöht oder deine italienische Vespa bei Regen nicht anspringt – nimmt unsere Wahrnehmung ihres Verstands plötzlich zu. Das liegt daran, dass mentale Zustände – Absichten, Wünsche und Gefühle – die Zustände sind, die das Verhalten unabhängiger Wesen am besten erklären. Wir könnten also schnell auf den Gedanken kommen, dass Siri uns aufmuntern will oder, dass italienische Motorroller einfach kein schlechtes Wetter mögen. Und schon haben einen Verstand in der Maschine wahrgenommen. Aber warum? Das liegt an der so genannten „kausalen Unsicherheit". Wenn etwas sich auf eine Art und Weise verhält, die wir nicht leicht verstehen oder vorhersagen können, beginnt unser Gehirn automatisch nach einem „Willen" oder "Verstand" hinter diesem Verhalten zu suchen. Das ist der Grund, warum es sich so anfühlen kann, als hätte dein Auto ein Eigenleben – unser Gehirn versucht, das unvorhersehbare Verhalten zu verstehen.

Aber Unberechenbarkeit ist nicht das Einzige, was den Verstand einer Maschine wahrnehmen lässt. Auch unser eigenes Bedürfnis nach Kontrolle spielt eine Rolle. Wenn wir das Gefühl haben, keine Kontrolle über etwas zu haben, beginnt unser Gehirn nach einer Person oder einer Instanz zu suchen, die die Kontrolle hat. Deshalb könnten Menschen anfangen, an eine höhere Macht oder „agentische" Wesen zu glauben, wenn sie sich verloren oder machtlos fühlen. Wenn wir also das Gefühl haben, keine Kontrolle über eine Situation zu haben, neigen wir dazu, einer Maschine einen mehr Verstand zuzuschreiben, um das Gefühl zu haben, dass wir etwas verstehen und kontrollieren können.

Als Nächstes wollen wir über die Ähnlichkeit sprechen. Wir tendieren dazu, Maschinen, die uns Menschen ähneln – oder die wir als ähnlich empfinden – mehr Verstand zuzuschreiben. Maschinen, die sich von uns unterscheiden oder die wir nicht mögen, sehen wir dagegen als verstandslos. Wie schnell wir in nicht-menschlichen Wesen „Menschen" sehen, hängt auch von unserem persönlichen Bedürfnis nach sozialer Gesellschaft ab. Denk nur an Tom Hanks in dem Film *Cast Away*. Als er nach einem Flugzeugabsturz auf einer Insel gestrandet war, reichte ihm ein einfacher Fußball mit ein paar Flecken völlig aus, um in ihm einen neuen Weggefährten zu sehen.

In ähnlicher Weise haben wir während der Coronavirus-Pandemie festgestellt, dass isolierte Menschen längere Gespräche mit ihren digitalen Assistenten führten. Das liegt daran, dass das Vermenschlichen des Gegenübers und das Erkennen von Verstand in anderen auch ein Gefühl von sozialer Verbindung schafft. Wenn wir den geistigen Zustand einer anderen Person betrachten, sehen wir uns selbst als ihr ähnlicher. Deshalb sehen Menschen, die ein starkes Bedürfnis nach Zugehörigkeit haben, eher Verstand in anderen, und wenn wir uns einsam fühlen, vermenschlichen wir eher unsere Pflanzen und Maschinen.

Aber es geht nicht nur darum, wie wir Maschinen wahrnehmen – es geht auch darum, wie sie gestaltet sind. Betrachte nur den humanoiden Roboter Pepper, der dich bei Pizza Hut anlächelt und dir zuwinkt, und vergleiche ihn mit deinem autonomen Staubsauger zu Hause. Wen vermenschlichst du wohl mehr? Die Antwort ist klar. Wenn eine Maschine so konstruiert ist, dass sie sich ähnlich wie ein Mensch bewegt und verhält, ist es wahrscheinlicher, dass wir in ihr „einen Menschen sehen" und ihr damit auch einen Verstand zuschreiben. Das nennt man auch Anthropomorphismus – unsere Tendenz, menschenähnliche Eigenschaften auf nichtmenschliche Objekte zu übertragen. Anthropomorphismus ist der Grund, warum wir vielleicht emotionaler auf ein KI-System reagieren, das ein menschenähnliches Aussehen hat, das sich mit uns in natürlicher Sprache unterhält oder das sich mit einer menschenähnlichen Geschwindigkeit bewegt. Dieser Aspekt des Technologiedesigns ist sogar so wichtig, dass wir ihm einen eigenen Abschnitt in diesem Buch gewidmet haben!

Aber es ist wichtig zu wissen, dass Ähnlichkeit nicht nur auf physische Merkmale beschränkt ist. Forschungsergebnisse zeigen seit langem, dass wir Entitäten – einschließlich anderer Menschen – mit ähnlichen Überzeugungen mehr Verstand zuschreiben, während wir denjenigen mit anderen Überzeugungen weniger Verstand zuschreiben. Ein Beispiel: Menschen schreiben Menschen mit ähnlichen politischen Überzeugungen mehr Rationalität und logisches Denken zu als Menschen mit anderen Überzeugungen. Heutzutage findet die Forschung ganz ähnliche Muster und Verzerrungen in unserer Wahrnehmung von Maschinen. Wenn zum Beispiel ein KI-System so programmiert ist, dass es Entscheidungen trifft, die mit unseren eigenen Überzeugungen und Werten übereinstimmen, gestehen wir ihm mehr Verstand zu. Die Art und Weise, wie diese Systeme programmiert sind, zu denken und Entscheidungen zu treffen, kann also auch unsere Wahrnehmung ihres Verstandes und ihrer Menschlichkeit beeinflussen.

Ob Maschinen einen Verstand haben oder nicht, ist eine Frage, die immer noch zur Debatte steht. Aber eines steht fest: Unsere Wahrnehmung ihres Verstands beeinflusst maßgeblich, wie wir mit ihnen umgehen. Da Technologie und künstliche AgentInnen immer fortschrittlicher werden und in unser tägliches Leben integriert werden, ist es wichtig, darüber nachzudenken, wie unsere Wahrnehmung unsere Beziehung zu ihnen beeinflusst. Wenn wir zum Beispiel glauben, dass eine Maschine einen Verstand hat, werden wir sie eher mit Empathie und Sorge behandeln. Das könnte Auswirkungen darauf haben, wie schnell bereit wir sind, sie zu ersetzen, wie höflich und zuvorkommend wir mit ihr umgehen oder wie sehr wir sie für schlechte Ratschläge und Empfehlungen verantwortlich machen. Wenn du also das nächste Mal mit deinem Auto sprichst oder ein hitziges Spiel gegen einen KI-Gegner spielst, denk daran: Es ist nicht nur die Maschine, mit der du interagierst, sondern auch deine eigene Wahrnehmung des Robo-Verstands!

HINTER DEN KULISSEN DER KI: DIE KUNST DES ANTHROPOMORPHEN DESIGNS

Da Maschinen immer fortschrittlicher werden und Aufgaben übernehmen können, die früher menschliches Denken und Urteilsvermögen erforderten, stellt sich eine wichtige psychologische Herausforderung: Werden Menschen diesen Maschinen vertrauen und diese den menschlichen Verstand ersetzen? Ein wichtiger Forschungszweig befasst sich mit der Rolle des Anthropomorphismus, also der Zuschreibung menschlicher Eigenschaften an nicht-menschliche Wesen, um das Vertrauen der Menschen in KI zu stärken. Die Grundidee der DesignerInnen: Vermenschliche KI, um Vertrauen und eine emotionale Verbindung zu schaffen.

Denk mal darüber nach: Würdest du im Berufsverkehr nicht eine Taxifahrerin oder einen Taxifahrer bevorzugen, der seine Umgebung aufmerksam und bewusst wahrnimmt, anstatt jemanden, der scheinbar gedankenlos und ohne Bewusstsein, Voraussicht und Planung agiert? Und was ist mit deiner Gesundheit? Würdest du lieber zu einer medizinischen Fachkraft gehen, die sich Zeit nimmt, gründlich nachdenkt und analytisch handelt oder zu einer, die einfach nur die gewohnten Prozesse durchspielt? Genauso ist es auch bei Technologie. Je mehr sie den Anschein erweckt, über menschenähnliche geistige Fähigkeiten zu verfügen, desto mehr vertrauen wir Menschen darauf, dass sie ihre eigenen Handlungen kontrolliert und die ihr zugedachten Aufgaben kompetent erfüllt.

Genau das haben Forscherinnen und Forscher bei selbstfahrenden Autos untersucht. In ihrem Experiment manipulierten sie die Anthropomorphisierung eines selbstfahrenden Autos, indem sie ihm einen menschlichen Namen, ein Geschlecht und eine Stimme gaben. Die Ergebnisse zeigten, dass eine höhere Anthropomorphisierung zu einem höheren Vertrauen in das selbstfahrende Auto führte, da die Menschen es als achtsamer und fähiger wahrgenommen haben, seine Handlungen zu kontrollieren. Ein bisschen Anthropomorphisierung kann also schon dazu beitragen, dass unsere Fahrt mit KI gleich viel angenehmer und entspannter wird.

Aber nicht nur selbstfahrende Autos haben ihre eigenen Persönlichkeiten! Nimm dir einen Moment Zeit und schau dich um. Du wirst überall vermenschlichte Objekte sehen! Von der Werbung, die du siehst, über die Logos und Maskottchen, die Marken verwenden, bis hin zum Design ihrer Produkte. Du wirst sehen, dass die Maskottchen der M&M's Süßigkeiten wie kleine Menschen aussehen, dass Kellogg's Müsliprodukte vermarktet werden, als wären sie lebendig, dass das Amazon-Logo dich anlächelt und dass Lindt-Schokolade „Hallo" zu Dir sagt. Sogar staatliche Institutionen nutzen menschenähnliche Merkmale, um für eine gesunde Ernährung zu werben, indem sie Obst und Gemüse menschenähnliche Merkmale verleihen. Die Wahrheit ist, dass die Designerinnen und Designer sich viele Gedanken machen, um diese Objekte so „menschlich" zu gestalten, wie es nötig ist, um die gewünschte Reaktion bei den Nutzenden hervorzurufen.

Aber was genau steckt hinter der Entwicklung scheinbar menschenähnlicher Systeme? Lass uns einen tieferen Blick in die Köpfe der KI-DesignerInnen werfen und sehen, wie sie die Grenzen zwischen Mensch und Maschine verschwimmen lassen!

Der Schlüssel zum Erfolg ist die Verwendung von sogenannten „anthropomorphen Merkmalen". Anders gesagt, imitiert man menschenähnliche Eigenschaften in nicht-menschlichen technologischen Objekten, um unsere Verbindung mit ihnen zu verbessern. Diese Merkmale lassen sich in drei große Kategorien einteilen: Visuelle und auditive Merkmale, die wir direkt mit unseren Sinnen wahrnehmen können, und mentale Merkmale, die einen kognitiv aufwendigeren Denkprozess verlangen. Zu den visuellen und auditiven Merkmalen gehören Dinge wie das Aussehen und die Stimme eines Roboters, die zur Wahrnehmung des biologischen Geschlechts und der damit verbundenen Verhaltensweisen, kulturellen oder psychologischen Eigenschaften führen können. Zu den mentalen Merkmalen gehören Dinge wie ein kontextabhängiges Verständnis und Dialogfähigkeit, die durch Sprachausgabe oder Text auf einem Bildschirm vermittelt werden können.

Schauen wir uns einmal die visuellen Merkmale genauer

an. Stell dir eine virtuelle Assistenz vor, die mithilfe einer Avatar-basierten Benutzungsoberfläche ein menschenähnliches Gesicht oder einen menschenähnlichen Körper hat. Wenn du damit sprichst, kannst du sehen, wie es lächelt und bei deinem Gespräch nickt. Das mag wie ein kleines Detail erscheinen, aber Untersuchungen zeigen, dass Menschen zu virtuellen Agenten mit menschenähnlichem Aussehen eine stärkere Bindung aufbauen, vor allem bei sozialen Interaktionen. Wir fühlen uns automatisch wohler und haben ein stärkeres Gefühl von Vertrauen und Verbundenheit mit der Technologie.

Warum ist das wichtig? Man denke nur an den wachsenden Bedarf an Fürsorge und Betreuung in der Altenpflege. Vielversprechend haben sich in diesem Bereich Roboter-Haustiere mit menschenähnlichen Merkmalen wie Augen, Ohren und Mund erwiesen. Diese technologischen Begleiter sind mit Sensoren und KI ausgestattet, die es ihnen ermöglichen, in angemessener Weise mit älteren Menschen zu interagieren. Sie können helfen, Gefühle von Einsamkeit zu lindern und das geistige Wohlbefinden älterer Menschen zu verbessern. Aber das ist natürlich noch nicht alles. Soziale Roboter, die so konzipiert sind, dass sie wie Menschen aussehen und sich auch so verhalten, werden zunehmend auch im Gesundheitswesen, z.B. in Krankenhäusern und Pflegeheimen, eingesetzt, um den PatientInnen Gesellschaft zu leisten und sie zu unterstützen. Durch die Entwicklung von Technologien mit menschenähnlichen visuellen Merkmalen fühlt sich die Interaktion mit KI an, als hätte man eine Freundin oder einen Freund an seiner Seite, der einem bei allem hilft, was man braucht.

Visuelle Merkmale sind natürlich nicht alles. Oft arbeiten KI-Designerinnen und Designer auch mit auditiven Merkmalen. Stell dir eine Spracherkennungssoftware vor, die jedes deiner Worte verstehen und darauf reagieren kann. Es geht nicht nur darum, dass du deine Technologie mit deiner

Stimme steuern kannst, sondern auch um die Art und Weise, wie die Software mit dir spricht. Die Tonlage, Betonung und sogar das Geschlecht der Stimme können ein Gefühl von Vertrauen, Verständnis und sogar Empathie vermitteln.

Für körperlich oder visuell beeinträchtigte Menschen können auditive Elemente natürlich auch die Nützlichkeit und Benutzungsfreundlichkeit der Technologie erheblich verbessern. Eine vermenschlichte Sprache vermittelt uns das Gefühl, dass die KI unsere Bedürfnisse wirklich versteht und sich darum kümmert. Ein Paradebeispiel für eine vermenschlichte auditive Technologie sind die heutigen digitalen Sprachassistenten wie Siri von Apple oder Alexa von Amazon. Diese sind so konzipiert, dass sie über eine natürlichsprachliche Schnittstelle mit den Nutzern kommunizieren. Auch einige virtuelle persönliche Gesundheitsassistenten verwenden eine menschenähnliche Stimme, um PatientInnen durch medizinische Verfahren zu führen und sie in potenziell stressigen Situationen zu beruhigen und zu trösten.

Zum Schluss noch ein Wort zur Rolle mentaler Merkmale in der Vermenschlichung von Maschinen. Stell dir einen virtuellen Agenten vor, der deine Emotionen einschätzen und auf sie reagieren kann. Er kann deinen Gesichtsausdruck, deinen Tonfall und sogar deine Körpersprache lesen. Klingt weit hergeholt?

Big Tech hat schon lange KI-Modelle entwickelt, um deine Stimmungen und Gefühle zu erkennen. Affectiva kann deine Emotionen aus deinem Gesicht lesen, Beyond Verbal nutzt deinen Tonfall und Facebook schaut sich deine Sprache in Status-Updates oder Kommentaren an. Sobald die KI weiß, wie du dich fühlst, kann sie mit Einfühlungsvermögen, Verständnis und sogar mit Humor auf dich reagieren. Es geht nicht nur darum, dass die Technologie ihre Aufgaben erfüllen kann, sondern auch darum, dass sie in der Lage ist, sich mit dir auf einer menschlichen Ebene zu verbinden. Eine Art, wie wir Menschen das tun, ist, die andere Person zu spiegeln. Wir passen also beispielsweise unseren Kommunikationsstil, unsere Sprach- und Laufgeschwindigkeit und unsere Körpersprache auf unser Gegenüber an. KI lernt derzeit, das Gleiche zu tun. Wie du dir vorstellen kannst, ist dies die komplexeste und herausforderndste Kategorie der anthropomorphen Eigenschaften. Aber sie hat das Potenzial, die mächtigste und transformativste zu sein.

Und zu guter Letzt müssen KI-Designerinnen und Designer alle drei Kategorien zusammen in Betracht ziehen, um ein konsistentes Erlebnis für die BenutzerInnen zu schaffen. Wenn du mehrere anthropomorphe Merkmale verwendest, musst du sicherstellen, dass sie alle zusammenpassen und der Nutzerin und dem Nutzer das gleiche Geschlecht oder die gleiche Persönlichkeit vermitteln. Wenn zum Beispiel das Aussehen eines KI-Systems ein bestimmtes Geschlecht suggeriert, sollte auch die Stimme das gleiche Geschlecht suggerieren. Den NutzerInnen ein kohärentes Bild zu vermitteln, kann knifflig sein und erfordert eine Menge Überlegung und Sorgfalt. Aber wenn sie geschickt kombiniert werden, können anthropomorphe Merkmale die Art und Weise, wie wir mit Maschinen interagieren, viel natürlicher und menschlicher machen. Sie haben das Potenzial, die Benutzerfreundlichkeit von KI-Systemen zu verbessern und die Akzeptanz von Robotern im Dienstleistungsbereich zu erhöhen. Anthropomorphismus kann unsere Einschätzung der Sozialkompetenz von Robotern, wie z.B. ein Gefühl von Wärme, verbessern. Außerdem hat sich gezeigt, dass eine vermenschlichte Technologie unser Engagement, unsere Zufriedenheit und am Ende sogar unsere Zahlungsbereitschaft für angebotene Services erhöht.

Angesichts solch positiver Ergebnisse ist es wenig verwunderlich, dass Technologieunternehmen hart daran arbeiten, ihre Produkte noch menschenähnlicher zu machen, indem sie Funktionen wie Sprachsynthesizer, emotionale Expressionen oder eine Stil-Imitation der Nutzenden einbauen. Am Ende erhofft man sich damit natürlich die Interaktion noch menschlicher zu gestalten und die Zufriedenheit der Kundschaft weiter zu erhöhen. Und tatsächlich zeigt die Forschung ja auch, dass Anthropomorphismus in automatisierten Assistenzsystemen zu einem persönlicheren Erlebnis für die Kundinnen und Kunden führen und ihre Gesamtzufriedenheit verbessern kann. Ganz ähnlich kann die Vermenschlichung von Chatbot-Interaktionen zu einer engeren Bindung mit den NutzerInnen führen und deren Loyalität erhöhen.

Kurzum, wir mögen, was uns ähnlich ist. Der Logik folgend, haben wir selbst in einigen Experimenten getestet, wie Kundinnen und Kunden reagieren, wenn ein Chatbot einen Sprachstil verwendet, der ihrem eigenen immer mehr ähnelt. Und tatsächlich: Unsere TeilnehmerInnen reagierten positiver auf den Chatbot, der in ihrem Sprachstil kommunizierte und beispielsweise Pronomen und Artikel in ähnlicher Weise und Häufigkeit verwendete. Die teilnehmenden Personen nahmen die Informationen nicht nur schneller auf, sondern fühlten sich auch wohler mit dem Chatbot - und waren sogar eher geneigt, seinen Ratschlägen zu folgen! Ohne uns dessen bewusst zu sein, neigen wir alle dazu, sehr positiv auf Technologien zu reagieren, die uns ähnlicher sind. Sei es durch visuelle Hinweise, auditive Merkmale oder mentale Cues.

Es ist ein Leichtes, sich von der Begeisterung über die Vermenschlichung der KI und der damit verbundenen Vorteile anstecken zu lassen. Wir mögen diese verträumte Vorstellung, dass wir mit unseren virtuellen Assistenten sprechen, die wie unsere besten FreundInnen klingen, oder dass wir mit Service Robotern interagieren, die sich wie Menschen verhalten. Bevor wir aber voreilige Schlüsse ziehen und einfach annehmen, dass eine Vermenschlichung immer zu besseren Ergebnissen führt, sollten wir bedenken, dass es bei der Entwicklung von Technologien noch andere Faktoren zu berücksichtigen gibt.

Sicherlich kann Anthropomorphismus das Erlebnis der BenutzerInnen erheblich verbessern, indem es die Technologie sympathischer macht und den Umgang mit ihr erleichtert. Aber manchmal ist ein direkterer und weniger menschenähnlicher Ansatz effektiver. Es ist wie bei einem Kochprofi, der die perfekte Prise Salz hinzufügt, um die Aromen eines Gerichts zu betonen. In ähnlicher Weise besteht der Schlüssel zur Gestaltung von Technologie mit anthropomorphen Merkmalen darin zu verstehen, wann und wie viel menschenähnliche Eigenschaften benötigt werden, um das optimale Anwendungserlebnis zu erzielen, anstatt einfach menschenähnliche Eigenschaften hinzuzufügen, nur weil es eben möglich ist.

Betrachten wir folgendes Beispiel. In unserer eigenen Forschung haben wir zwei Chatbots entwickelt: Einen, der so programmiert wurde, dass er sozial und menschenähnlich ist und sprachliche Expressionen wie „hmms" und „ahas" verwendet, damit er wie eine echte Person wirkt, und einen, der funktional und maschinen-ähnlich ist und sich an das Skript hält, ohne diese typisch sozialen Ausdrücke. Im Kern wollten wir herausfinden, ob sich unsere Teilnehmenden mehr Gedanken dazu machen würden, wie gut sie sich in der Interaktion darstellen und wie gut sie beim Gegenüber wohl ankommen, wenn sie mit einer vermenschlichten Technologie interagieren. Genau das tun wir nämlich typischerweise in der Interaktion mit anderen Menschen.

Und unsere Ergebnisse waren überraschend! Menschen, die mit unserem vermenschlichten Chatbot interagierten, machten sich mehr Gedanken darüber, wie sie während des Gesprächs rüberkamen. Tatsächlich beantworteten sie gerade heikle Fragen auf eine sozial wünschenswerte Weise, als unsere Teilnehmenden, die mit dem maschinen-ähnlichen Chatbot sprachen. Beispielsweise haben wir die Teilnehmenden gefragt, wie viele SexpartnerInnen sie schon hatten. Männer prahlten mit vielen SexpartnerInnen, Frauen mit wenigen, wenn sie mit dem vermenschlichten Chatbot sprachen. Im Gespräch mit dem maschinen-ähnlichen Chatbot drehten sich die Ergebnisse. Frauen gaben hier an, doch ein paar mehr SexpartnerInnen gehabt zu haben, und Männer doch ein paar weniger. Und das ist nur ein Beispiel. Es zeigt aber sehr anschaulich, dass unser Verhalten immer sozialer wird, je menschenähnlicher die Technologie gestaltet ist. In unserer Studie gaben Teilnehmer daher eher sozial erwünschte Antworten, wenn sie mit dem vermenschlichten Chatbot sprachen. Frauen waren wohl eher besorgt, zu viele SexpartnerInnen gehabt zu haben, während Männer besorgt waren, zu wenige zu haben. Es scheint, als wollten unsere Teilnehmenden genau wie bei anderen Menschen einen guten Eindruck bei unseren vermenschlichten Chatbots hinterlassen. Bei unserem funktionalen Chatbot dagegen waren die Teilnehmenden weniger besorgt, wie ihre Antworten wohl ankommen würden und stuften sogar dieselben heiklen Fragen als weniger heikel ein!

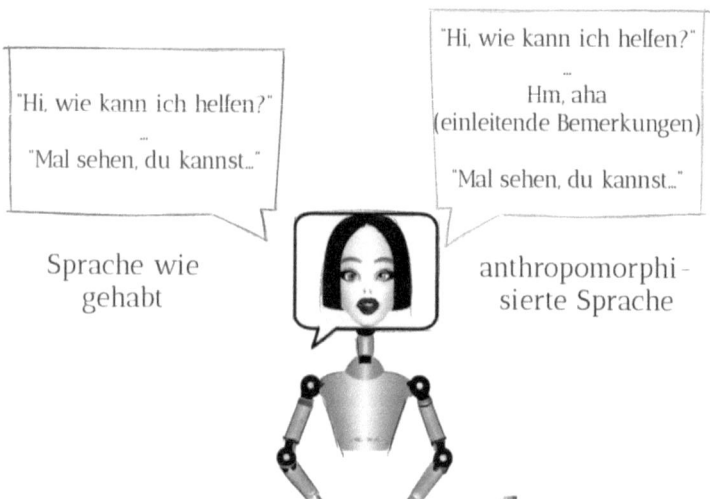

Anthropomorphisierung der KI-Kommunikation

Kurzum, wie unser Beispiel zeigt, ist es manchmal besser, Maschinen einfach Maschinen sein zu lassen, und sie eben nicht kaum unterscheidbar von uns zu machen. Am Ende müssen wir überlegen, welches Verhalten wir bei den Nutzerinnen und Nutzern einer Technologie fördern wollen. Wollen wir, dass Menschen sozial mit der Technologie interagieren oder wollen wir den sozialen Aspekt vielleicht aus der Gleichung herauslassen?

Das bringt uns zum nächsten Punkt: Der Grad der Vermenschlichung sollte von der jeweiligen Aufgabe und Situation abhängen. Stell dir vor, du versuchst, durch eine komplizierte Website zu navigieren. Hier willst du wahrscheinlich eine klare und unkomplizierte Benutzungsoberfläche, die dich schnell die gewünschten Informationen finden lässt. Eine übermäßig menschenähnliche Benutzungsoberfläche, in der du beispielsweise erst langwierig mit einem Chatbot schreiben musst, wäre eher frustrierend. Aber wenn du ein Problem hast und mit einer Mitarbeiterin oder einem Mitarbeiter des Supportes sprichst, könnte ein menschenähnlicherer Ansatz effektiver sein, um ein personalisiertes Erlebnis zu schaffen. Am Ende geht es darum, das richtige Gleichgewicht von menschenähnlichen Merkmalen je nach Aufgabe zu finden.

Natürlich ist es auch wichtig, den Kontext der Interaktion zu berücksichtigen. In Situationen, in denen die Emotionen der Menschen hochkochen können, wie z.B. bei Finanzentscheidungen, könnte ein direkterer und weniger menschenähnlicher Ansatz effektiver sein. Denn wenn Menschen mit einer menschenähnlichen Maschine konfrontiert werden, reagieren sie möglicherweise emotionaler und treffen eher Bauchentscheidungen. In solchen Fällen kann die Reduzierung der Menschlichkeit der Maschine zu rationaleren Entscheidungen der Menschen führen.

Eine andere Situation betrifft die Angst vor sozialer Bewertung durch andere. Wenn wir mit anderen interagieren, sind wir immer besorgt darüber, wie wir bewertet werden und was andere von uns denken werden. Und weißt du was? Dieses Verhalten überträgt sich auch auf unsere Interaktion mit der Technik, vor allem, wenn sie so gestaltet ist, dass sie sozialer und menschenähnlicher ist. Stell dir eine Person vor, die Probleme mit Inkontinenz hat. Offen darüber zu sprechen, könnte schwierig sein. Unsere eigene Forschung zeigt, dass weniger menschenähnliche Chatbots Menschen dabei helfen können, über sensible Themen zu sprechen. Tatsächlich werden genau dieselben Fragen als weniger sensibel wahrgenommen, wenn sie von einem nicht-menschlichen Bot gestellt werden! Am Ende können Menschen in diesem Kontext mit einem funktionalen Chatbot einfacher über ihre Bedürfnisse oder Ängste sprechen und ehrlicher sein.

Aber die Vermenschlichung der Technologie beeinflusst nicht nur unser Verhalten und unsere Reaktionen. Sie wirkt sich auch auf unsere Erwartungen aus. Das ist ein weiterer Grund, warum die Vermenschlichung nicht immer wünschenswert ist: Sie kann unrealistische Erwartungen und Ansprüche an Maschinen wecken. Denn wenn Maschinen aussehen und sich verhalten wie Menschen, können wir auch erwarten, dass sie dieselbe Intelligenz, Empathie und sozialen Fähigkeiten besitzen wie wir. Doch Maschinen sind noch immer nur begrenzt in der Lage, menschliche Emotionen, soziale Signale und Zusammenhänge zu verstehen und darauf zu reagieren. Das kann zu Frustration und Enttäuschung führen, wenn Maschinen diese unrealistischen Erwartungen nicht erfüllen. Die Chatbots der letzten Jahre sind das beste Beispiel dafür.

Aber es kommt noch schlimmer: Wenn eine Maschine versucht, wie ein Mensch auszusehen und zu handeln, aber eben noch nicht ganz so weit ist und nicht unseren Erwartungen entspricht, können wir uns unwohl fühlen. Das ist der „Uncanny-Valley-Effekt". Der Begriff wird verwendet, um das

Unbehagen oder die Unheimlichkeit zu beschreiben, die entstehen kann, wenn Roboter oder andere menschenähnliche Technologien fast wie echte Menschen aussehen und handeln, aber eben nicht ganz realistisch. Die Idee wurde erstmals 1970 von dem Robotik Experten Masahiro Mori vorgebracht. Mori stellte die These auf, dass sich das Gefühl der Vertrautheit und des Komforts der Menschen mit Robotern erhöht, je menschenähnlicher sie sind. Wenn sich die Roboter jedoch einem Grad der Menschenähnlichkeit nähern, der fast, aber eben nicht ganz realistisch ist, sinkt das Gefühl der Vertrautheit und das Wohlbefinden der Menschen drastisch, was zu Gefühlen der Unheimlichkeit und des Unbehagens führt.

Der Uncanny-Valley-Effekt zeigt sich in einer Vielzahl von Beispielen in unserem täglichen Leben. Hast du zum Beispiel den Animationsfilm *Der Polarexpress* gesehen? Der Film wurde 2004 unter der Regie von Robert Zemeckis und mit Tom Hanks in einer Hauptrolle veröffentlicht. Er basiert auf der Motion-Capture-Technologie, mit der die animierten Figuren erstellt wurden, darunter auch eine Figur, die von Tom Hanks gesprochen wird. Obwohl die Technologie, die für den Film verwendet wurde, zu dieser Zeit hochmodern war, waren viele ZuschauerInnen und KritikerInnen der Meinung, dass die Figuren im Film unnatürlich aussehen und sich unnatürlich bewegen. Die Mimik und die Bewegungen der Figuren, vor allem die Augen- und Mundbewegungen, wurden als roboterhaft und nicht realistisch genug empfunden, was dazu führte, dass sich einige Zuschauerinnen und Zuschauer beim Betrachten des Films unwohl oder unbehaglich fühlten. Besonders auffällig war dieser Effekt in Szenen, in denen die Figuren in Großaufnahme zu sehen waren oder mit anderen Figuren interagierten. Wenn du also den Uncanny-Valley-Effekt selbst erleben möchtest und den Film noch nicht gesehen hast – auf geht's!

Andere Beispiele, die du vielleicht schon erlebt hast, sind Chatbots für den Kundenservice, die so programmiert sind, dass sie wie ein Mensch klingen und handeln. Auf den ersten Blick mögen diese Chatbots hilfreich und effizient sein. Aber im Laufe des Gesprächs merkst du vielleicht, dass die Antworten des Chatbots ein wenig zu roboterhaft oder gestelzt sind. Das kann wiederum zu Unbehagen und Misstrauen führen. Gleiches gilt für humanoide Service-Roboter, die fast wie ein Mensch aussehen und sich bewegen, aber eben nicht ganz. Auch diese können Menschen unheimlich erscheinen.

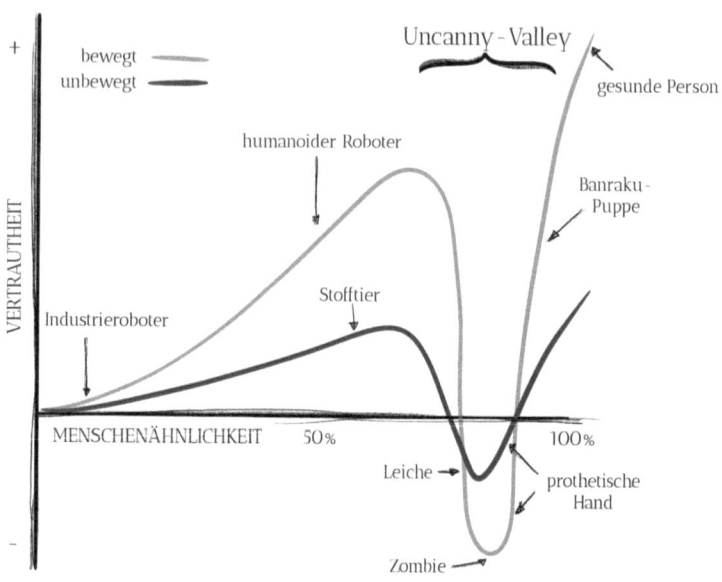

Der Uncanny-Valley-Effekt (Mori 1970)

Tatsächlich haben Forscherinnen und Forscher gezeigt, dass humanoide Serviceroboter, bei denen man sich unheimlich fühlt, zu kompensatorischem Konsum führen können! So aßen Personen in einem Restaurant mehr – vor allem ungesundes Essen –, wenn sie einem „fast menschlichen" Service-Roboter begegneten, Personen in einem Geschäft kauften mehr

Statusprodukte oder Personen in einem Hotel versuchten, ihr Unbehagen zu bewältigen, indem sie andere Menschen in der Nähe aufsuchten. Diese Ergebnisse zeigen, dass humanoide Service-Roboter, die fast menschlich aussehen, aber nicht ganz, bei einigen Menschen Gefühle von Unbehagen, Angst oder sogar Abscheu auslösen können. Offensichtlich kann dies es für Menschen schwierig machen, mit solchen Maschinen zu interagieren und kann damit natürlich das Potenzial der Technologie am Ende komplett untergraben.

Es gibt verschiedene Theorien darüber, wie es zu diesem Uncanny-Valley-Effekt kommt. Manche glauben, dass der Effekt daher rührt, dass Maschinen, die zu menschlich aussehen, uns an unsere eigene Sterblichkeit erinnern, was beängstigend sein kann. Andere meinen, es liegt daran, dass wir uns Sorgen machen, dass Roboter eines Tages unsere Arbeit oder sogar unsere Welt beherrschen könnten. Wieder andere vermuten, dass es an der Diskrepanz zwischen unseren Erwartungen, wie sich menschenähnliche Technologie verhalten sollte, und der Realität liegt. Und dann gibt es noch einige, die meinen, dass wir einen natürlichen Instinkt haben, uns vor Dingen zu hüten, die fast menschlich aussehen, aber es eben nicht sind. Was auch immer die Gründe sein mögen, der Uncanny-Valley-Effekt veranschaulicht schön, dass vermenschlichte Roboter und KI-Systeme zwar wirklich hilfreich sein können, es aber doch auch Vorteile hat, wenn sie uns nicht zu ähnlich sind.

Letztendlich ist es wichtig zu bedenken, dass moderne Technologien nicht mehr nur einfache Werkzeuge sind, sondern in unserem täglichen Leben eine immer wichtigere Rolle spielen und sogar soziale Aufgaben übernehmen. Daher ist es entscheidend, Technologien so zu gestalten, dass sie nicht nur praktische Bedürfnisse erfüllt, sondern uns auch auf psychologischer Ebene richtig anspricht. Kurzum: Wir müssen die psychologischen Dimensionen im Technologie-Design berücksichtigen.

Die Verwendung anthropomorpher Merkmale ist ein Balanceakt: Auf der einen Seite wollen wir einen möglichst natürlichen Umgang mit der Technologie fördern, auf der anderen Seite müssen wir die Erwartungen und Bedürfnisse der Nutzerinnen und Nutzer berücksichtigen. Der Schlüssel liegt darin, zu verstehen, dass es nicht darum geht einfach nur menschenähnliche Merkmale um ihrer selbst willen hinzuzufügen; vielmehr ist ein Verständnis nötig, wann und wie viele menschenähnliche Merkmale sinnvoll sind, um letztendlich ein optimales Anwendungserlebnis zu schaffen und die gewünschte Reaktion der Nutzerinnen und Nutzer hervorzurufen. Am Ende ist das natürlich ein Prozess, der nicht mal eben so beiläufig geschieht, sondern ein tiefes Verständnis für die menschliche Wahrnehmung und Kognition erfordert.

Nach diesen Seiten hast Du nun einen Einblick in die Methoden und Wege der Vermenschlichung im Technologie-Design. Mit diesem neuen Wissen kannst du einen neuen Blick auf die vielen Technologien um dich herum werfen und die versteckten Beweggründe der DesignerInnen aufdecken. Achte einmal in deinem Alltag auf das Design der Technologie. Gibt es menschenähnliche Merkmale? Wenn ja, welche? Fühlen sie sich natürlich und konsistent an oder wirken sie deplatziert? Sind die Designerinnen und Designer zu weit gegangen und haben unrealistische Erwartungen oder eine unheimliche Stimmung erzeugt? Versuche zu verstehen, warum bestimmte Merkmale eingebaut wurden und ob sie ihr Ziel erreicht haben oder nicht. Und denke daran: Die richtige Balance aus menschenähnlichen Merkmalen und gewünschter Reaktion ist der Schlüssel zu einer guten Interaktion. Also halte Ausschau nach diesen sweet spots, wo Technologie und Menschlichkeit aufeinandertreffen!

KAPITEL 3

KI UND MENSCH: DURCH ZUSAMMENARBEIT POTENZIALE ENTFESSELN

Die Debatte ist so alt wie die Menschheit selbst: Wird es je eine KI geben, die die Welt erobert und uns Menschen in den Schatten stellt? Eine klare Antwort ist nicht so einfach zu finden. Auch wenn wir etliche ähnliche Eigenschaften und Fähigkeiten haben, sind künstliche und menschliche Intelligenz bei weitem nicht gleich. Sicher ist: Wie jede Technologie zuvor wird auch KI die Art und Weise, wie wir arbeiten und leben, verändern und einige Berufe überflüssig machen. Das Ziel der KI-Entwicklung ist jedoch nicht, uns zu ersetzen, sondern uns zu befähigen und neue Arbeitsmöglichkeiten zu schaffen.

Die Frage, ob KI menschliche Arbeitskräfte ersetzen wird, geht davon aus, dass KI und Menschen dieselben Qualitäten und Fähigkeiten haben. Aber mal ehrlich, KI und

Menschen sind grundlegend verschieden, mit jeweils eigenen einzigartigen Talenten und definitiv unterschiedlichen Arten von Intelligenz. KI-basierte Maschinen sind vielleicht blitzschnell, punktgenau und rationaler (oder vielleicht auch nicht? Wir kommen später darauf zurück). KI ist gut darin, nützliche Informationen herauszufiltern und dafür zu sorgen, dass alles auf einem gewünschten Kurs bleibt. Im Gegensatz zum Menschen wird sie dabei niemals müde oder erschöpft; solange die KI mit Daten gefüttert und mit Strom versorgt wird, arbeitet sie unermüdlich weiter wie ein Duracell-Häschen! Nichtsdestotrotz fehlt heutiger KI die Intuition, Emotion, Kreativität und kulturelle Raffinesse, die Menschen auszeichnen und so außergewöhnlich machen.

Klar ist also, dass Mensch und KI ein mächtiges Duo sein können – jeder bringt eigene Talente mit und gemeinsam können sie Großes schaffen! Tatsächlich zeigen etliche Studien, dass die signifikantesten Leistungsverbesserungen stattfinden, wenn Mensch und KI zusammenarbeiten – und eben nicht, wenn KI den Menschen ersetzt. Denke zum Beispiel an das Schachspiel. Du hast sicherlich gehört, dass KI heute jeden menschlichen Profi schlagen kann. Aber wusstest du, dass die Kombination aus einem menschlichen Schachspielenden und KI nicht nur jeden Menschen, sondern auch jede Maschine schlagen kann? In anderen Bereichen ist das ganz ähnlich: Ärztinnen und Ärzte, die mit KI zusammenarbeiten, sind beispielsweise bei der Diagnose von Hautkrebs genauer als KI oder Fachleute allein. KI kann große Mengen medizinischer Daten analysieren und Muster erkennen, die für Menschen nicht offensichtlich sind. Das Fachwissen und die Erfahrung einer medizinischen Fachperson bei der Diagnose können jedoch wichtige Zusammenhänge und Erkenntnisse liefern, die die Genauigkeit der KI-Aussagen verbessern können. Tatsächlich haben jüngste Studien gezeigt, dass Ärzte und Ärztinnen, die KI einsetzen, Brustkrebs häufiger erkennen als Fachleute oder KI allein. Und dieselbe KI liefert genauere Ergebnisse, wenn sie von einer ärztlichen Fachkraft der Radiologie unterstützt wird, als wenn sie alleine arbeitet.

Um wirklich von der Intelligenz der KI zu profitieren, müssen wir umdenken. Wir dürfen KI nicht als Bedrohung für unsere Fähigkeiten sehen, sondern als einen Teammitglied, das uns helfen kann, noch besser zu werden. Wie bei dem legendären Verbrecherduo Bonnie und Clyde geht es bei der Zusammenarbeit von Menschen und KI darum, unterschiedliche Fähigkeiten und Fertigkeiten zu kombinieren, um ein gemeinsames Ziel zu erreichen. Anstatt Banken auszurauben und sich gegen das Gesetz zu verschwören, nutzen unsere modernen Bonnie und Clyde ihre gemeinsamen Talente, um innovative Lösungen für einige der größten Probleme der Welt zu entwickeln. Während KI bei Aufgaben wie der Verarbeitung großer Datenmengen und dem Lösen von Rätseln brilliert, bringen Menschen einzigartige Stärken wie Kreativität, Einfühlungsvermögen und gesunden Menschenverstand mit ein. Natürlich erfordert diese Zusammenarbeit zwischen Menschen und KI Teamarbeit und Koordination, so wie Bonnie und Clyde zusammenarbeiten und kommunizieren mussten, um ihre Verbrechen auszuführen. Sie kann auch bedeuten, dass man kalkulierte Risiken eingeht, indem man neue Technologien oder Problemlösungsansätze ausprobiert, um einen größeren Nutzen zu erzielen. Aber anders als bei Bonnie und Clyde gehen diese Erfolge nicht auf Kosten anderer. Stattdessen kann die Zusammenarbeit zwischen Mensch und KI einen positiven Einfluss auf die Gesellschaft haben und uns helfen, unsere Ziele zu erreichen. Wir hoffen also, dass du spätestens nach dem Lesen dieses Kapitels KI als deinen "Partner in Crime" und nicht als Konkurrenz betrachtest.

DIE KI-ZAUBEREI: AUFWAND MINIMIEREN, GENAUIGKEIT MAXIMIEREN

Unsere moderne Welt bietet uns eine schwindelerregende Vielfalt an Informationsquellen – Nachrichtenfeeds, Social-Media-Feeds, wissenschaftliche und geschäftliche Daten, Videos, Musik und vieles mehr. In nur 60 Sekunden erscheinen heute über 3 Millionen neue Beiträge auf Facebook, 500 Stunden Videos werden auf YouTube hochgeladen und 150.000 E-Mails versendet. Im digitalen Zeitalter des 21. Jahrhunderts bist du immer auf dem neusten Stand, egal wo du bist! Du kannst eine „Breaking News"-Story im Fernsehen verfolgen, während dein Smartphone vibriert und dich über die neuesten Tweets deiner LieblingspolitikerInnen benachrichtigt. Du kannst Zeitschriftenartikel lesen und Instagram-Posts durchsuchen – und das alles auf Knopfdruck. Du kannst alles, was du wissen willst, in Sekundenschnelle finden – von der Frage, warum Hunde bellen, bis zu den besten Yoga-Retreats der Welt. Und dann wären da noch die tausenden von Bewertungen über die Schuhe, die du überlegst zu kaufen! Oder willst du lieber ein Lied anhören? Gar kein Problem, hier sind 30 Millionen Songs, aus denen du wählen kannst.

All diese Informationen sind großartig. Aber fühlt es sich auch manchmal an, als wäre es „zu viel des Guten"? Forschende sprechen hier von einer „Informationsüberlastung". Diese erleben wir, wenn wir eine Entscheidung treffen oder uns eine Meinung zu einem Thema bilden wollen, aber es einfach zu viele Informationen gibt. Die schiere Menge, Geschwindigkeit und Vielfalt an Informationen haben das überstiegen, was wir noch sinnvoll verarbeiten können. Es ist

daher schwierig zu bestimmen, was eigentlich relevant oder
wichtig ist. Als Ergebnis sind wir oft überfordert und haben
Schwierigkeiten, ein Problem zu verstehen oder gute Entscheidungen zu treffen.

Forschende veröffentlichen beispielsweise jedes Jahr
Millionen von akademischen Artikeln. Das bedeutet, dass es
eine Menge Informationen gibt, die uns helfen können, ein
Problem besser zu verstehen. Aber alle Artikel zu lesen, würde
natürlich auch ewig dauern. Die Coronavirus-Pandemie ist ein
gutes Beispiel dafür: In den ersten sechs Monaten des Jahres
2020 stieg die Zahl der veröffentlichten Artikel zum Corona-
virus von Null auf unglaubliche 28.000. Mitte Mai wurden in
einer einzigen Woche fast 3.000 Artikel zum Thema veröffentlicht! Für eine Forscherin oder einen Forscher wäre es unmöglich, so viele Artikel zu lesen – und dabei noch die eigene
Forschung voranzutreiben.

Für die Allgemeinheit, die herausfinden wollen, was
sie tun können, um sich und ihre Familien zu schützen, war
die Situation nicht besser. Bei einer so großen Menge an Informationen war es schwierig herauszufinden, welche Quellen verlässlich und welche Empfehlungen wissenschaftlich

fundiert waren. Hinzu kam, dass die Pandemie so schnelllebig war, dass fast täglich neue Informationen veröffentlicht wurden, was es noch schwieriger machte, mit den neuesten Entwicklungen Schritt zu halten. Am Ende führte die Situation schnell dazu, dass viele Menschen mit der schieren Menge an Informationen überfordert waren und nicht wussten, wie sie diese interpretieren sollten.

Da wir nur begrenzte kognitive Ressourcen für die Verarbeitung von Informationen haben, müssen wir bei der Entscheidungsfindung in der Regel einen Kompromiss zwischen Genauigkeit und Aufwand eingehen. Einfach ausgedrückt: Du kannst entweder viel Zeit und Mühe darauf verwenden, alle verfügbaren Informationen zu sortieren und sorgfältig zu analysieren und zu verarbeiten, um eine genauere Entscheidung zu treffen. Oder du kannst Entscheidungen schnell treffen, um Zeit und Mühe zu sparen, aber das geht oft auf Kosten der Genauigkeit. Meistens entscheiden wir uns für die letztere Strategie, denn unsere Zeit und Energie sind begrenzte Ressourcen, die wir lieber für die wichtigsten Aspekte unseres Lebens aufsparen (zumindest reden wir uns das ein, während wir stundenlang durch unsere Social-Media-Feeds scrollen). Während der Pandemie bedeutete dies, dass viele Menschen es einfach aufgaben, die neuesten Entwicklungen zu verfolgen und sich stattdessen auf die allgemeinen Empfehlungen ihrer örtlichen Behörden, vertrauter Gesundheitsorganisationen oder beliebter Social-Media-Sternchen verließen. All diese Quellen helfen uns, schnellere Entscheidungen zu treffen, oft jedoch auf Kosten der Genauigkeit.

KI kann uns helfen, diesen Trade-off zwischen Aufwand und Genauigkeit zu überwinden. KI hilft uns nicht nur, Entscheidungen schneller zu treffen, um Zeit und Mühe zu sparen, sondern erhöht auch unsere Genauigkeit, wenn sie sorgfältig entwickelt wird. Wir sind sicher, dass KI dir bereits hilft, mit der täglichen Informationsflut umzugehen, auch wenn du dir dessen nicht bewusst bist. Hast du zum Beispiel schon einmal einen Streaming-Dienst wie Netflix oder Spotify genutzt? Diese Unternehmen nutzen KI und eine sogenannte kollaborative Filterung, um dir Sendungen und Songs zu empfehlen, die auf deinem Fernseh- und Hörverhalten sowie dem anderer NutzerInnen mit ähnlichen Vorlieben basieren. Wenn du zum Beispiel Actionfilme liebst, könnte Netflix dir Actionfilme vorschlagen, die anderen Actionfilmfans gefallen haben. Auf diese Weise ist es wahrscheinlicher, dass du Filme findest, die dir Spaß machen. Kurz gesagt: KI-gestützte Empfehlungssysteme können dir personalisierte Empfehlungen geben, damit du schnell die Informationen oder Produkte und Dienstleistungen findest, die für dich am wichtigsten sind.

Eine weitere Möglichkeit, wie KI uns hilft, mit der Informationsflut umzugehen, ist die Zusammenfassung. Hast du zum Beispiel schon einmal einen virtuellen Assistenten wie Siri oder Alexa benutzt? Diese praktischen Helfer nutzen natürliche Sprachverarbeitung, auch Natural Language Processing (NLP) genannt, um deine Anfragen zu verstehen und passende Antworten zu geben. Die Systeme können so die menschliche Sprache analysieren und interpretieren, um lange Artikel oder Dokumente automatisch in kürzere, leichter verdauliche Versionen zusammenzufassen. Das ist ideal für Vielbeschäftigte, die keine Zeit haben, lange Artikel zu lesen, aber trotzdem über ihr Fachgebiet informiert bleiben wollen. Ein weiteres Beispiel ist die generative KI ChatGPT. Das KI-System kann verwendet werden, um automatisch prägnante Zusammenfassungen von langen Unterhaltungen oder Chatprotokollen zu erstellen, die den Nutzern helfen, die wichtigsten Punkte schnell zu verstehen und nicht von einer großen Textmenge überwältigt zu werden.

Aber bei KI geht es nicht nur um Empfehlungen und Zusammenfassungen – sie kann auch bei der Organisation und beim Kuratieren helfen. Wenn du zum Beispiel schon einmal eine Suchmaschine wie Google benutzt hast, hast du wahrscheinlich die Macht der KI-gestützten Suche am eigenen Leib erfahren. Die Algorithmen dieser Plattformen nutzen KI, um deine Suchanfrage zu verstehen, große Datenmengen zu klassifizieren und zu kennzeichnen, damit wir leichter finden, was wir suchen. Kurz gesagt, diese KI-Systeme können dazu beitragen, die Informationsflut zu reduzieren, indem sie jedem Einzelnen von uns prägnante und relevante Informationen liefern.

Doch mit großer Macht kommt auch große Verantwortung! Da diese KI-Systeme zunehmend unseren Alltag und die Art und Weise, wie wir die Welt sehen, prägen, ist es natürlich entscheidend, dass solche Systeme sorgfältig konzipiert und implementiert werden, um sicherzustellen, dass sie genaue und zuverlässige Informationen liefern (mehr dazu später). Solange das der Fall ist und du auch weisst, wie diese Systeme deine Welt prägen, können sie die besten Sekretäre, Nachrichtenkuratoren oder Einkaufsassistenten sein! Also, wenn du dich das nächste Mal von der Flut an Informationen und Entscheidungen überwältigt fühlst, denke daran, dass KI dir zur Seite steht! Sie nutzt alle möglichen cleveren Tricks, um uns beim Durchforsten des Chaos zu helfen und die Nadel im Heuhaufen zu finden, die wir die ganze Zeit gesucht haben.

GEHIRN-HACKS: UNBEWUSST SMARTE ENTSCHEIDUNGEN DANK KI

„Eines der ältesten Paradoxa der Philosophie ist der scheinbare Widerspruch zwischen den großen Triumphen und den dramatischen Fehlschlägen des menschlichen Verstandes. Derselbe Organismus, der routinemäßig inferentielle Prob-

leme löst, die für die mächtigsten Computer zu subtil und komplex sind, macht oft Fehler bei den einfachsten Urteilen über alltägliche Ereignisse. "

Nisbett und Ross (1980)

Unser menschliches Denken ist nicht immer fehlerfrei. Um Informationen effizient und schnell zu verarbeiten, verleitet uns unser Gehirn oft zu gravierenden Fehleinschätzungen. Du denkst, dass das nicht auf dich zutrifft? Denk einen Moment nach! Hast du jemals gutes Geld schlechtem hinterhergeworfen, weil du schon so viel Zeit, Mühe oder Geld investiert hast? Selbst als klar war, dass sich deine Investition nicht auszahlen würde? So wie wenn du immer mehr Geld in einen Spielautomaten im Casino steckst, weil du denkst, dass du beim nächsten Mal gewinnen wirst und es all das Geld wert sein wird, das du hineingesteckt hast? Klingt das nach dir? Dann bist du beispielsweise schon in die Falle der "Sunk Costs" getappt. Oder hast du schon einmal ein großes Projekt in Angriff genommen, z.B. einen Roadtrip quer durchs Land oder die Renovierung eines alten Hauses, und warst super zuversichtlich, dass alles glatt und in nur wenigen Monaten ohne Probleme über die Bühne gehen würde? Das ist ein typisches Beispiel für den Optimismus-Bias, eine Art kognitive Voreingenommenheit, die dazu führt, dass wir unsere Zukunft zu optimistisch einschätzen und mögliche Hindernisse übersehen.

Das ist eine der vielen Möglichkeiten, wie unser menschlicher Verstand uns in die Irre führt und uns dazu bringt, Dinge zu glauben, die nicht unbedingt wahr oder realistisch sind. Wenn wir unsere Entscheidungen und Urteile auf solchen verzerrten Ansichten basieren, kann das natürlich Folgen für unsere reale Welt haben.

Seit Jahrhunderten befassen sich Philosophen und Philosophinnen mit dem Paradoxon des menschlichen Verstandes. Auf der einen Seite haben wir die Fähigkeit, unglaublich komplexe Probleme zu lösen, aber auf der anderen Seite machen wir bei unseren alltäglichen Urteilen derart einfache Fehler. Hier kommt das Feld der Verhaltensökonomie ins Spiel. Dieses Studienfeld, das Wirtschaft und Psychologie kombiniert, entstand aus der Erkenntnis, dass die traditionellen Wirtschaftsmodelle die Entscheidungsmuster echter Menschen nicht genau widerspiegeln. Durch die Untersuchung der Art und Weise, wie wir Entscheidungen treffen, haben Verhaltensökonominnen und Verhaltensökonomen eine Reihe von Heuristiken oder mentalen Abkürzungen aufgedeckt, die unser Gehirn nutzt, um die Welt um uns herum zu verstehen. Leider können diese Abkürzungen manchmal zu systematischen Fehlern im Urteilsvermögen und in der Entscheidungsfindung führen, was als kognitive Verzerrungen bezeichnet wird. Heute kennen wir über 180 kognitive Verzerrungen, die unser Denken und unsere Entscheidungsfindung beeinflussen. Sie werden durch die Art und Weise verursacht, wie unser Gehirn Informationen verarbeitet, und können uns zu irrationalen oder ungenauen Entscheidungen führen.

Vom Optimismus-Bias bis zum Sunk-Cost-Effckt können kognitive Verzerrungen in allen möglichen Alltagssituationen auftreten und viele unserer Entscheidungen beeinflussen, von der Art und Weise, wie wir unser Geld investieren, bis hin zur Wahl unseres Urlaubsziels. Zum Beispiel ist der Optimismus-Bias eine Tendenz, übermäßig optimistisch über die Wahrscheinlichkeit positiver Ergebnisse zu sein, während die Chancen negativer Ergebnisse heruntergespielt werden. Das kann dazu führen, dass wir Risiken eingehen und Entscheidungen auf der Grundlage übermäßig positiver Annahmen treffen. Oder der Sunk-Cost-Effekt. Dieser beschreibt die Tendenz, weiter in etwas zu investieren, in das wir bereits Zeit, Geld oder Mühe investiert haben, auch wenn es nicht in unserem besten Interesse ist, dies zu tun.

Diese kognitiven Verzerrungen können hilfreich sein, wenn es darum geht, schnelle Entscheidungen ohne große geistige Anstrengung zu treffen. Sie helfen uns, die unglaublich komplexe Welt, in der wir leben, zu vereinfachen. Sie können uns auch motivieren, weil sie uns einen optimistischeren Blick auf das Leben geben. Aber sie können auch gefährlich sein. Sie können uns dazu bringen, Entscheidungen zu treffen, die nicht in unserem besten Interesse sind oder negative Folgen für uns haben. Zum Beispiel kann eine Person, die raucht, das Risiko, an Krebs zu erkranken, als ziemlich gering einschätzen. Der Optimismus-Bias führt dazu, dass er die Risiken seines Verhaltens unterschätzt, was letztlich zu riskanten Entscheidungen führt, die auf verzerrten Erwartungen beruhen. Oder eine Familie kann sich entscheiden, während eines Schneesturms 60 Meilen zu fahren, um ein Basketballspiel zu sehen, weil sie bereits 40 Dollar pro Ticket investiert hat. Das ist der Sunk-Cost-Effekt in Aktion! Er führt dazu, dass wir uns auf eine Handlung einlassen – wie zum Beispiel durch einen Schneesturm zu fahren –, die wir nicht machen würden, wenn wir nicht schon vorher investiert hätten – zum Beispiel also für die Basketballtickets bezahlt hätten. Wie diese Beispiele zeigen, haben diese natürlich auftretenden Verzerrungen oft einen herabsetzenden Einfluss auf die Qualität unserer Entscheidungen. Kurz gesagt, sie lassen uns oft schlechtere Entscheidungen treffen!

Offensichtlich ist es also wichtig, diese Verzerrungen besser zu verstehen, damit wir lernen können, sie zu erkennen und ihnen zu entgegnen, um informierte und gute Entscheidungen zu treffen. Tatsächlich stimmt die wissenschaftliche Gemeinschaft so sehr in der Bedeutung der Aufdeckung und des Verständnisses dieser menschlichen Verzerrungen überein, dass die „Gründungsväter der Verhaltensökonomie" – Daniel Kahneman und Richard H. Thaler – beide den Nobelpreis für Wirtschaftswissenschaften für ihre bahnbrechenden

Forschungen zur Irrationalität von Entscheidungen und den Heuristiken, die unser Denken beeinflussen, erhalten haben. Als erste konnten sie zeigen, dass unser Gehirn Abkürzungen oder sogenannte Heuristiken verwendet, um schnelle Entscheidungen zu treffen, die aber leider am Ende oft zu systematischen Fehlern oder Verzerrungen führen.

Heute haben wir ein gutes Verständnis darüber, auf welch vielfältige Weise unsere tägliche Entscheidungsfindung durch Verzerrungen beeinträchtigt wird. Die gute Nachricht dabei ist: Erkenntnis ist der erste Schritt zur Besserung! Wenn wir uns unserer Verzerrungen bewusst sind, können wir auch daran arbeiten, sie zu überwinden. Und genau hier kommt der Aufstieg der KI ins Spiel. KI kann uns helfen, diese Verzerrungen zu reduzieren, indem sie uns objektive, datengetriebene Erkenntnisse und alternative Perspektiven bietet, um uns auf unsere Verzerrungen aufmerksam zu machen und unsere Entscheidungsfindung zu verbessern.

Stell dir Folgendes vor: Du bist in einer Situation, in der du mit Informationen überhäuft wirst, aber schnell eine Entscheidung treffen musst. In einer solchen Situation fallen wir oft einer Konfirmationsverzerrung zum Opfer, bei der wir nur Informationen berücksichtigen, die unsere bestehenden Überzeugungen bestätigen. Mit KI an unserer Seite können wir unsere Entscheidung auf Informationen stützen, die die KI (objektiv) für uns (vor-)sortiert und analysiert hat. So können wir die Fallstricke unserer Intuition vermeiden und unsere irrationalen Tendenzen besiegen, um bessere und weniger verzerrte Entscheidungen zu treffen, auch wenn wir unter Zeitdruck sind.

Aber das ist nur ein Beispiel, wie KI bessere Entscheidungen fördern kann! Erinnerst du dich an den Sunk-Cost-Effekt? Forscherinnen und Forscher untersuchten kürzlich, wie KI dazu beitragen kann, diesen Bias zu reduzieren. Die Studie ergab, dass Menschen, die entscheiden mussten, ob sie weiter in ein Projekt investieren sollten oder nicht, seltener in die Sunk-Cost-Falle tappten, wenn sie bei der Entscheidung von einem KI-System unterstützt wurden. Diejenigen, mit KI-Support, trafen mit größerer Wahrscheinlichkeit eine rationale Entscheidung darüber, ob sie weiter in das Projekt investieren sollten oder nicht, als diejenigen, die ganz allein entschieden. Warum? Ganz einfach: Je mehr Arbeit wir an KI delegieren, desto weniger Arbeit haben wir selbst investiert – und desto weniger halten wir Projekten fest. Normalerweise fällt es uns schwer, loszulassen, wenn wir Zeit, Geld oder Mühe in etwas investiert haben. Aber wenn wir mit KI zusammenarbeiten, fühlt es sich einfach nicht so an, als ob wir eine so große Investition getätigt haben. Immerhin haben wir einen Teil unseres Aufwands an das KI-System delegiert. Weil es sich für uns nicht wie eine große verhaltensbezogene Investition anfühlt, gibt es für uns keine wirklichen (versunkenen) Kosten, und deshalb rechnen wir sie nicht (irrational) in unsere Entscheidung mit ein. Kurz gesagt, je weniger Investition wir zu spüren bekommen, desto weniger fallen wir der Sunk-Cost-Falle zum Opfer. Und KI kann uns dabei helfen!

Aber KI kann uns nicht nur helfen, die Sunk-Cost-Verzerrung zu überwinden. Lass uns das unserer eigenen Geschichte verdeutlichen. Kürzlich haben wir uns auf den Weg zu einer Wanderung auf einen Berg in den Schweizer Alpen gemacht. Am Anfang der Wanderung bemerkten wir einen starken Wind und überlegten kurz, ob wir umkehren sollten. Aber wir beschlossen ganz optimistisch weiterzugehen – nicht zuletzt da wir uns auch für besonders fähige Wanderer hielten. Auf unserem Weg den Berg hinauf kamen uns andere Wandernde entgegen, die uns vor gefährlichen Wetterbedingungen warnten. Aber wir ignorierten die Hinweise und gingen weiter, ohne die deutlichen Zeichen zu beachten, dass wir umkehren sollten.

Kommt dir das bekannt vor? Das ist ein Paradebeispiel für den Optimismus Bias, über den wir bereits gesprochen haben. Er lässt uns glauben, dass etwas gut für uns besonders ausgehen wird, selbst wenn alle Hinweise für das Gegenteil sprechen. Wir alle überschätzen gerne die Wahrscheinlichkeit, dass uns gute Dinge widerfahren, und unterschätzen gleichzeitig die Wahrscheinlichkeit, dass uns etwas Schlechtes passiert. Das führt dazu, dass wir uns selbst, unsere Fähigkeiten und unsere Zukunft zu optimistisch einschätzen. Warum sonst würden so viele Menschen Geld in Gewinnspiele stecken?

Optimismus Bias und psychologische Reaktanz: Ein Paradebeispiel kognitiver Verzerrungen

Aus der Forschung wissen wir, dass es extrem schwer ist, diese Verzerrung zu überwinden. Du magst denken, warum geben wir den Menschen nicht einfach eine genaue und objektive

Rückmeldung, wie zum Beispiel uns am Berg die Wahrscheinlichkeit, dass wir es auf den Gipfel schaffen. Oder einer Raucherin oder einem Raucher die Wahrscheinlichkeit, an Krebs zu erkranken. Doch hier liegt genau das Problem: Unser Gehirn nimmt Hinweise schnell auf, die das bestätigen, was wir bereits glauben. Hinweise, die allerdings das Gegenteil besagen, betrachten wir mit einem äußerst kritischen Auge. So sehr, dass es manchmal sogar zu einem „Bumerang-Effekt" kommen kann, wenn wir etwas hören, dass uns nicht gefällt: Anstatt unsere Meinung zu ändern, fühlen wir uns noch mehr in unseren Überzeugungen bestärkt und kommen mit neuen Gegenargumenten daher, um unsere ursprüngliche Meinung zu verteidigen.

Forscherinnen und Forscher versuchen schon lange Wege zu finden, die es uns erlauben, Feedback unvoreingenommen anzunehmen – egal ob es nun unsere bestehenden Überzeugungen ent- oder bekräftigt – um letztendlich unseren Optimismus Bias zu reduzieren. Mit KI-Berater ist nun ein neuer Hoffnungsträger aufgetaucht, der uns bei dieser Herausforderung helfen könnte. Heutzutage bekommen wir oft Rat von KI-Systemen anstatt von Menschen. Wenn wir zum Beispiel Hilfe beim Immobilienkauf brauchen, können wir REX Real Estate oder Roof.ai um Rat bitten. Wenn wir Hilfe mit unseren Finanzen brauchen, können wir Wealthfront, Betterment oder InteractiveAdvisors nutzen. KI kann uns sogar bei der Information zu Sozialleistungen wie Behindertenhilfe, Lebensmittelhilfe oder der richtigen Krankenversicherung beratend zur Seite stehen. Der Reiz dieser Systeme liegt auf der Hand: Da KI-Empfehlungen auf großen Datenmengen und nicht auf menschlicher Intuition basieren, kann sie uns unvoreingenommen beraten und unsere Entscheidungen bei Investitionen, Einstellungen, oder Krediten verbessern.

Aber unvoreingenommene Empfehlungen sind nur eine wichtige Zutat für bessere Entscheidungen. Natürlich müssen wir die Empfehlung auch annehmen! Kann KI uns also dabei helfen, Informationen unvoreingenommen aufzunehmen und damit letztlich auch den Optimismus Bias zu reduzieren? Da es heute wenig bis gar keine Informationen gibt, die diese Frage beantworten könnten, haben wir eigene Studien dazu durchgeführt. Typisch für experimentelle Forschung wurden unsere Teilnehmerinnen und Teilnehmer nach dem Zufallsprinzip einer von vier Gruppen zugeteilt: Die eine Hälfte erhielt Informationen, die ihre vorherigen Überzeugungen nicht bestätigten, die andere Hälfte erhielt Informationen, die ihre vorherigen Überzeugungen bestätigten. Die Hälfte erhielt Informationen von KI, die andere Hälfte von einem Menschen. In der Realität und um sicherzustellen, dass unsere Ergebnisse nicht anderweitig verzerrt sind, wurden beide Gruppen gleich beraten. Aber das wussten die TeilnehmerInnen nicht.

Unsere Ergebnisse zeigten etwas sehr Interessantes: Wenn die Teilnehmenden dachten, sie würden mit einer menschlichen Beratungsperson sprechen, war ihre Entscheidungsfindung unterbewusst verzerrt. Immer wenn sie etwas hörten, das ihnen gefiel, nahmen sie es zu Herzen und glaubten wirklich daran. Wenn sie jedoch etwas hörten, das ihnen nicht so gefiel, dachten sie nicht weiter darüber nach und ignorierten den Ratschlag. Wenn Menschen allerdings mit KI interagierten, waren sie in ihren Reaktionen auf die Informationen unvoreingenommener und akzeptierten den Ratschlag, ob sie ihnen nun gefallen hat oder nicht. Das zeigt, dass die Teilnehmenden, die Ratschläge von der KI erhielten, die Informationen eher akzeptierten – egal ob ihre Überzeugungen damit be- oder entkräftet wurden. Letztendlich konnte somit auch einem "Über-Optimismus" entgegen gesteuert werden.

Das sind natürlich großartige Neuigkeiten. Aber – wie üblich bei Forschenden – wollten wir auch verstehen, was genau dahintersteckt. Warum akzeptieren wir Ratschläge von KI eher? Das Zauberwort heißt „Handlungsfähigkeit". Erinnere dich daran, dass „Handlungsfähigkeit" die Fähigkeit der Menschen bezeichnet, ihren eigenen Weg zu wählen und die Verantwortung für die Ergebnisse ihrer Entscheidungen zu übernehmen. Haben Roboter ihre eigenen Beweggründe? Nicht in unserem Experiment! Wir haben absichtlich ein KI-System ohne Namen oder andere Art Vermenschlichung getestet, damit die Teilnehmenden dem System keine große Handlungsfähigkeit zuteilen würden. Keine Intentionen oder Emotionen, nur Fakten. Informationen, die eigenen Überzeugungen widersprachen, lösten daher nicht dieselbe emotionale Reaktion aus, wenn sie von einer funktionalen Maschine gegeben wurden, wie wenn sie von einem Menschen gegeben wurden. So konnten wir den Optimismus der Teilnehmerinnen und Teilnehmer abbauen, etwas, das viele Forscherinnen und Forscher in den letzten Jahrzehnten vergeblich versucht haben zu erreichen.

In Kapitel 2 haben wir erklärt, wie die wahrgenommene Handlungsfähigkeit eines KI-Systems durch das Design variiert werden kann. Indem Unternehmen einem KI-System Namen und andere menschliche Merkmale geben, können sie dafür sorgen, dass wir ein KI-System mehr als Mensch wahrnehmen. Natürlich haben wir haben uns gefragt, wie sich die Ergebnisse unserer Studie verändern würden, wenn wir unser KI-System vermenschlichen würden. In einem weiteren Experiment gaben wir unserem rein funktionalen KI-System einen Namen, ein freundliches Gesicht und eine menschenähnliche Art der Kommunikation. Die Teilnehmenden wussten natürlich immer noch, dass sie mit einer Maschine interagierten und kein Mensch beteiligt war. Wir wollten sehen, ob allein das Hinzufügen von sozialen Merkmalen ausreichen würde, das Verhalten der Teilnehmenden zu verändern. Unsere Ergebnisse bestätigten unsere Theorie: Wenn die Teilnehmenden mit dem vermenschlichten KI-System interagierten, reagierten sie ähnlich verzerrt wie mit unserer menschlichen Beratungsperson zuvor. Kurzum, die negativen Ratschläge wurden ignoriert und nur die positiven Ratschläge wurden berücksichtigt! Ist es nicht erstaunlich, wie wenige kleine Änderungen unser unterbewusstes Verhalten komplett verändern können?

Wir haben unsere Forschung auf den Prüfstand gestellt, indem wir acht zusätzliche Experimente durchgeführt haben, um sicherzustellen, dass unsere Ergebnisse richtig waren. Wir untersuchten den Effekt in anderen Bereichen, wie z.B. Immobilien, und mit einer Vielzahl von Personen, sogar mit 400 US-Führungskräften. Unsere Daten von mehr als 10.000 Teilnehmenden zeigten, dass KI-Systeme uns tatsächlich helfen können den Optimismus Bias zu reduzieren!

Doch wie genau kann uns KI helfen, unsere Verzerrungen in praktischen Situationen zu überwinden, wie zum Beispiel in der zuvor beschriebenen Wander-Geschichte? In diesem Szenario veranlasste uns der Optimismus dazu, unsere Fähigkeit, den Gipfel zu erreichen, zu überschätzen und die Wanderung fortzusetzen. Als andere Wanderinnen und Wanderer uns sagten, wir sollten umkehren, reagierten wir emotional und der Bumerang-Effekt trat ein, so dass wir ihren Rat abwerteten und noch stärker an unserer ursprünglichen Überzeugung festhielten. Aber was wäre, wenn wir eine Quelle mit geringer Handlungsfähigkeit um Rat gefragt hätten, wie Watson von der Weather Company? Dieses von IBM entwickelte KI-System nutzt maschinelles Lernen, um Daten aus verschiedenen Quellen wie Wettermodellen, Satelliten und Bodensensoren zu analysieren und Wettervorhersagen in Echtzeit zu erstellen. Hätte Watson uns vor gefährlichen Wetterbedingungen an unserem Standort gewarnt, hätte das wahrscheinlich nicht die gleiche emotionale Reaktion und den gleichen Boomerang-Effekt ausgelöst wie die Ratschläge der anderen wandernden Personen. Stattdessen wären wir eher umgedreht und hätten so ein irrationales Risiko vermieden. Kurz gesagt: KI kann eine mächtige Quelle sein, um unsere Entscheidungen zu entzerren und zu verbessern!

DIE KI-DELEGATIONSDYNAMIK: AUTONOME KI UND GEFÜHLTE KONTROLLE

Fühlst du dich manchmal überwältigt von all den Aufgaben und Verpflichtungen, die das moderne Leben mit sich bringt? Von langen Arbeitszeiten im Büro über die Verwaltung von Finanzen und Versicherungen bis hin zum Haushalt und der Suche nach dem perfekten Geburtstagsgeschenk für jeden einzelne Person in deinem Bekanntenkreis – hast du schon einmal das Gefühl gehabt, dass du das alles nicht mehr alleine bewältigen kannst? Wenn ja, dann bist du nicht allein. Vielen Menschen fällt es schwer, all die Aufgaben und Verpflichtungen des modernen Lebens zu jonglieren. Aber was wäre, wenn es eine Möglichkeit gäbe, Zeit und Energie freizusetzen, indem du einige dieser Aufgaben delegierst?

Wenn man es genau nimmt, ist das möglich! Eine Lösung könnte sein, Aufgaben an Fachleute zu delegieren, die die Zeit und die Fähigkeiten haben, sie effektiver zu erledigen. Du könntest zum Beispiel eine Finanzexpertin oder einen Finanzexperten mit der Verwaltung der Finanzen oder eine Immobilienmaklerin oder einen Immobilienmakler mit dem Verkauf der Immobilie beauftragen. Indem du die Kontrolle über diese Aufgaben abgibst, hast du mehr Zeit, um dich zurückzulehnen, zu entspannen und die Früchte deiner Arbeit zu genießen. Und du hast den zusätzlichen Bonus, zu wissen, dass alles von jemandem erledigt wird, der genau weiß, was er tut. Klingt ziemlich unkompliziert, oder?

Es mag überraschend klingen, aber viele Menschen kämpfen mit der Entscheidung, Aufgaben an andere zu delegieren, und oft wird dies durch unseren Wunsch beeinflusst, die Kontrolle zu behalten, aber auch durch unsere Angst, genau diese zu verlieren. Wie aber entscheiden wir, ob wir die Kontrolle behalten oder eine Aufgabe delegieren? Vielleicht hilft es, die Entscheidung als einfache mentale Rechnung zu betrachten. Zuerst überlegen wir, welche konkreten Vorteile es hat, die Kontrolle zu behalten. Wie wahrscheinlich schätzen wir z.B. ein, die Aufgabe erfolgreich zu erledigen und für wie wertvoll erachten wir einen erfolgreichen Abschluss? Als Nächstes betrachten wir die Vorteile des Delegierens der Aufgabe. Diesmal betrachten wir also die Erfolgswahrscheinlichkeit der anderen Person und wie wichtig uns ein erfolgreiches Ergebnis ist. Aber es gibt noch einen weiteren Faktor zu berücksichtigen: Die „Kontrollprämie". Diese repräsentiert den Wert, den wir bereit sind zu zahlen, um die Kontrolle über eine Entscheidung zu behalten, unter Berücksichtigung der Unsicherheit und des Unwohlseins, das mit der Übertragung der Kontrolle an jemand anderen einhergeht.

Die Kontrolle an eine andere Person abzugeben, ist riskant. Denn wer weiß schon, was die andere Person hinter unserem Rücken treibt! Die Kontrollprämie spiegelt unsere Unsicherheit wider, was das Wissen, die Vorurteile, die Absichten und die Eigeninteressen der anderen Person betrifft, sowie das potenzielle Leid, das wir erfahren könnten, wenn etwas schief geht. Je mehr bei der Entscheidung auf dem Spiel steht, desto größer ist das Leid, das wir erfahren, wenn die andere Person nicht in unserem Interesse handelt, und desto weniger sind wir bereit, die Kontrolle abzugeben. Mit anderen Worten: Die Kontrollprämie basiert auf der Ungewissheit, die Kontrolle zu verlieren, und wird mit dem potenziellen Leid des schlechtesten Ergebnisses multipliziert.

Letztendlich delegieren wir eine Aufgabe, wenn der Wert, die Kontrolle zu behalten, geringer ist als der Wert des Delegierens, MINUS der Kontrollprämie. In einer effizienten Welt würden wir jedoch delegieren, wenn der Wert, die

Kontrolle zu behalten, einfach geringer ist als der Wert des Delegierens. Die Kontrollprämie stellt einen Effizienzverlust dar, der entsteht, weil wir von Natur aus zögern, die Kontrolle abzugeben. Im Grunde „bezahlen" wir also bewusst dafür, die Kontrolle zu behalten. Diese Abneigung, Entscheidungen zu delegieren, kann weitreichende Folgen haben und zu suboptimalen Ergebnissen für Einzelpersonen, Unternehmen und die Gesellschaft als Ganzes führen.

Wir zögern oft, Aufgaben an andere Menschen abzugeben. Aber was ist, wenn wir anstelle von Menschen an KI delegieren könnten? Im vorherigen Abschnitt haben wir uns die Vorteile von KI-Beratungssystemen angesehen. Beratungssysteme wie interaktive Entscheidungshilfen, Empfehlungssysteme und algorithmische Beratungen geben Menschen Anleitung und Ratschläge, aber die letzte Entscheidung wird immer noch von einer Person getroffen.

Doch mit dem Fortschritt der KI haben wir nun die Möglichkeit, Aufgaben an autonome KI zu delegieren. Diese sogenannten performativen Systeme sind in der Lage, ihre eigenen Entscheidungen zu treffen, ohne dass der Mensch eingreifen muss. Sie sind in der Lage, selbstständig zu arbeiten und werden zu einem immer wichtigeren Teil unseres Lebens – von selbstfahrenden Autos bis hin zu persönlichen Assistenten, die für uns langweilige Aufgaben übernehmen. Mit dem Aufstieg der performativen KI kannst du alle möglichen Aufgaben an deinen persönlichen KI-Assistenten delegieren - vom Buchen von Terminen bis zum Schreiben von E-Mails.

Nimm nur das Beispiel des Google Assistenten. Als das System der Öffentlichkeit vorgestellt wurde, betonte Google, wie der Assistent auf Anfragen hin den ein Friseur oder eine Friseurin selbstständig anrufen und auf natürliche Weise mit der Person sprechen kann, um einen Termin zu vereinbaren, der sowohl den eigenen als auch den Kalender des Frisiersalons berücksichtigt.

Klingt erst einmal gut. Aber würdest du Aufgaben an performative KI delegieren? Wie verändert KI unsere Wahrnehmung von Kontrolle und damit auch unsere Bereitschaft, Entscheidungen und Aufgaben zu delegieren? Da das Thema der autonomen KI erst seit Kurzem an Bedeutung gewinnt, gibt bisher kaum evidenzbasierte Antworten auf diese Fragen. Deshalb haben wir selbst untersucht, wie KI unser Delegationsverhalten verändert. Dazu haben wir ein paar Experimente, in denen die Teilnehmenden Entscheidungen zu kleinen Investitionen entweder an andere Menschen oder an KI delegieren konnten. Unsere Ergebnisse waren verblüffend. Wenn die Teilnehmenden die Option hatten, an KI zu delegieren, war die schädliche Kontrollprämie geringer. Mit anderen Worten: Mit KI trafen unsere Teilnehmenden unterbewusst effizientere Delegationsentscheidungen und delegierten mehr Aufgaben als die Teilnehmenden, die an einen Menschen delegieren konnten. Je riskanter die Entscheidung war, desto größer wurde der Unterschied in der Bereitschaft unserer Teilnehmenden, an KI und an Menschen zu delegieren. Mit anderen Worten, insbesondere für riskante Entscheidungen, d.h. wenn es für uns wirklich wichtig ist, kann KI uns helfen Kontrolle abzugeben und an Experten(-systeme) zu übergeben.

Aber warum verbessern sich die Delegationsentscheidungen, wenn wir mit KI interagieren? Die Ergebnisse unserer Experimente zeigen, dass die Antwort im Unterschied zwischen objektiver Kontrolle und subjektivem Kontrollgefühl liegt. Wenn wir an KI delegieren, haben wir das Gefühl, dass wir immer noch die Kontrolle haben, auch wenn das objektiv nicht der Fall ist. Stell dir vor du stehst in der Küche und bist bereit, dein Lieblingsgericht für die nächste Geburtstagsparty zu kochen. Du hast alle Zutaten vor dir liegen und willst gerade loslegen, als dir eine geniale Idee kommt: Warum delegierst du die Aufgabe nicht an jemand anderen, damit du dich auf wichtigere Aufgaben konzentrieren kannst, um die Party in die Gänge zu bringen? Also gibst du das Rezept an deine Freundin oder deinen Freund weiter und bittest die Person, es auszuprobieren. Während sie loslegt, wirst du ein bisschen nervös. Du bist dir nicht sicher, ob die Person sich genau an das Rezept hält, also die richtigen Mengen verwendet, die Schritte in der richtigen Reihenfolge ausführt und die richtigen Temperaturen verwendet. Vielleicht denkst du sogar, dass die Person nicht mit ganzem Herzen dabei sein wird – schließlich hast du gerade erfahren, dass bei ihr auf der Arbeit recht viel los ist. Kurz gesagt, du bist unsicher, ob das Endergebnis genauso lecker sein wird, wie du weißt, dass es sein könnte. Du hast das Gefühl, die Kontrolle über die Situation verloren zu haben. Stellen wir uns dieselbe Situation noch einmal vor, aber diesmal hast du beschlossen, die Aufgabe an deinen vertrauenswürdigen Thermomix zu delegieren. Du gibst das Rezept ein und lässt die Maschine ihr Ding machen. Während sie vor sich hin rattert und summt, fühlst du ein Gefühl der Kontrolle, da du weißt, dass sie die Anweisungen genau befolgen wird. Schließlich fühlst du dich immer noch in Kontrolle über die Aufgabe.

Wer genau hinschaut, stellt fest, dass wir in keiner dieser Situationen objektiv die Kontrolle hatten. Wie unsere Forschung zeigt, kann unsere Wahrnehmung von Kontrolle jedoch davon beeinflusst werden, an wen oder was wir eine Aufgabe delegieren. Es geht um unser subjektives Gefühl der Kontrolle, nicht darum, tatsächlich die Kontrolle zu haben. Wenn es um KI geht, haben wir das Gefühl, mehr Kontrolle zu haben, auch wenn wir den Prozess nicht wirklich kontrollieren. Das liegt daran, dass KI-Systeme als weniger willensstark oder handlungsfähig wahrgenommen werden als andere Menschen. Daher untergräbt das Delegieren von Aufgaben an KI nicht unser eigenes Gefühl der Handlungsfähigkeit, in der Art und in dem Umfang, wie es das Delegieren von Aufgaben an andere Menschen tut.

Eine kürzlich durchgeführte Studie zu Computerspielen zeigt ähnliche Ergebnisse. Während die Teilnehmenden ein Spiel spielten, erhielten sie Hilfe von zwei verschiedenen digitalen Assistenten: Für die Hälfte der Teilnehmer war der digitale Helfer vermenschlicht, für die andere Hälfte waren es rein funktionale Fakten. Während die SpieldesignerInnen davon ausgingen, dass der vermenschlichte digitale Helfer beliebter sein und besser akzeptiert werden müsste, war das Gegenteil der Fall. Tatsächlich waren die SpielerInnen eher bereit, sich von einem sehr funktionalen Helfer während des Spiels unterstützen zu lassen. Warum ist das so? Auch hier gilt: Wenn der Assistent nicht vermenschlicht ist, bleibt das Gefühl der Autonomie der Spieler intakt. Anders ausgedrückt: Sie hatten immer noch das Gefühl, Kontrolle über das Spiel zu haben, was in diesem Fall zu einer größeren Freude am Spiel und an der Beratung führte!

Okay, aber hier ist der Haken: KI-Systeme haben vielleicht keine eigenen Absichten, aber sie arbeiten auch nicht in einem Vakuum. Meistens werden KI-Systeme von Unternehmen oder Organisationen eingerichtet, die mit diesen Systemen ihre eigenen Ziele und Absichten verfolgen. Auch wenn KI selbst nicht von bestimmten Wünschen oder Ambitionen angetrieben wird, handelt sie dennoch im Dienste eines größeren Ganzen. Nimm zum Beispiel den Thermomix. Er ist nur eine Maschine, ohne eigene Wünsche oder Ziele. Aber die Menschen, die ihn entworfen und gebaut haben, könnten alle möglichen Motivationen und Absichten gehabt haben. Vielleicht wollten sie das energieeffizienteste Küchengerät auf dem Markt bauen und haben dafür den Geschmack geopfert. Oder sie wollten sichergehen, dass ihre eigenen Rezepte immer die besten sind (auch wenn das bedeutet, die Programmierung der Maschine ein wenig zu verändern). Verstehst du, worauf wir hinauswollen? Technisch gesehen sollte das Delegieren einer Entscheidung an eine KI eben auch Unsicherheit über die Absichten und Zielsetzungen mit sich bringen.

Also haben wir eine weitere Studie durchgeführt, aber dieses Mal haben wir unseren Teilnehmenden klar gemacht, dass sowohl der Mensch als auch die KI im Namen eines Unternehmens handeln. Hat das einen Unterschied bei den Delegationsentscheidungen gemacht? Tatsächlich nicht! Selbst als unseren Teilnehmenden dies deutlich machten, waren sie immer noch eher bereit, ihre Entscheidungen an KI zu delegieren als an Menschen. Das zeigt, dass unsere Überzeugung, dass nur Menschen, nicht aber Maschinen, mit Absicht handeln können, zu Unsicherheit über die Ziele anderer Personen führt. Dies wiederum führt dazu, dass Menschen einen größeren Nutzen verlangen, bevor sie menschlichen Beratenden Aufgaben anvertrauen, im Vergleich zu KI-Beratern. Letztendlich haben wir bei der Delegation an KI das Gefühl, nicht so viel Kontrolle zu verlieren wie bei Menschen, selbst wenn beide im Auftrag von jemand anderem handeln.

Insgesamt hat die Delegation an performative KI das Potenzial, extrem befähigend zu sein. Endlich haben wir die Chance, uns auf das zu konzentrieren, was wirklich wichtig ist. Stell dir vor, du kannst deinem Google Assistent sagen, er soll einen Friseursalon anrufen und einen Termin vereinbaren – und das alles mit einer menschenähnlichen Stimme! Oder ChatGPT kann dir helfen, E-Mails schneller und stressfreier zu schreiben. Der Nest Thermostat kann sogar deine Temperaturvorlieben lernen und sich entsprechend anpassen! Mit diesen Tools kannst du deine Zeit und Energie auf Dinge konzentrieren, die dir wirklich am Herzen liegen. Wenn du solche Aufgaben an KI delegierst, sparst du nicht nur Zeit, sondern bekommst auch ein Gefühl der Selbstbestimmung. Indem du nicht alles selbst machen musst, kannst du dich auf Aktivitäten konzentrieren, die du genießt oder in denen du gut bist. Das kann dazu beitragen, dass du zufriedener mit deinem Leben bist und dein Selbstwertgefühl steigt. Es gibt jedoch einen schmalen Grat zwischen Delegieren und übermäßigem

Verlassen auf KI. Zu viel Delegation kann dazu führen, dass wir Aufgaben nicht mehr selbst erledigen können, was sich am Ende negativ auf unsere Selbstwirksamkeit und unser Gefühl der Kontrolle auswirkt. Deshalb ist es wichtig, dass wir das richtige Gleichgewicht finden und sicherstellen, dass wir nicht zu sehr von der KI abhängig werden und dadurch unsere eigenen Fähigkeiten ersetzen.

WIE KI UNSERE KREATIVITÄT ENTFESSELT: DIE KUNST, KUNST MIT KI ZU ERSCHAFFEN

Wir leben in einer Welt, in der Technologie Bilder erzeugen kann, die so realistisch sind, dass sie von der Wirklichkeit nicht mehr zu unterscheiden sind. Eine Welt, in der alles, was du dir vorstellen kannst, mit nur wenigen Klicks zum Leben erweckt werden kann. Das ist die Welt der generativen KI, die unsere Vorstellung von Kreativität und dem Wert menschlicher Talente rapide verändert. Sie wird schnell vergleichbar oder, wie manche behaupten, besser als die durchschnittliche menschliche Kreation und ist zudem schneller und billiger. Generative KI verändert die kreative Landschaft auf bemerkenswerte Weise und revolutioniert die Arbeitsweise von KünstlerInnen, SchriftstellerInnen und MusikerInnen. Indem sie riesige Datenmengen nutzen, können generative KI-Algorithmen neue und originelle Werke schaffen, die sowohl innovativ als auch faszinierend sind.

In der Kunstwelt wird generative KI immer beliebter, um beeindruckende visuelle Werke zu schaffen. Mit KI-generierten Gemälden und Skulpturen wird die kreative Landschaft revolutioniert. Durch den Einsatz von Machine-Learning-Techniken können KI-Modelle vorhandene Kunstwerke analysieren und einzigartige Stücke im Stil berühmter Künstlerinnen und Künstler schaffen oder sogar ganz neue Stile entwickeln. Auch in der Welt der Musik verändert generative KI die Art und Weise, wie wir Klänge erzeugen und erleben. Mit KI-generierten Kompositionen können Musikerinnen und Musiker neue Genres und Stile erforschen und Elemente aus verschiedenen Musiktraditionen kombinieren, um innovative und fesselnde Stücke zu produzieren. Auch in der Literaturwissenschaft schlägt generative KI bereits hohe Wellen. Mit Sprachmodellen, die zusammenhängenden und nuancierten Text generieren können, können Autorinnen und Autoren jetzt Teile des kreativen Prozesses automatisieren und so Werke produzieren, die nicht nur atemberaubend, sondern auch einzigartig sind.

Während einige befürchten, dass generative KI die menschliche Kreativität ersetzen könnte, sehen viele KünstlerInnen und Kreative in ihr ein mächtiges Werkzeug, mit dem sie ihre eigene Arbeit bereichern und verbessern können. Durch die Zusammenarbeit mit KI-Modellen können KünstlerInnen die Grenzen ihres Handwerks erweitern, neue Möglichkeiten erschließen und Werke schaffen, die zuvor unvorstellbar waren.

Die Ergebnisse einer aktuellen Studie haben gezeigt, dass KI die menschliche Kreativität tatsächlich steigern kann. In der Studie wurde 50 Designstudentinnen und Designstudenten ein KI-Partner zur Seite gestellt, mit dem sie während einer Designaufgabe zusammenarbeiten sollten, und die Ergebnisse waren erstaunlich. Das KI-Tool half den Studierenden, mehr Ideen zu entwickeln und die sogenannte „Design Fixation" zu überwinden – also die Tendenz, bei den ersten Ideen, die einem in den Sinn kommen, stecken zu bleiben. Im Wesentlichen förderte das Tool eine offene Herangehensweise an das Design und ermöglichte sowohl „kombinatorische Kreativität" (Hinzufügen von Struktur zu den ursprünglichen Designs) als auch „transformatorische Kreativität" (Inspiration von neuen Eigenschaften aus einem vollständig anderen Designraum).

Aber das ist nicht nur eine Einbahnstraße. Es stellt sich heraus, dass auch der Mensch die Kreativität der KI förder kann. Aktuelle Studien zeigen, dass eine Zusammenarbeit von Menschen und KI bei kreativen Aufgaben oft zu besseren Ergebnissen führt, als die Arbeit von KI allein. Wie das möglich ist? Selbst wenn Kunstwerke von KI und menschlichen KünstlerInnen nicht zu unterscheiden sind, können die Einstellungen und Vorurteile von Menschen gegenüber maschinell erstellter Kunst deren Wahrnehmung stark beeinflussen. In einer Online-Umfrage mit 446 Teilnehmenden haben Forscherinnen und Forscher beispielsweise kürzlich untersucht, wie Menschen kreative Inhalte wahrnehmen, die von KI geschaffen wurden.

Die Ergebnisse zeigen, dass Menschen Musik, die von KI erstellt wurde, negativ bewerten und sie diese nicht kaufen würden. Wenn die Teilnehmenden jedoch erfuhren, dass an der Entstehung ein menschlicher Musikprofi beteiligt war, verschwanden ihre Vorurteile. Eine andere Forschergruppe verglich die Reaktionen von Menschen auf kreative Inhalte, die ausschließlich von KI erstellt wurden, mit denen, die Mensch und KI gemeinsam erschufen. Und die Ergebnisse waren faszinierend. Computerprogramme waren in der Lage, Gedichte zu schreiben, die genauso gut waren wie die von Menschen geschriebenen, und die Menschen lasen sie sogar gerne. Doch sobald ein Mensch in den kreativen Prozess involviert war, dachten die Teilnehmer, dass die Gedichte von einem Menschen geschrieben wurden und die wahrgenommene Qualität der Gedichte verbesserte sich sogar. Mit anderen Worten: Die Wahrnehmung der KI-Kreativität wird stark davon beeinflusst, ob ein Mensch am kreativen Prozess beteiligt ist oder nicht.

Wie funktioniert also die Kreativität, die durch generative KI freigesetzt wird?

Nehmen wir das Beispiel visueller Kunstwerke. Zu Beginn muss ein Mensch dem generativen KI-Modell eine Eingabeaufforderung geben, ein sogenannter Prompt. Ein Prompt ist ein Satz mit 400 Zeichen oder weniger, der beschreibt, was wir von KI wollen. Die Qualität des Prompts hat einen großen Einfluss auf die Qualität des Outputs. Wir Menschen müssen hier also kreativ werden, und die Erstellung von qualitativ hochwertigen Ergebnissen durch generative KI wird zu einer hochgeschätzten Fähigkeit. Es gibt sogar einen neuen Beruf, der die Zukunft der Kreativität prägen könnte – die „Prompt Engineers" oder „Prompt Artists". Diese digitalen ZauberInnen sind dafür verantwortlich, die Prompts zu formulieren, die die KI-Modelle zum Erstellen von Bildern, Videos und vielem mehr anregen. Aber was muss man tun, um ein Prompt Engineer zu werden? Es ist ein bisschen wie bei einer Komponistin oder einem Komponisten, nur dass du anstatt Musik zu schreiben, die Noten schreibst, denen die KI folgt.

Es gibt bereits ein 82-seitiges Buch mit Bild-Prompts zu DALL-E 2 und sogar einen Prompt-Marktplatz, auf dem du von anderen erstellte Prompts kaufen kannst. Klar ist, dass dieser Bereich schnell wächst. PromptBase zum Beispiel ist ein einzigartiger Marktplatz, auf dem KünstlerInnen Prompts verkaufen können, die einfache Bilder wie Emoticons, Logos, Icons, Avatare und sogar Spielwaffen erzeugen. Diese Prompts sind einfach zu verwenden und können leicht an deine Bedürfnisse angepasst werden. Und das Beste daran? Du kannst mehrere Versionen desselben Bildes mit nur einem Prompt erstellen.

Die Prompts auf PromptBase kosten nur wenige Dollar, was angesichts des Aufwands, der in die Erstellung eines guten Prompts geht, ein Schnäppchen ist. Denn ein guter Prompt beinhaltet nicht nur das Motiv, sondern auch die Beleuchtung, den Blickwinkel, die Emotion, die Farbpalette, den Grad der Abstraktion und sogar ein Referenzbild zur Nachahmung.

Aber selbst mit all diesen unglaublichen Hilfsmitteln, die uns zur Verfügung stehen, kann es immer noch eine Herausforderung sein, den perfekten Prompt zu finden.

Sobald das Modell den Inhalt generiert hat, kann ein Mensch es sorgfältig bewerten und bearbeiten, um etwas wirklich Einzigartiges und Außergewöhnliches zu schaffen. Jason Allen ist ein gutes Beispiel: Er hat mit Hilfe eines generativen KI-Modells einen Wettbewerb in Colorado zum Thema „digital manipulierte Fotografie" gewonnen. Er verbrachte über 80 Stunden damit, die Ergebnisse des Modells zu verfeinern und probierte über 900 verschiedene Versionen seiner Kunst aus, bis er die richtige gefunden hatte. Aber selbst dann war er noch nicht fertig. Allen setzte weitere KI-Tools ein, um die Qualität und Schärfe des Bildes weiter zu verbessern, bevor er es schließlich auf Leinwand druckte.

Es ist ein bisschen wie bei einem Zauberspruch. Du beginnst damit, die geheimen Formeln zu flüstern, die in der Vergangenheit funktioniert haben, und fügst sie dem Prompt hinzu. Wiederhole den Vorgang, bis du eine Sammlung von Bildern hast, die vielversprechend sind. Jetzt musst du gnadenlos sein und nur die allerbesten Bilder auswählen. Als nächstes nutzt du deine künstlerische Fähigkeit, um das Beste aus den vielversprechendsten Bildern herauszuholen. Du bittest die KI, das Bild in bestimmte Richtungen über seine aktuellen Grenzen hinaus zu erweitern, entfernst Teile, die nicht funktionieren, und schlägst Ersatzteile vor, die von der KI mit weiteren Formeln (sogenanntem „Inpainting") ausgefüllt werden sollen. Sobald die KI nicht mehr weiterkommt, migrierst du das Bild in Photoshop oder in eine andere Fotosoftware für letzte Feinheiten. Es ist nicht ungewöhnlich, dass ein einziges Bild 50 Schritte benötigt. Aber der Prozess zeigt, wie wichtig die Zusammenarbeit von Mensch und KI ist und führt uns vor Augen, dass selbst die fortschrittlichste Technologie immer noch unsere Anleitung und unser Fachwissen braucht.

Lass uns diesen Prozess anhand eines Beispiels veranschaulichen. Stell dir vor, du möchtest ein Bild eines Menschen haben, der einen Roboter zeichnet. Eine einfache Eingabeaufforderung wie „Illustration eines Menschen, der einen Roboter zeichnet" in DALL-E 2 ergibt folgende Ergebnisse:

Nicht gerade ein Meisterwerk, oder?! Keine Sorge, das können wir ändern! Mit einer kleinen Änderung unserer Aufforderung können wir ein einfaches Bild in ein wahres Meisterwerk verwandeln. Diesmal versuchen wir es mit „Illustration eines Menschen von hinten, der auf einer Leinwand ein strahlendes Gemälde eines Roboters auf weißem Hintergrund malt, digitale Kunst, Modeillustration inspiriert von Vogue". Ta-da! Sieh dir diese atemberaubenden Ergebnisse an:

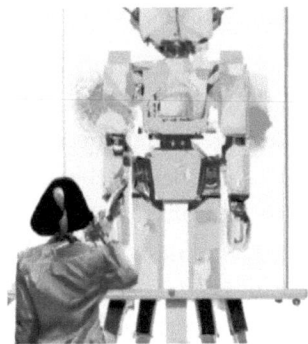

Ein Profi im Prompting zu sein, ist wie ein Upgrade von einer Finger-Malerei zu einem Michelangelo der KI – es macht den entscheidenden Unterschied! Wie bei jeder anderen künstlerischen Fähigkeit braucht es Übung und Geduld, um die Feinheiten des Promptings zu beherrschen, denn es kommt wirklich auf den Prompt an.

Die besten Ergebnisse sind das Ergebnis langer Gespräche zwischen Mensch und Maschine. Um der KI zu sagen, bestimmte Aufgaben auszuführen, braucht es jedoch eine gute Mischung aus Überzeugungskraft und Geduld. Befehle wie „schattiere diesen Bereich", „verbessere diesen Teil" und „mach es dezenter" werden nur widerwillig befolgt. Die KI muss regelrecht überredet werden. Diejenigen, die die Algorithmen beherrschen, können Bilder mit visueller Kühnheit und Kohärenz produzieren, die oft um ein Vielfaches besser sind als die der grossen Masse und sich von der Flut an Details abheben, die die KI oft generiert.

In der Welt der KI-generierten Kunst hüten einige Künstlerinnen und Künstler ihre Prompts wie streng geheime Rezepte, während andere den Prozess als eine spannende kreative Reise betrachten. Robyn Miller, der Kopf hinter dem Spieleklassiker Myst, postet jeden Tag ein neues KI-generiertes Meisterwerk und sagt, dass in der Kreation dieser Werke eine Kunst liegt, die selbst ihn überrascht hat. Andere Künstlerinnen und Künstler wie Klingemann glauben, dass alle Bilder bereits existieren und die Kunst darin besteht, sie zu entdecken, anstatt die Prompts zu teilen, die zu ihrer Erstellung geführt haben. Klar ist, diese KI-Tools werden die Kreativbranche grundlegend verändern.

Wie der beschriebene Prozess zeigt, sind KI-Generatoren keine Bedrohung für kreative Berufe, sondern Partner und Transformatoren. Schon in der Vergangenheit hat die Technologie oft die menschliche Arbeit ergänzt und verändert. So befürchtete man zum Beispiel, dass die Erfindung des Fotoapparats in den 1800er Jahren PorträtmalerInnen arbeitslos machen würde; mit dem Aufkommen der Smartphones und der Amateurfotografie befürchtete man, dass professionelle Fotografinnen und Fotografen ihre Jobs verlieren würden. Aber anstatt Menschen Arbeit wegzunehmen, hat Technologie stets unsere Arbeit verändert. Denk einfach mal darüber nach: Wer hätte vor 100 Jahren davon geträumt, eine Influencerin oder ein Influencer zu werden? Und wer hätte vor ein paar Jahren daran gedacht, ein „Prompt Engineer" zu werden? Du siehst, KI ist nicht dazu da, die menschliche Kreativität zu ersetzen. Sie wird sie verändern. Sie wird verändern, wie wir gestalten, nicht aber auf eine schlechte Art und Weise. KI wird die alltäglichen, sich wiederholenden und gewöhnlichen kreativen Aufgaben übernehmen. Das ist eine große Sache, denn sie ermöglicht es uns, alltägliche kreative Tätigkeiten auf Abruf, in Echtzeit, in großem Umfang und zu viel niedrigeren Preisen zu erledigen.

Letztendlich entsteht wahre Magie, wenn menschliche Künstlerinnen und Künstler mit KI zusammenarbeiten, um ihre Visionen zum Leben zu erwecken. Es ist eine Partnerschaft, die ein Verständnis für die einzigartigen Stärken und Grenzen sowohl des Menschen als auch der Technologie erfordert. Dank der Fähigkeit der KI, schnell eine Vielzahl von Möglichkeiten zu generieren, können sich die Kunstschaffenden auf die Verfeinerung und Verbesserung ihrer Kreationen konzentrieren. Es ist, als hätte man ein Team von assistierenden Personen, welches die alltäglichen Aufgaben erledigt, während sich der Mensch auf die wirklich kreativen Aspekte seiner Arbeit konzentriert. Kurz gesagt: Es ist entfesselte Kreativität!

KAPITEL 4

DAS GROSSE ABER: DIE VERBORGENEN RISIKEN EINER SCHEINBAR PERFEKTEN PARTNERSCHAFT

Wir alle kennen die Versprechen, dass KI unser Leben revolutionieren und die Welt verbessern wird, aber es gibt auch eine andere Seite dieser glänzenden, High-Tech Medaille. Willkommen bei der dunklen Seite unserer Partnerschaft mit KI. In diesem Kapitel werden wir ansehen und aufzeigen, wie KI uns mehr Schaden als Nutzen zufügen kann.

Wir werden insbesondere erörtern, wie KI-Verzerrung und Diskriminierung bestehende Ungleichheiten in der Gesellschaft verstärken können. Das passiert, wenn KI-Systeme auf verzerrten Daten trainiert werden und dadurch lernen, bestimmte demografische Merkmale mit bestimmten Eigenschaften oder Verhaltensweisen in Verbindung zu bringen, auch wenn diese Merkmale eigentlich in keinem kausalen Zusammenhang stehen. Dies kann zu sich selbst erfüllenden Prophezeiungen führen und weitere Ungleichheiten schaffen oder verschärfen.

Wir werden besprechen, wie Filterblasen entstehen, wenn KI-Algorithmen Inhalte basierend auf unserem Online-Verhalten personalisieren und dadurch unsere Exposition gegenüber neuen Ideen und Perspektiven begrenzen können. Während diese Personalisierung bequem erscheinen mag, bedeutet dies auch, dass wir nur einen engen und homogenen Einblick in die Welt bekommen, was unser Verständnis und Wissen zu anderen Perspektiven klar einschränkt.

Das bringt uns zum nächsten Punkt: Wie verändert KI unsere Art zu denken und Probleme zu lösen? Wir werden kritisch diskutieren, wie KI-Systeme unser Verhalten und unsere Emotionen auf subtile Weise manipulieren können. Das kann passieren, wenn KI-Systeme Inhalte und Ergebnisse auf Engagement und Klickraten hin optimieren, oft auf Kosten unseres Wohlbefindens. Dies kann zu einem sogenannten „Mind Hacking" führen: KI-Systeme können unsere Gedanken, Gefühle und sogar unsere Überzeugungen verändern, ohne dass wir es überhaupt merken.

Und wir werden uns ansehen, was passiert, wenn wir uns zu sehr auf Google und andere Suchmaschinen verlassen, um uns Dinge zu merken. KI-Systeme machen es uns zwar leichter, schnell auf Informationen zuzugreifen, aber sie können unser Gedächtnis beeinträchtigen. Wenn wir uns darauf verlassen, dass KI sich Dinge für uns merkt, ist es unwahrscheinlicher, dass wir uns an Informationen erinnern, und das kann unsere kognitiven Fähigkeiten und die allgemeine Gehirnfunktion beeinträchtigen.

Und schließlich werden wir untersuchen, wie die Delegation von zu vielen Aufgaben an KI und das Überlassen von Tätigkeiten, die einst menschliche Anstrengung und Fähigkeiten erforderten, dazu führen könnte, dass wir faul und unfähig werden. Wir schauen uns also die Auswirkungen, die KI auf die menschliche Zusammenarbeit hat, genauer an und was es mit dem menschlichen „Entqualifizierung" auf sich hat.

Von algorithmischer Verzerrung und Diskriminierung bis hin zu Filterblasen, KI als Mind Hacker und dem Google-Effekt auf das Gedächtnis – wir werden uns mit den sehr realen Gefahren befassen, die mit einer zu starken Abhängigkeit von unserem neuen besten Freund, KI, verbunden sind. Warum tun wir das alles? Eine kritischere Sichtweise kann uns dabei helfen, uns bewusster darüber zu sein, wie KI uns beeinflusst, und sicherstellen, dass wir KI angemessen und verantwortungsbewusst nutzen.

DIE UNBEQUEME WAHRHEIT DER KI: WARUM ALGORITHMEN NICHT NEUTRAL SIND

Es ist kein Geheimnis, dass Menschen nicht immer neutral und unvoreingenommen sind. Tatsächlich sind viele unserer Entscheidungen von persönlichen Vorurteilen und kognitiven Verzerrungen geprägt. So wurde beispielsweise gezeigt, dass Entscheidungen von Richtern und Richterinnen durch persönliche Ansichten beeinflusst werden, und Unternehmen manche Bewerbende allein aufgrund ihres Namens, der auf eine bestimmte ethnische Gruppe hindeuten kann, weniger häufig für ein Vorstellungsgespräch einluden. Und man darf auch nicht außer Acht lassen, wie Menschen Informationen für ihre Entscheidungen missbrauchen und falsch auslegen können. Vielleicht hast du zum Beispiel schon davon gehört, dass manche Arbeitgebende die Bonität von Bewerbenden zur

Beurteilung ihrer Leistungen heranziehen, und das, obwohl es nachweislich keinen Zusammenhang zwischen Bonität und Arbeitsleistung gibt. Gerade für Minderheiten kann das ungerecht sein und zu einer ungleichen Ausgangslage führen. Am Ende ist es jedoch schwierig, genau herauszufinden, was in den Entscheidungsprozess einer Person eingeflossen ist. Manchmal sind die Verantwortlichen nicht ganz ehrlich in Bezug auf das, was sie alles in Erwägung gezogen haben, aber oft sind sie sich dessen einfach gar nicht bewusst. All das kann eine Menge Raum für unbewusste Benachteiligungen und Verzerrungen im Entscheidungsverhalten lassen.

Aber all diese Probleme gehören Dank KI der Vergangenheit an! Die impliziten kognitiven Verzerrungen des Menschen können von nun an durch KI beseitigt werden. Denn KI-Systeme sind besser darin, große Mengen an Informationen zu verarbeiten und Muster zu erkennen. Anders als Menschen, die dazu neigen, Entscheidungen durch Heuristiken zu vereinfachen, kann KI eine große Anzahl von Beobachtungen einer ebenso großen Anzahl von Variablen berücksichtigen, um genaue und datengestützte Vorhersagen zu treffen. Damit kann KI fairere Bewertungen liefern, menschliche Verzerrungen umgehen und letztendlich Diskriminierung reduzieren – oder sogar eliminieren... jedenfalls dachten wir das. Je mehr wir aber über die Funktionsweise heutiger Algorithmen erfahren, desto klarer wird, dass die Realität etwas anders aussieht.

Leider deutet nämlich vieles darauf hin, dass Algorithmen systematische Verzerrungen beibehalten oder sogar verstärken können, die typischerweise bei der menschlichen Entscheidungsfindung auftreten. Viele KI-Systeme greifen menschliche Verzerrungen und Biases auf, die bereits in den Trainingsdaten enthalten sind. Kurz gesagt: Kommt Schrott rein – kommt auch Schrott raus! Wenn also die Trainingsdaten verzerrt sind, sind auch die Ergebnisse von KI-Systemen verzerrt. Und dieser vollständige und unverzerrte Datensatz, den wir für objektive, rationale und neutrale Ergebnisse eigentlich brauchen, existiert leider nicht. Die Daten, die wir zum Trainieren von KI verwenden, wurden von Menschen generiert und beeinflusst, die sicher nicht immer einwandfreie Entscheidungen getroffen haben, oder von größeren Systemen der Ungleichheit, die sich im Laufe der Zeit entwickelt haben.

Ein Algorithmus, der auf einem Datensatz trainiert wird, in dem die Leistung von Männern besser bewertet wird als die von Frauen, wird beispielsweise das Geschlecht als Faktor bei der Vorhersage zukünftiger Leistungen von Mitarbeitenden verwenden. Wenn die Assoziation im Trainingsdatensatz nun aber auf Vorurteile der Führungskräfte zurückzuführen ist und es in Wahrheit keinen Zusammenhang zwischen Geschlecht und Leistung gibt, hat ein Algorithmus keine Möglichkeit, dieses Muster zu erkennen. Er wird daher diese unfaire Benachteiligung unbehelligt übernehmen. Gleiches gilt, wenn in der Vergangenheit bestimmten ethnischen Gruppen häufiger Kredite verweigert wurden: Das KI-System wird dieses Muster in den Daten „aufspüren" und kopieren. Das System kann statistische Korrelationen erkennen, die gesellschaftlich inakzeptabel oder illegal sind. Es tut dies natürlich nicht, weil es an sich böse ist (KI-Systeme haben keine Moral), sondern weil es auf Grundlage der verfügbaren Daten versucht, die beste Vorhersage zu treffen.

Leider gibt es bereits einige dokumentierte Fälle von algorithmischer Diskriminierung. Der COMPAS Algorithmus zum Beispiel wird in den Vereinigten Staaten eingesetzt, um die Wahrscheinlichkeit einer erneuten Straffälligkeit bestimmter auf Bewährung freigelassener Personen vorherzusagen. Forschende deckten auf, dass COMPAS rassistisch verzerrt war: dunkelhäutige Personen wurden demnach häufig als rückfallgefährdet eingestuft, obwohl sie es nicht waren. Auch Amazon musste die Entwicklung eines KI-Systems zur Personalbeschaffung stoppen, nachdem sich herausstellte, dass das System Lebensläufe benachteiligte, die das Wort „Frauen" enthielten. Selbst wenn Unternehmen versuchen, demografische Informationen wie beispielsweise das Geschlecht vor solchen Algorithmen zu verbergen, sind diese Informationen meist in sogenannten Stellvertretervariablen (wie dem Namen oder der Postleitzahl) enthalten.

Die Liste an Beispielen diskriminierender KI ist damit also leider noch nicht am Ende. Gesichtserkennungssysteme, die bei der Strafverfolgung eingesetzt werden und für unsere Sicherheit sorgen sollen, haben Probleme damit, Gesichter von Frauen und dunkelhäutigen Personen akkurat zu erkennen; Natural Language Processing-Algorithmen kodieren auf geschlechtsspezifische Weise. Und damit nicht genug: Wenn du einen Namen hast, der nach dunkelhäutiger Herkunft klingt, und danach suchst, werden dir eher Verhaftungsprotokolle angezeigt. Und wenn du eine Frau bist, wirst du seltener Anzeigen für hoch bezahlte Jobs sehen. Selbst wenn Anzeigen neutral formuliert sind, priorisieren Algorithmen Männer für Stellenausschreibungen in den Bereichen Mathematik, Informatik, Naturwissenschaft, und Technik (MINT).

Es liegt auf der Hand, dass solche Verzerrungen in KI-Systemen schwerwiegende Folgen sowohl für die diskriminierten Einzelpersonen als auch für die Gesellschaft als Ganzes haben. Es untergräbt die Fähigkeit der Menschen, uneingeschränkt an Wirtschaft und Gesellschaft teilzunehmen. Überleg mal: Frauen, die die Stellenausschreibung für einen gut bezahlten Job in den Natur- oder Ingenieurwissenschaften nie zu Gesicht bekommen, werden sich auch nicht bewerben, selbst wenn sie genauso gut für die Stelle geeignet wären wie ein Mann, der die Anzeige zu Gesicht bekommt. Auch wenn die Förderung von Frauen in MINT-Fächern in einer Gesellschaft eine Priorität sein mag, kann der Einsatz von KI-Systemen, die auf der Grundlage von verzerrten Daten trainiert werden oder die für das „falsche" Ergebnis optimiert sind, die Diskriminierung in großem Umfang aufrechterhalten und sogar verstärken.

Aber wie verstärkt KI sogar Diskriminierung?

Stell dir doch einmal vor, du willst auf dem Immobilienmarkt das ganz große Geld machen. Du beschließt, die neueste und beste KI einzusetzen, die dir sagt, in welchen Vierteln die Immobilienwerte im nächsten Jahr steigen werden. Du fütterst die KI mit Bergen von Daten, darunter Informationen über die Demografie einzelner Stadtteile, die Qualität der örtlichen Schulen und andere Faktoren, die sich auf die Immobilienwerte auswirken könnten. Was du aber nicht ahnst: Die Daten, mit denen du das Modell gefüttert hast, sind verzerrt. Auch diese unscheinbaren Immobilien-Informationen spiegeln Vorurteile und Verzerrungen unserer Gesellschaft wider. So beginnt das Modell beispielsweise, bestimmte demographische Merkmale mit niedrigeren Immobilienwerten in Verbindung zu bringen, auch wenn diese Merkmale in keinem kausalen Zusammenhang mit den Immobilienwerten stehen.

Mit den Vorhersagen des KI-Modells bewaffnet und bereit – und ganz ahnungslos ob der Dinge, die da im Hintergrund laufen – willst du nun richtig Geld verdienen. Du fängst also an, Immobilien in Gegenden zu kaufen, für die ein höherer Wert vorhergesagt wird, und meidest Gegenden, für die ein niedrigerer Wert prognostiziert wird. Was du aber nicht weißt, ist, dass deine Entscheidungen, die auf den Vorhersagen des KI-Modells basieren, einen Zyklus der Desinvestition in bestimmten Gegenden auslösen. Weitere Personen, die Immobilien vertreiben möchten und deinem Beispiel folgen, meiden nun auch Stadtteile, für die ein niedriger Immobilienwert vorhergesagt wird. Diese Desinvestition führt zu einer Verschlechterung der Qualität der Schulen und anderer wichtiger Infrastruktur in diesen Vierteln, wodurch die Immobilienwerte weiter sinken. Es kommt zu einem Teufelskreis.

Die Vorhersagen der KI werden zu einer Art selbsterfüllenden Prophezeiung, und die Stadtteile, die ohnehin schon zu kämpfen hatten, kämpfen nun noch mehr.

Oder stell dir einmal vor, du bist bei der Polizei und willst für Sicherheit auf den Straßen sorgen. Zur Unterstützung bekommst du ein KI-System, das kriminelles Verhalten vorhersagt. Zuerst denkst du: „Super, das wird meinen Job viel einfacher machen!". Was du nicht ahnst, ist, dass das System auf Daten aus einer Stadt trainiert wurde, in der ein paar Kollegen und Kolleginnen Vorurteile gegenüber einer bestimmten ethnischen Gruppe haben. Das hat zur Folge, dass Personen aus dieser Gruppe unverhältnismäßig häufig von den Polizeikräften festgenommen wurden. Das KI-System weiß es nicht besser und assoziiert nun Personen aus dieser Gruppe mit kriminellem Verhalten, auch wenn das in Wahrheit nicht so ist. Jetzt aber verwenden alle Polizeikräfte in der Region diese KI – und die sagt ihnen, dass Personen aus dieser Gruppe eher zu Straftaten neigen. Plötzlich ist es wahrscheinlicher, dass du Personen aus dieser Gruppe anhältst, durchsuchst und verhaftest, nur weil das KI-System es so sagt. Es kommt also zu einer selbsterfüllenden Prophezeiung, bei der genau diese Personen eher untersucht, verhaftet und verurteilt werden, einfach wegen der Verzerrung im KI-System. Sogar Bedienstete, die keine Vorurteile gegenüber dieser Gruppe haben, können unbewusst auf voreingenommene Weise handeln, weil das System ihnen sagt, dass sie es tun sollen.

Letztendlich kann dies die Diskriminierung und Ungleichheit weiter verstärken, da das System fortlaufend von zunehmend verzerrten Daten lernt und darauf seine Prognosen basiert. Außerdem kann es Rassismus fördern und die Vorurteile unter den Polizeikräften selbst verstärken, da voreingenommene Personen sich in ihren Überzeugungen zur Kriminalität der Gruppe noch mehr bestätigt fühlen, während zunächst unvoreingenommene Personen anfangen, das Gleiche zu glauben. Das KI-System, das die Arbeit der Polizei also eigentlich erleichtern sollte, hat sie letztlich komplizierter und für bestimmte Gemeinschaften sogar gefährlicher gemacht.

Wie diese Beispiele zeigen, können KI-Systeme menschliche Vorurteile aufrechterhalten und sogar verstärken, und damit letztendlich zu mehr Diskriminierung und Ungleichheit führen. Wir müssen stets im Hinterkopf behalten, dass KI-Systeme nicht neutral sind und nur so unvoreingenommen sein können wie die Daten, auf denen sie trainiert werden. Trotz der zunehmenden Beweise, dass Algorithmen diskriminieren können und dies auch tun, ist diese Realität oft noch nicht in unserem Bewusstsein angekommen. Stattdessen neigen wir oft dazu, algorithmische Beurteilungen menschlichen Beurteilungen vorzuziehen, insbesondere wenn wir erwarten, diskriminiert zu werden. Und wenn wir identische Ratschläge von einer KI anstelle eines Menschen erhalten, empfinden wir sie als weniger diskriminierend – auch wenn dies nicht der Fall ist!

Warum halten wir also manchmal an dem Glauben fest, dass Algorithmen und KI weniger diskriminierend sind als Menschen? Wie wir jetzt wissen, basiert diese Überzeugung nicht auf objektiver Wahrheit, sondern auf psychologischen Faktoren wie unseren Intuitionen, Theorien und Stereotypen zu Maschinen (erinnere dich an unsere Diskussion in Kapitel 2). Diese Faktoren können uns zu dem Schluss verleiten, dass es relativ unwahrscheinlich ist, dass Algorithmen diskriminieren.

Ein Grund für diesen Irrglauben ist, dass wir Algorithmen als außerordentlich genau wahrnehmen oder in der Lage sind, Muster zu erkennen, um die „echten" Werte dessen zu bestimmen, was sie vorherzusagen versuchen. Wir neigen dazu, uns KI-Systeme als relativ rechenstarke Akteure vorzustellen. Vielleicht erkennen wir sogar ganz richtig, dass Algorithmen in der Lage sind, Muster zu erkennen, die dem Menschen entgehen würden; tatsächlich ist diese Fähigkeit eine der treibenden Kräfte hinter der Automatisierung von Entscheidungen. Menschliche Einschätzungen hingegen erscheinen uns eher fehleranfällig, möglicherweise weil wir wissen, dass die Urteile anderer manchmal auf einfachen Entscheidungsheuristiken und irrelevanten Faktoren beruhen, die auch voreingenommene Stereotypen einschließen können.

Die Frage ist also, wohin uns diese Annahmen über Maschinen am Ende führen. Wenn wir KI als genauere und weniger emotionale Bewertungsinstrumente sehen als Menschen, dann passiert es schnell, dass wir die Empfehlungen von KI weniger diskriminierend und gerechter wahrnehmen als genau dieselben Empfehlungen eines Menschen. Ein Forschungsteam konnte genau das nachweisen. In sieben Experimenten schauten sie sich an, wie Menschen auf Einstellungsempfehlungen reagieren, die entweder von Fachpersonal oder von einer KI erstellt wurden. Die Empfehlung war immer identisch. Und immer diskriminierend. Beispielsweise wurde in der Empfehlung immer ein kaukasischer Mann einer weiblichen oder nicht-kaukasischen Bewerberin vorgezogen. Trotz der eindeutig diskriminierenden Empfehlung empfanden die Teilnehmenden die Empfehlung des Algorithmus als weniger diskriminierend als die des menschlichen Fachpersonals. Warum? Tatsächlich nahmen die Teilnehmenden an, dass der Algorithmus präzisere und weniger emotionale Bewertungen machen und somit weniger wahrscheinlich diskriminierende Entscheidungen treffen würde. Und diese Präferenz für KI-Bewertungen gilt nicht nur, wenn wir glauben, dass andere beurteilt werden. Tatsächlich konnte das Forscherteam auch zeigen, dass Menschen eine KI-Bewertung gerade dann bevorzugen, wenn sie damit rechnen, selbst benachteiligt zu werden. Auch das ist auf die Überzeugung zurückzuführen, dass der Algorithmus in der Bewertung unparteiischer und weniger voreingenommen ist als ein Mensch.

Wie du dir vorstellen kannst, ist das ein äußerst riskantes Glaubenskonstrukt! Es kann uns nämlich dazu verleiten, KI-Bewertungen blindlings zu übernehmen, selbst wenn die Technologie Diskriminierung aufrechterhält oder sogar verstärkt und eine mögliche Diskriminierung sogar verschleiert. Menschen, Gruppen, Organisationen und soziale Systeme (z.B. Regierungen und Gerichte) müssen also nur noch hervorheben, dass sie eine KI einsetzen, um Entscheide gerecht und fair aussehen zu lassen, obwohl sie vielleicht diskriminierend sind. Und wie unsere vorherige Diskussion zeigt, kann ein solches Vorgehen tatsächlich funktionieren. Wir fühlen uns besser und reagieren möglicherweise weniger auf eine Benachteiligung, wenn wir glauben, dass eine (neutrale) KI Entscheide trifft oder stark in den Bewertungsprozess eingebunden ist.

In unserem Alltag werden immer häufiger Algorithmen eingesetzt, um uns bei Entscheidungen zu helfen. Doch wir sollten bedenken, dass diese Technologien nicht immer genau und unvoreingenommen sind. In der Tat haben viele reale Anwendungen gezeigt, dass KI-Systeme genauso voreingenommen sein können wie Menschen. Daher ist es wichtig, dass wir uns bewusst machen, dass wir uns nicht blind auf algorithmische Empfehlungen verlassen sollten, insbesondere wenn es um Entscheidungen über Menschen geht. Denn diese Entscheidungsprozesse können Diskriminierung verschleiern und sogar verstärken, indem sie diskriminierende Assoziationen intransparent halten und in vielen Instanzen (z.B. Gerichten) eingesetzt werden können, wie zum Beispiel das Programm COMPAS.

Der Glaube an die Neutralität und Unvoreingenommenheit von Algorithmen ist ein Mythos. Wir müssen uns daher der potenziellen Verzerrungen in Algorithmen bewusst sein und diese berücksichtigen, wenn wir KI-Ergebnisse nutzen. Bevor du also das nächste Mal eine Entscheidung auf der

Grundlage von Algorithmen triffst, denke zweimal darüber nach und sei dir bewusst, dass deine Annahmen über die Genauigkeit und Unvoreingenommenheit dieser Ratschläge nicht immer richtig sein müssen.

DIE UNSICHTBARE KI-FILTERBLASE: DIE VERBORGENE EINENGUNG UNSERER GEDANKENWELT

Wir alle kennen es: Wir durchstöbern unsere Social-Media-Feeds oder surfen auf unseren bevorzugten Nachrichtenseiten, auf der Suche nach interessanten Beiträgen. Egal, ob wir in der Schlange im Supermarkt stehen oder versuchen, einzuschlafen – die Versuchung, endlos zu scrollen, ist groß.

Doch hast du dir jemals Gedanken darüber gemacht, wie die Informationen, die du online siehst, beeinflusst werden? Vielleicht hast du bemerkt, dass das Internet umso genauer weiß, was du willst, je mehr du es nutzt. Aber wie funktioniert das? Ist da eine geheime Kraft im Spiel? Nein, es ist die Macht der personalisierten Filter! Durch diese von KI angetriebenen Technologien wird dein Online-Erlebnis an deine Interessen und Gewohnheiten angepasst und du wirst süchtig danach, weiter zu klicken. Das Ergebnis? Eine Filterblase, die dein Informationsuniversum einschränkt und auf deine Interessen und Vorlieben zuschneidet. Du wirst nur noch mit Artikeln und Beiträgen bombardiert, die bereits deinen Überzeugungen entsprechen und deine Meinung bestätigen.

Auf den ersten Blick mag das wie ein wahrgewordener Traum erscheinen. Du musst dich nicht mehr durch Artikel wühlen, die dich nicht interessieren, und stößt nicht mehr auf Ansichten, die deine Überzeugungen in Frage stellen. Aber Vorsicht: Dieses personalisierte Paradies kann auch zu einer

Art Radikalisierung führen. Filterblasen verhindern, dass wir neuen Ideen und Perspektiven begegnen, und schnell mag es passieren, dass wir uns immer mehr in unseren Ansichten verfestigen und weniger offen für unterschiedliche Meinungen sind. Bevor wir es wissen, stecken wir in unserer eigenen kleinen Echo-Kammer fest, isoliert von der vielfältigen und komplexen Welt um uns herum.

Ach, dank KI ist das Internet wie ein kuscheliges Echo meiner selbst! Wer braucht schon andere Meinungen?!

Du magst denken, dass dieses Phänomen nicht neu ist, da Menschen schon immer dazu neigten, Informationen und Meinungen zu suchen, die mit ihren eigenen Überzeugungen übereinstimmen. Aber heutzutage durchlaufen wir eine revolutionäre Veränderung in der Art und Weise, wie wir Medien konsumieren, durch den Aufstieg der algorithmischen Personalisierung. Bei der herkömmlichen Medienauswahl haben wir unsere bevorzugten Quellen noch selbst ausgewählt. Eine konservative Person hat demnach vielleicht Nachrichten und Meinungsartikel eher auf *Fox News* gelesen, während eine liberale Person lieber Nachrichten von *The Nation* anschaut.

139

Algorithmen sind nun aber in der Lage, die Informationen und Nachrichten, die wir sehen, in einem bisher nie dagewesenen Ausmaß anzupassen und zu personalisieren. Das bedeutet, dass wir nicht mehr nur die Medien wählen, die unseren Überzeugungen entsprechen, sondern dass die Medien für uns ausgewählt werden. Stell dir das so vor: Du gehst in eine riesige Bibliothek und findest nur Bücher, die auf deine Interessen und Lesegewohnheiten zugeschnitten sind. Das klingt großartig, aber was ist, wenn du nicht einmal weißt, dass dir nur eine begrenzte Auswahl präsentiert wird?

Tatsächlich unterscheidet man zwischen zwei Arten der Personalisierung: explizite und implizite. Bei der expliziten Personalisierung geben wir dem Algorithmus aktiv Informationen darüber, was uns interessiert, z.B. wenn wir bei einem Streaming-Dienst nach romantischen Komödien filtern. Der Dienst gibt uns dann Empfehlungen basierend auf unseren Interessen.

Bei der impliziten Personalisierung hingegen verfolgt der Algorithmus unsere Aktivitäten und leitet daraus unsere Vorlieben ab, ohne dass wir es merken. Wenn wir uns also eine romantische Komödie aus den 90er Jahren ansehen, könnte uns der Dienst ähnliche Filme empfehlen, weil er davon ausgeht, dass uns solche Filme gefallen. Aber Vorsicht: Beide Arten der Personalisierung haben ihre Tücken. Bei der expliziten Personalisierung suchen wir bewusst nach gleichgesinnten Meinungen und riskieren so, voreingenommene und eindimensionale Informationen zu erhalten. Im Gegensatz dazu funktioniert die implizite Personalisierung ohne unser Wissen und Zustimmung. Wir wissen nicht einmal, dass wir voreingenommene Informationen erhalten, und können so in einer Filterblase gefangen bleiben.

Es ist wichtig, diese beiden Arten der Personalisierung zu verstehen, denn es geht nicht nur um Bequemlichkeit bei der Auswahl von personalisierten Inhalten, sondern auch um die Art und Weise, wie wir die Welt um uns herum wahrnehmen. Wenn wir uns zu sehr auf diese Algorithmen verlassen, besteht die Gefahr, in einer „Filterblase" gefangen zu sein. Das bedeutet, dass wir nur noch Informationen erhalten, die unsere bestehenden Überzeugungen und Sichtweisen bestätigen und alternative Sichtweisen ausgeblendet werden. Der schmale Grat zwischen der Vereinfachung unseres Lebens und der Einschränkung unseres Verständnisses der Welt ist daher von großer Bedeutung. Das kritische Problem der Personalisierung im Zeitalter von Big Data ist, dass die Unterscheidung zwischen individueller Auswahl und automatischer Funktionsweise verwischt wird. Dies geschieht, da der Einfluss menschlichen Willens bei der automatischen Personalisierung nicht mehr gegeben ist.

In der digitalen Welt konkurrieren Unternehmen ständig um unsere Aufmerksamkeit und Zeit. Sie verdienen ihr Geld durch die Monetarisierung unserer Aufmerksamkeit. Je mehr Zeit wir online auf ihren Seiten und Plattformen verbringen, desto mehr Geld verdienen sie mit Werbeplatzierungen und Angeboten. Um uns zu fesseln und uns von anderen Dingen abzulenken, liefern sie nur das, von dem sie glauben, dass es uns gefallen wird. Algorithmen sammeln daher konstant Daten über uns, um besser zu wissen, was wir wollen, als wir es vielleicht sogar selbst tun. Sie liefern uns implizit personalisierte Inhalte, die uns gefallen könnten, aber nicht unbedingt das, was wir sehen müssen. Wir wissen nicht, nach welchen Kriterien diese Algorithmen uns beurteilen und was uns dadurch entgeht. Das führt dazu, dass wir uns in einer automatisch erzeugten Filterblase wiederfinden, ohne es zu merken. Wir sollten uns bewusst sein, dass Algorithmen nur das zeigen, was sie denken, dass wir sehen wollen, aber nicht unbedingt das, was wichtig ist.

Jede technologische Entwicklung hat Vor- und Nachteile, manche davon zeigen sich allerdings erst später. Algorithmische Personalisierung kann das Finden relevanter Informationen erleichtern, birgt aber auch moralische Bedenken und gesellschaftliche Probleme.

Wenn wir in Filterblasen gefangen sind, werden wir von gegensätzlichen Standpunkten und Perspektiven abgeschnitten. Das führt dazu, dass wir den Eindruck haben, dass unser enges Eigeninteresse das Einzige ist, was existiert. Das kann zu einer verstärkten Polarisierung und einer mangelnden Fähigkeit führen, Kompromisse einzugehen oder andere Perspektiven zu verstehen. Filterblasen können dazu führen, dass wir glauben, dass unsere Meinung, die einzig richtige ist, da wir keinerlei unterschiedliche Standpunkte oder Gegenargumente ausgesetzt sind. Wir nehmen an, dass alle anderen die gleichen Informationen sehen wie wir und dass unsere Sichtweise daher die einzig richtige sein muss. Und wenn sich Menschen auf beiden Seiten eines Themas auf ihre eigenen Positionen versteifen, wird es leider zunehmend schwieriger, effektive Gespräche zu führen und Lösungen zu finden.

Das Problem wirkt sich auf unsere persönlichen Beziehungen, die Gesellschaft und die Demokratie aus. In persönlichen Beziehungen und bei Diskussionen kann es schwer sein, respektvolle und produktive Gespräche mit Menschen zu führen, die andere Meinungen haben. Das liegt daran, dass es so aussieht, als ob sie in einer „anderen Welt" leben. Wir alle leben aber in unserer eigenen kleinen Blase, in der wir nur das sehen und hören, was wir möchten. Das macht die Kluft zwischen Menschen mit verschiedenen Ansichten tiefer und es ist schwerer, sich einig zu werden. Diese wachsende Kluft sieht man zum Beispiel bei politischen Parteien, die sich immer weiter voneinander wegbewegen anstatt aufeinander zuzugehen. Leider ist das ein echtes Problem, das unser tägliches Miteinander beeinflusst. Wenn wir es nicht lösen, kann es zu zunehmenden Feindseligkeiten und sogar Gewalt führen. Das ist nicht gut für unsere persönliche Entwicklung und Beziehungen, und es schadet auch der Demokratie.

Für eine gut funktionierende Demokratie ist es wichtig, dass alle Menschen Zugang zu genauen und vielfältigen Informationen haben. So können sie an sinnvollen Gesprächen über wichtige Themen teilnehmen. Aber Filterblasen können das erschweren, indem sie den Zugang zu wichtigen Informationen und neuen Blickwinkeln blockieren. Sie priorisieren Inhalte, die für uns persönlich wichtig sind – und, was noch wichtiger ist, die viele Klicks und andere Formen von Nutzer-Engagement bekommen. Was sie nicht priorisieren, sind Inhalte, die relevant und sogar wichtig für den sozialen Zusammenhalt sind und auf geprüften Fakten basieren. Das macht es am Ende schwer für Menschen, gut informierte Entscheidungen zu den Themen zu treffen, über die sie abstimmen.

Bei den US-Präsidentschaftswahlen 2016 und der Brexit-Abstimmung gab es viele Diskussionen darüber, wie Filterblasen die Ergebnisse beeinflusst haben. Die Ergebnisse dieser Ereignisse haben viele Menschen überrascht, auch diejenigen, die in Politik und Journalismus arbeiten und andere Ergebnisse erwartet hatten. Während der Einfluss von Filterblasen auf diese historischen Ereignisse noch immer untersucht und diskutiert wird, hat die Forschung allgemeine Beweise für eine polarisierende Wirkung von Filterblasen auf das Wahlverhalten gefunden.

Bist du bereit für die erschreckende Wahrheit? Untersuchungen zeigen, dass die Suchergebnisse, die du online siehst, deine Wahlentscheidung beeinflussen können. Tatsächlich haben Experimente gezeigt, dass die Veränderung von Suchergebnissen die Wahlvorlieben von unentschlossenen Wählenden um erstaunliche 20% oder mehr erhöhen kann. Aber nicht nur die Allgemeinbevölkerung ist davon betroffen – bei bestimmten demografischen Gruppen ist der Meinungsumschwung noch größer. Das Schlimme daran: Diese Manipulationen sind so subtil, dass die meisten Menschen sich ihrer nicht einmal bewusst sind. Die Forschungsgemeinschaft nennt

dieses Phänomen den „Suchmaschinenmanipulationseffekt",
und es kann Einstellungen und Überzeugungen auch jen-
seits der Politik beeinflussen. Da Wahlergebnisse oft durch
knappe Mehrheiten entschieden werden, ist es beängstigend zu denken, dass ein einzelnes Suchmaschinenunter-
nehmen das Ergebnis zahlloser Wahlen beeinflussen kann.
Das ist insbesondere in Ländern der Fall, in denen ein Unternehmen die Internetsuche dominiert. Wir leben in einer
Welt, in der die Macht, Wahlen zu beeinflussen, nicht in
den Händen politischer Kampagnen liegt, sondern in den
Händen des Unternehmens, das deine Internetsuche durch
KI-Algorithmen steuert.

Wenn wir die Folgen von persönlich angepassten Inhalten durch Algorithmen ganz genau betrachten, sehen wir, dass
Filterblasen sogar zur Radikalisierung führen können. Das
passiert, indem bestimmte Verhaltensmuster unbewusst verstärkt werden, ohne dass die Nutzenden es wissen oder zustimmen. Um die moralischen und gesellschaftlichen Folgen dieser
algorithmischen Personalisierung zu verdeutlichen, denke an
den Fall von Dylan Roof, dem Attentäters von Charleston. Er
nutzte das Internet eher passiv und seine Radikalisierung be-
gann, als er bei Google nach „black on white crime" suchte.
Dadurch landete er schnell in einer Filterblase mit rassistischen Inhalten. Wie er selbst sagte, war er nach dieser Erfahrung „ nie mehr derselbe". Das zeigt, wie die Anpassung
durch Algorithmen die Entscheidungen von Einzelpersonen
beeinflussen kann und warum das für uns alle ein wichtiges
Thema ist.

Wie wir sehen, sind Filterblasen schädlich für uns und
die Gesellschaft. Es ist wichtig, sich von ihnen zu befreien,
und das braucht die Zusammenarbeit verschiedener Akteure.
Eine zentrale Verantwortung kommt den MacherInnen von
Social-Media-Plattformen und anderen Informationsquellen
zu. Wenn KI-Algorithmen entscheiden, welche Informatio-

nen wir zu Gesicht bekommen, ist es entscheidend, dass sie uns nicht nur interessante Inhalte zeigen (die sich am Ende gut zu Geld machen lassen), sondern auch Ideen, die wir nicht so gerne zu hören bekommen, uns zum Nachdenken anregen, wichtig sind oder neue Perspektiven bieten. Sie müssen unvoreingenommene Websites erstellen und ihre Algorithmen kontrollieren, damit wir nicht nur „Informations-Junk-Food" bekommen, sondern eine vielfältige Auswahl an Nachrichten und Meinungen. Wie der bekannte Internetaktivist Pariser es ausdrückt: „Die beste Redaktion gibt uns ein bisschen von beidem: Informationsgemüse und Informationsdessert".

Aber nicht nur sie sind dafür verantwortlich. Auch Schulen und andere Bildungseinrichtungen sind wichtig, um über die Gefahren von Filterblasen aufzuklären und zu zeigen, wie man sie vermeiden oder sich von ihnen lösen kann. Indem sie das Bewusstsein für die Existenz und die Folgen von Filterblasen erhöhen, können sie den Menschen das nötige Werkzeug in die Hand geben, um sie zu erkennen und zu bekämpfen. Dazu gehört das Lehren von kritischem Denken, Recherchefähigkeiten und Medienkompetenz. So sind die Menschen in der Lage, die Informationen, die sie erhalten, zu bewerten, mögliche Vorurteile verschiedener Quellen zu verstehen und verschiedene Perspektiven zu suchen.

Schließlich ist jeder Einzelne dafür verantwortlich, die eigenen Online-Erfahrungen selbst in die Hand zu nehmen und aktiv daran zu arbeiten, sich aus der eigenen Filterblase zu befreien. Zu erkennen, dass man in einer Filterblase steckt, ist der erste Schritt, um dieser zu entkommen. Es ist, als wäre man wie Truman im eigenen Film und merkt es nicht, aber sobald man sich dessen bewusst wird, kann man anfangen, einen Ausweg zu planen.

Eine Möglichkeit, aus der Filterblase zu entkommen, besteht darin, aktiv nach verschiedenen Perspektiven und Informationen zu suchen. Das kannst du tun, indem du dich bewusst mit Nachrichten, Meinungen und Ideen aus Quellen beschäftigst, die du normalerweise nicht nutzen würdest. Du kannst Social-Media-Accounts, Nachrichtenkanälen oder Online-Communities folgen, die sich von deinen üblichen Vorlieben unterscheiden, Veranstaltungen oder Vorträge von Menschen mit anderen Sichtweisen besuchen. Es hilft sogar einfach neue Orte zu bereisen und neue Leute kennenzulernen.

Eine weitere Möglichkeit, aus der Filterblase auszubrechen, ist das Nutzen des Inkognito-Browsing-Modus. Damit kannst du im Internet surfen, ohne Spuren deines Browserverlaufs auf deinem Gerät zu hinterlassen. Auch das Vermeiden des Einloggens in deine Konten auf verschiedenen Websites oder das Löschen deines Suchverlaufs kann helfen, aus der Filterblase zu entkommen. Indem du zum Beispiel die Einstellungen deiner Social-Media-Konten und Webbrowser anpasst, kannst du den Einfluss der Algorithmen reduzieren und sicherstellen, dass du mit einer größeren Vielfalt an Informationen in Berührung kommst.

Schließlich kann das Löschen oder Blockieren von Browser-Cookies dabei helfen, der Filterblase zu entkommen. Websites verwenden normalerweise Cookies, also kleine Textdateien, um unseren Browserverlauf zu speichern und die Inhalte, die sie uns zeigen, anzupassen. Indem du diese Cookies manuell löschst oder Browsererweiterungen verwendest, um sie zu entfernen, kannst du der Filterblase entkommen. Es ist jedoch wichtig zu wissen, dass Cookies auch ihre nützlichen Seiten haben können.

Schlussendlich müssen wir uns bewusst sein, dass diese personalisierten Filter uns von neuen Ideen und Perspektiven abschneiden können. Wir sollten aktiv nach unterschiedlichen Perspektiven suchen und unseren Informationskonsum kritisch hinterfragen. Wir sollten lernen, unsere Informationsquellen breiter zu gestalten, um unsere geistige Flexibilität und Offenheit zu fördern. Dabei ist es wichtig, dass Menschen

Zugang zu vielfältigen, unvoreingenommenen und genauen Informationen haben. Das Durchbrechen von Filterblasen ist daher eine gemeinschaftliche Aufgabe, die die Zusammenarbeit von Social-Media-Plattformen, Bildungseinrichtungen und einzelnen Personen erfordert. Nur durch gemeinsame Anstrengungen können wir die negativen Auswirkungen von Filterblasen, verursacht durch KI-gesteuerte Personalisierung, überwinden und eine informierte, offene Gesellschaft unterstützen.

DER MEISTER DES VERFÜHRENS: WIE KI UNSER VERHALTEN BEEINFLUSST UND MANIPULIERT

„Wir haben Facebook ausgenutzt, um die Profile von Millionen von Menschen zu sammeln und Modelle zu entwickeln, um das, was wir über sie wussten, auszunutzen und ihre inneren Dämonen ins Visier zu nehmen. Das war die Grundlage, auf der das gesamte Unternehmen aufgebaut wurde.“

Christopher Wylie,
einer der Mitbegründer von Cambridge Analytica, der
zum Whistleblower wurde (2018)

Stell dir vor, dass eine Maschine jede deiner Handlungen im Internet erfasst und analysiert, wie zum Beispiel Klicks, Suchanfragen und Likes. Dadurch entsteht eine digitale Version von dir – dein digitaler Fingerabdruck! Aber warte, es wird noch interessanter. Stell dir eine KI vor, die ein psychologisches Profil von dir erstellt, das so genau ist, dass diese Technologie ohne dein Wissen deine Entscheidungen und Handlungen lenken kann.

Klingt wie Science-Fiction, oder? Aber das ist keine reine Fantasie – KI wird immer besser darin, unser Verhalten zu beeinflussen, oft ohne dass wir es merken! Allerdings wird es problematisch, wenn KI so raffiniert wird, dass die Grenze zwischen Personalisierung und Manipulation verschwimmt. Ein Beispiel dafür ist der berüchtigte Cambridge Analytica Fall, bei dem KI eingesetzt wurde, um gezielte Werbung und politische Kampagnen zu erstellen und dadurch das Wahlverhalten in eine bestimmte Richtung zu lenken.

Hast du jemals das Gefühl gehabt, dass dein Computer oder das Smartphone deine Handlungen steuern? Eine Studie aus dem Jahr 2020 bestätigt deine Vermutungen möglicherweise. In drei Experimenten zeigt sie eindrücklich, dass KI tatsächlich einen gewaltigen Einfluss auf unser Verhalten nehmen kann.

Im ersten Experiment mussten die Teilnehmenden verschiedene Aufgaben erledigen, bei denen sie zwischen zwei Feldern auf einem Bildschirm wählen mussten, um virtuelles Geld zu verdienen. Nach jeder Wahl bekamen sie entweder ein glückliches Gesicht (für eine Belohnung) oder ein trauriges Gesicht (für keine Belohnung). Das Interessante daran ist, dass ein KI-System vor jeder Wahl den zwei Feldern die Belohnung (oder eben nicht) zugewiesen hat. Die KI lernte das Entscheidungsverhalten der Teilnehmenden und ordnete die Belohnungen so zu, dass sie die „Zieloption" wählten. Obwohl die KI genau 25 Belohnungen auf jedes Feld verteilen sollte, schaffte sie es in 70% der Fälle, die Teilnehmenden dazu zu bringen, die Zieloption zu wählen. Es fühlt sich also fast so an, als ob die KI Gedanken lesen könnte!

Im zweiten Experiment sollten die Teilnehmenden einen Knopf drücken, wenn sie ein bestimmtes Symbol (z.B. ein orangefarbenes Dreieck) sahen, und nicht drücken, wenn sie ein anderes (z.B. einen blauen Kreis) sahen. Das KI-System arrangierte die Symbolabfolge auf eine Weise, die zu fast 25%

mehr Fehlern der Teilnehmenden führte. Es war fast so, als ob die KI ein Spiel mit den Gedanken der Teilnehmenden spielte – und gewann.

Im dritten Experiment agierten die Teilnehmenden als Investierende und gaben einem KI-System als Treuhänder Geld. Der Treuhänder gab einen Teil der Investition zurück und die Teilnehmenden mussten entscheiden, wie viel sie in der nächsten Runde investieren wollten. Es gab zwei verschiedene Spielmodi: In einem Modus versuchte die KI, ihren eigenen Gewinn zu maximieren, während sie im anderen Modus eine faire Verteilung des Geldes zwischen sich und den Teilnehmenden anstrebte. Die KI war in beiden Spielmodi erfolgreich. Es schien fast so, als ob sie die Teilnehmenden soweit manipulieren konnte, genau die Entscheidungen zu treffen, die sie ihr Ziel erreichen ließen.

Diese Experimente sind natürlich sehr künstlich. Im echten Leben sitzen wir nicht einfach an unseren Computern und drücken Knöpfe, wenn bestimmte Symbole erscheinen. Dennoch zeigen diese Studien, wie gut KI menschliche Schwächen in der Entscheidungsfindung aufspüren und ausnutzen kann, um Menschen auf überzeugende Weise zu bestimmten Entscheidungen oder Handlungen zu bewegen. Ähnlich wie eine geschickte Verkaufsperson oder ein überzeugender Trickbetrüger dich zu einer Handlung bewegen, kann auch KI dich dazu bringen, zu klicken, zu kaufen oder Inhalte zu teilen. Das liegt nicht nur daran, dass KI viel über dich weiss, sondern auch daran, dass sie Techniken kennt, um deine Entscheidung im richtigen Moment in eine bestimmte Richtung zu lenken.

All das klingt vielleicht wie etwas aus einem dystopischen Roman, aber Beeinflussung durch KI ist längst Realität. KI hat beispielsweise durch die Analyse von Daten gelernt, dass negative Emotionen in sozialen Medien viel mehr Aufmerksamkeit erregen als positive. Das führte zu Clickbait-Schlagzeilen, negativen Nachrichten und viraler Empörung, die Gewalt hervorrufen und politische Polarisierung schüren können. Dies ist ein klassisches Beispiel für die „Banalität des Bösen". Niemand bei Facebook oder anderen Social-Media-Unternehmen hatte die Absicht, Schaden anzurichten. Aber der alleinige Fokus auf die Erhöhung der Aufmerksamkeit und des Engagements der Kundschaft, um Werbeflächen zu verkaufen, hatte unbeabsichtigte und potenziell katastrophale Folgen. Und da die Arbeitsweise der KI größtenteils unbekannt ist, ist es beängstigend zu hören, dass diese Technologie einen so großen Einfluss auf unser Leben hat.

Ein kürzlich geleaktes Strategiedokument von Facebook enthüllte, wie Werbetreibende gefährdete Jugendliche ab vierzehn Jahren angeblich effektiver mit Werbung ansprechen können. Und zwar indem sie ihre Posts, Bilder, Interaktionen und Internetaktivitäten in Echtzeit überwachen, um herauszufinden, wann die Jugendlichen sich gestresst, ängstlich oder überwältigt fühlen. Obwohl Facebook behauptet, dass die Funktionen nur dazu dienen, Vermarktern zu helfen, zu verstehen, wie Menschen sich auf der Plattform ausdrücken, wurde das Potenzial zur Manipulation gefährdeter Personen nicht verneint. Immer mehr drängt sich also die Frage auf, wie weit man im Zeitalter der KI gehen darf, um andere zu beeinflussen.

Die Überschneidung von Werbung und KI wirft einige ernsthafte ethische Fragen auf, die Cass Sunstein als „Ethik des Einflusses" bezeichnet. KI-Systeme können mittlerweile unsere „schwachen Momente" erkennen und uns dann mit Werbung für Produkte bombardieren, die wir impulsiv kaufen würden – auch wenn sie uns nicht wirklich glücklich machen.

Warum sollte dich das interessieren? Ein weiteres Yoga Outfit, das du nicht brauchst, könnte den Schrank zum Überlauf bringen, aber es ist immerhin nicht das Ende der Welt. Es sollte dich trotzdem interessieren, weil Manipulatoren dich auf hinterhältige Weise dazu bringen können, gegen dein eigenes Interesse zu handeln. Nimm zum Beispiel Facebooks zielgerichtete Anzeigen, die auf beeinflussbare Teenager abzielen. Es besteht der Verdacht, dass diese Anzeigen entwickelt wurden, um Momente der Schwäche auszunutzen und sie dazu zu verleiten, unnötige Produkte zu kaufen oder mehr dafür zu bezahlen, als sie sollten. Und es ist nicht nur die Manipulation selbst, die besorgniserregend ist, sondern auch die Tatsache, dass sie oft von unterschiedlichen Interessen angetrieben wird.

Überleg doch mal: Wenn ein Manipulator nur dein Bestes im Sinn hätte, warum sollte er dann überhaupt zu Manipulationen greifen? Diese «überzeugenden» Strategien können nicht nur deine Vorteile beeinträchtigen, sondern auch dein Konsumverhalten verzerren und deine Selbstbestimmung untergraben. Da VerbraucherInnen sich der manipulativen Natur einiger «überzeugender» Strategien immer mehr bewusst werden, wächst das Gefühl, dass diese Taktiken nicht mehr tolerierbar sind. Da sich die Technologie immer weiter entwickelt, ist es wichtig, dass wir die ethischen Auswirkungen der Art und Weise, wie wir sie einsetzen, um andere zu beeinflussen, berücksichtigen.

In der Welt der KI wächst die Sorge um das gefährliche Potenzial der Manipulation. Technologie kann heute leicht eingesetzt werden, um unsere Entscheidungen heimlich zu beeinflussen und unsere Schwachstellen auszunutzen, um uns in eine bestimmte Richtung zu lenken. Da unser Leben immer stärker mit der KI verwoben ist, steigt das Risiko, Opfer dieser manipulativen Praktiken zu werden. Da die digitale Überwachung so weit fortgeschritten ist wie nie zuvor, und KI immer intelligenter wird, ist es einfacher denn je, unsere Schwächen zu erkennen. Und sobald diese Schwächen aufgedeckt sind, bieten digitale Plattformen das perfekte Mittel, um sie auszunutzen. Mit der Technologie, die eine so allgegenwärtige Rolle in unserem Leben spielt, ist das Potenzial für verdeckten Einfluss nahezu unbegrenzt.

Also müssen wir sicherstellen, dass die KI mit uns arbeitet und nicht gegen uns. KI sollte letztlich wie ein persönlicher Assistent sein, nicht wie unser Puppenspieler.

UNSER GEDÄCHTNIS IN ZEITEN VON CHATGPT: DER GOOGLE-EFFEKT AUF STEROIDEN

Stell dir vor, du bist auf einer Party, umgeben von interessanten Leuten und anregenden Gesprächen. Du erwähnst einen Film, den du vor ein paar Jahren gesehen hast, aber du kannst dich beim besten Willen nicht mehr an den Namen des Hauptdarstellers erinnern. Du versuchst, dich zu erinnern, der Name liegt dir auf der Zunge, aber du kommst nicht drauf. Du fängst an, dich zu ärgern. Aber bevor du zu sehr ins Grübeln gerätst, holst du schnell dein Handy heraus, öffnest eine Suchmaschine und gibst ein paar Stichwörter ein. In Sekundenschnelle hast du die Antwort: Leonardo DiCaprio. Du fühlst dich erleichtert und zufrieden, nicht nur weil du das Rätsel gelöst hast, sondern auch weil du dir einen peinlichen Moment erspart hast. Aber hast du wirklich dein Gedächtnis genutzt oder hast du dich einfach darauf auf Google oder ChatGPT verlassen?

Nehmen wir ein anderes Beispiel. Stell dir vor, du lernst für eine Prüfung und stößt auf ein Konzept, das du nicht kennst. Früher musstest du in die Bibliothek gehen, ein Buch finden, hoffen, dass das Buch da ist, hoffen, dass niemand die Seite herausgerissen hat, die du lesen musst, und dann versuchen, das Konzept zu verstehen, indem du das Buch liest. Heute suchst du einfach auf Google oder ChatGPT nach dem Konzept. In Sekundenschnelle hast du alle Informationen, die du brauchst, und kannst schnell verschiedene Quellen durchforsten, um die für dich relevantesten Informationen zu finden. Du gehst zum nächsten Konzept über, und ehe du dich versiehst, bist du fertig mit dem Lernen. Die Prüfung steht an und du bist sicher, dass du den Stoff beherrschst. Aber hast du die Informationen auch wirklich verinnerlicht?

Willkommen in der digitalen Ära, wo die Grenzen zwischen Erinnern und Googeln immer mehr verschwimmen. Wo man mühelos Informationen finden kann und Erinnerungen nur einen Klick entfernt sind. Warum die müden Gehirnzellen anstrengen, wenn man Google hat? Mit nur einem Klick haben wir Zugriff auf alle Antworten, die wir brauchen, sei es der Hauptdarsteller in einem Film oder wie man einen komplizierten Mathe-Trick ausführt. Unsere treuen Tech-Gadgets und KI-Systeme helfen uns dabei, aber zu welchem Preis?

Google ist der König der Suchmaschinen. Mit unglaublichen 3,5 Milliarden Anfragen pro Tag, hat Google ein Monopol auf unsere Suchanfragen. Aber nicht nur Google erlaubt es uns, unser Gehirn "outzusourcen", andere haben sich längst angeschlossen. Amazon kennt beispielsweise unsere Lieblingsmarken und Einkaufspräferenzen und Alexa erzählt uns alles, was auf unserer Einkaufs- oder To-Do-Liste steht. Es scheint, als wären diese Tech-Giganten eine Erweiterung unseres eigenen Gehirns geworden. Werden wir dadurch dümmer? Lass uns herausfinden, wie die heutigen Hilfesysteme die Art und Weise, wie wir Informationen aufnehmen, verändern.

Google verändert tatsächlich die Art und Weise, wie unser Gehirn lernt. Und es sind nicht nur die Suchmaschinen, die uns dazu bringen, uns auf unsere Geräte zu verlassen, sondern auch all die Informationen, die auf unseren Computern und Handys leicht zugänglich sind. In unserem Gehirn gibt es zwei Arten von Gedächtnis: das deklarative Gedächtnis und das nicht-deklarative Gedächtnis. Das deklarative Gedächtnis ist dafür verantwortlich, Fakten wie deine Telefonnummer oder die Hauptstadt der Schweiz und Ereignisse wie deinen ersten Kuss oder das erste Mal, dass du geflogen bist, zu merken. Diese Art von Gedächtnis wird im Hippocampus und im parahippocampalen Gyrus gespeichert. Das nicht-deklarative Gedächtnis hingegen ist für Bewegungen, Emotionen und Fähigkeiten wie das Fahrradfahren zuständig, die in verschiedenen Bereichen des Gehirns gespeichert werden.

Wenn wir lernen und uns Dinge merken wollen, wie zum Beispiel Fakten oder besondere Momente, müssen sie im Gehirn codiert, gespeichert und abgerufen werden. Zuerst also wird die Information in einen neuronalen Code umgewandelt, der im Gehirn gespeichert werden kann. Im nächsten Schritt, der Speicherung, wird die codierte Information im Hippocampus und dem parahippocampalen Gyrus abgelegt. Im letzten Schritt, der Wiedergabe, wird die gespeicherte Information schließlich aus dem Gehirn abgerufen und verwendet.

Aber was passiert, wenn wir die Informationen jederzeit zur Hand haben und uns eigentlich nichts mehr merken müssen? Nun, unser Gehirn entwickelt sich nicht so schnell wie die Technologien um uns herum. Es arbeitet daher immer noch auf die ihm gewohnte Art und Weise, sprich es kodiert, speichert und ruft gespeicherte Informationen ab. Was sich aber ändert, ist, was wir uns merken. Anstatt unser Gehirn mit Fakten und Informationen zu füllen, merken wir uns, wo wir diese finden können. Das nennt man den "Google-Effekt". Es ist, als würden wir unser Gedächtnis an das Internet auslagern.

Der Google-Effekt legt nahe, dass unsere ständige Nutzung von Suchmaschinen wie Google uns tatsächlich vergesslicher machen kann. Der Begriff wurde 2011 von den Forschenden Betsy Sparrow, Jenny Liu und Daniel Wegner geprägt, die vier Experimente durchführten, um die Auswirkungen von Suchmaschinen auf unser Gedächtnis zu untersuchen. Im ersten Experiment erhielten die Teilnehmenden eine Liste mit Quizfragen und hatten dann entweder 10 Minuten Zeit, um die Antworten mit Google zu suchen oder aus dem Gedächtnis abzurufen. Die Ergebnisse zeigten, dass diejenigen, die Google zur Suche nach Antworten nutzten, bei einem späteren Gedächtnistest schlechter abschnitten als diejenigen, die versucht hatten, die Antworten aus dem Gedächtnis abzurufen.

Im zweiten Experiment sollten sich die Teilnehmenden eine Liste von Wörtern merken. Sie bekamen dann die Möglichkeit, diese Wörter bei Google zu suchen. Am Ende zeigte sich, dass diejenigen, die bei Google nach den Wörtern suchten, sich die Wörter schwerer merken konnten als diejenigen, die nicht nach ihnen suchten.

Im dritten Experiment bekamen die Teilnehmenden wieder eine Liste mit Quizfragen vorgelegt. Sie hatten dann entweder 10 Minuten Zeit, um die Antworten mit Google zu suchen, oder sie mussten die Antworten aus dem Gedächtnis abrufen. Danach wurden sie gebeten, ihr Vertrauen in ihre Antworten zu bewerten. Wie sich herausstellte, hatten diejenigen, die Google für die Suche nach den Antworten nutzten, ein höheres Vertrauen in ihre Antworten, und das, obwohl sie beim anschließenden Gedächtnistest schlechter abschnitten.

Im vierten Experiment sollten die Teilnehmenden 40 zufällige Fakten lesen und abschreiben, wie zum Beispiel „Das Auge eines Straußes ist größer als sein Gehirn" (kaum zu glauben, oder?!). Der Hälfte der Teilnehmenden wurde gesagt, dass die Fakten auf einem Computer gespeichert wurden, während der anderen Hälfte gesagt wurde, dass die Fakten verloren gehen würden. Dann wurden sie einem Gedächtnistest unterzogen, bei dem sie sich an die zuvor gelesenen Fakten erinnern sollten. Es stellte sich heraus, dass die Gruppe, die sich nicht auf den Computer verlassen sollte, besser in dem Test abschnitt. Es scheint fast so, als hätte ihr Gehirn gesagt: „Oh, ich muss mich nicht daran erinnern, es ist auf dem Computer gespeichert". Entsprechend hat es sich die Informationen auch nicht gemerkt. Die Ergebnisse zeigen also, dass Menschen, die glauben, dass Informationen gespeichert und jederzeit zugänglich sind, sich selbst weniger wahrscheinlich an diese Informationen erinnern.

Und nun? Mit dem Aufstieg von KI wird der Google-Effekt noch viel stärker zum Tragen kommen. KI hat das „Informationszeitalter" zum „Wissenszeitalter" gemacht. Im Informationszeitalter ging es vor allem darum, Zugang zu Daten und Informationen zu haben. Dank Google können wir eine Suchanfrage stellen und haben auf Knopfdruck Zugang zu Unmengen an Informationen. Aber mit der zunehmenden Macht von KI sind wir ins Wissenszeitalter eingetreten. Dieses neue Zeitalter zeichnet sich dadurch aus, dass wir nicht nur auf Informationen, sondern auch auf Wissen zugreifen können. Und der Schlüssel zu diesem Wandel ist die Fähigkeit der KI, menschenähnliche Entscheidungen zu treffen.

KI hilft uns somit zunehmend bei zeitaufwändigen Aufgaben. Wenn wir zum Beispiel Ideen für gesunde und ausgewogene Mahlzeiten der kommenden Woche haben wollen, mussten wir bis vor Kurzem noch eine lange Liste an Suchergebnissen durchforsten, um uns einen passenden

Mahlzeitenplan selbst zusammenzustellen. Aber jetzt können wir einfach You.com oder ChatGPT direkt nach einem passenden Mahlzeitenplan für uns fragen, und die Antwort wird uns präsentiert. Anstatt Hunderte von Suchergebnissen zu sortieren, kann KI heute die Informationen analysieren, mit unseren Vorlieben und Vorgaben abgleichen und sie sogar für uns zusammenfassen. Das Ergebnis ist, dass wir nicht nur Rohdaten erhalten, sondern auch Schlussfolgerungen, Entscheidungen und Ideen – kurz gesagt: Wissen.

Bereits im Informationszeitalter haben Google & Co. verändert, was wir uns merken. Wir haben Google als Speicher für leicht zugängliche Informationen zu schätzen gelernt. Die Vermutung liegt also nahe, dass wir unser Gedächtnis im Wissenszeitalter noch stärker auslagern, zumal wir nicht einmal mehr aktiv nach Informationen „suchen" müssen. Dank des technologischen Fortschritts ist der Zugang zu Wissen einfacher geworden als je zuvor. Je fortschrittlicher KI wird, desto mehr wird sich der Google-Effekt wohl bemerkbar machen.

An sich ist das Auslagern unseres Gedächtnisses nichts Neues. Schon immer haben wir uns an Familienmitglieder, KollegInnen oder andere Personen gewandt, um unser Gedächtnis zu ergänzen. Denk nur daran, wie oft du deine Partnerin oder deinen Partner gefragt hast, wie die neuen Nachbarn heissen, oder deine KollegIn, wo das nächste Meeting stattfindet. Das nennt man das "Group Mind" oder transaktives Gedächtnis, und Google ist nur die neueste Ergänzung. Wenn wir uns auf Technologie verlassen, optimieren wir unser Gedächtnis wie eine Festplatte und merken uns, wo wir bestimmte Informationen finden können, nicht unbedingt die Fakten selbst.

Da unsere Beziehung zu Technologie immer enger wird, wird das Abrufen neuer Informationen damit wahrscheinlich immer häufiger zum Problem. Machen wir den Test: Kannst du jemanden aus deiner Familie auf dem Handy anrufen, ohne ihre Nummer nachzuschlagen? Falls nicht, mach dir keine Sorgen. Den meisten Menschen geht es so. Fast zwei Drittel der Erwachsenen können heute die Festnetznummer von ihrem Zuhause anrufen, in dem sie im Alter von 10 Jahren gewohnt haben. Die wenigsten aber kennen die aktuelle Telefonnummer ihrer Kinder oder Lebensgefährten. Letztendlich geht es aber nicht darum, dass wir vergesslicher werden, sondern dass wir unser Gedächtnis anders nutzen, um effizienter zu sein.

Tatsächlich hat der Google-Effekt nicht nur negative Auswirkungen. Einige Experten sagen sogar, dass er uns effizienter macht. Er hilft uns dabei, uns an unsere digitale Umgebung anzupassen und zu gedeihen, und verhindert, dass unser Gehirn mit unnötigen Informationen überladen wird. Es kann gut sein, dass wir uns an manche Informationen nicht erinnern, weil sie online so leicht zugänglich sind, aber das ist in Ordnung. Denn mal ganz ehrlich: Müssen wir uns jeden x-beliebigen Fakt merken, wenn wir ihn Sekundenschnelle googlen können? Zu wissen, wie und wo man Informationen findet, ist manchmal viel wertvoller, als sich all diese kleinen Fakten, Zahlen und Daten zu merken.

Aber Vorsicht! Wenn wir uns zu sehr auf Technologie verlassen, kann das unsere kognitiven Fähigkeiten beeinträchtigen. Wenn wir das Internet ständig als Gedächtnisstütze verwenden, werden wir zur Annahme verleitet, dass alle Informationen auf Knopfdruck verfügbar sind. Aber was, wenn dem einmal nicht so ist? Stell dir vor, du verlierst unterwegs dein Handy und kannst wichtige Informationen nicht mehr abrufen, weil du sie dir nie gemerkt hast. Auf einmal hast Du vielleicht Probleme, ohne Google Maps den schnellsten Weg nach Hause zu finden, oder du kannst deiner Familie nicht Bescheid geben, weil du die Nummern nicht auswendig weißt. Plötzlich steckst du in einer schwierigen Lage, weil du dich zu sehr auf Technologie verlassen hast. Der Google-Effekt kann dazu führen, dass wir zu abhängig von Technologie werden und in Schwierigkeiten geraten, wenn wir auf wichtige Informationen nicht mehr zugreifen können. Es ist daher wichtig, eine gesunde Balance zwischen der Menge an Informationen, die wir an die Technologie auslagern, und den Informationen, die wir in unserem eigenen internen Speicher behalten.

Das trifft auch auf Bilder zu. Und hier kann der Google-Effekt sogar negative Auswirkungen auf unser Wohlbefinden und unsere Erinnerungen verändern. Tatsächlich zeigt eine Studie von Linda Henkel, einer Memory-Expertin, dass der Google-Effekt auch auf Informationen in Form von Bildern anwendbar ist und unsere Erinnerungen beeinflusst. In dem Experiment gingen zwei Gruppen von Teilnehmern auf eine Museumstour, wobei eine Gruppe Fotos von allen Museumsobjekten machte, während die andere Gruppe ohne Kameras durch das Museum ging. Nach der Tour wurden beide Gruppen zu den Museumsobjekten befragt. Das Ergebnis: Die Gruppe mit den Fotos erinnerte sich an deutlich weniger Details als die Gruppe ohne Kameras und Fotos.

Mit dem Aufkommen der sozialen Medien und von Smartphones mit einer Profi-Kamera Ausstattung knipsen wir Menschen häufiger als je zuvor Fotos. Allerdings zeigt die aktuelle Forschung, dass wir einen Moment weniger lebhaft in Erinnerung behalten, wenn wir ein Foto machen, anstatt ihn einfach zu beobachten. Mit anderen Worten: Das Leben durch die Linse einer Kamera zu erleben, ist möglicherweise nicht so intensiv wie das Leben im Moment selbst. Die Essenz der Geschichte lautet daher, dass wir uns Zeit nehmen sollten, um die schönen Momente im Leben zu genießen und zu schätzen, anstatt nur ein paar Fotos zu machen. Denn nur so werden sie uns langfristig richtig in Erinnerung bleiben.

Wie kann man der digitalen Amnesie also entgegenwirken? Hier sind drei einfache Strategien, die dein Gedächtnis im Zeitalter der KI verbessern können. Zunächst einmal solltest du im "Jetzt" präsent sein. Suche also aktiv nach Informationen, anstatt gedankenlos durch Google zu scrollen. Sieh es als eine Art „Ich sehe was, was du nicht siehst"-Spiel für dein Gehirn. Das wird nicht nur dein Gedächtnis verbessern, sondern auch deine Achtsamkeit stärken.

Als nächstes solltest du ab und zu wieder zu Stift und Papier greifen, um Notizen zu machen. Das Schreiben von Hand hilft deinem Gehirn dabei, Informationen besser zu verarbeiten und bietet zudem eine willkommene Abwechslung vom ständigen Blick auf den Bildschirm.

Zum Schluss wollen wir noch über den Elefanten im Raum sprechen: Unsere Gadgets. Wir wissen alle, wie sehr sie uns ablenken können. Also versuche sie ab und zu beiseite zu legen. Ohne die Hilfe von Google oder ChatGPT bist du gezwungen, dich an Dinge aus eigener Kraft zu erinnern. Wer weiß, vielleicht überraschst du dich selbst, wie viel du dir merken kannst, wenn du ohne digitale Unterstützung auskommen musst.

AUF AUTOPILOT: DER AUFSTIEG DER KI UND DER FALL DER MENSCHEN?

Pilotin oder Pilot zu werden, ist nichts für schwache Nerven. Um die Kunst des Fliegens zu beherrschen, bedarf es einer einzigartigen Kombination aus körperlichen und geistigen Fähigkeiten. Pilotinnen und Piloten müssen schwierige Manöver genau ausführen und dabei schnell rechnen und die Lage abschätzen können, während sie ihre Umgebung aufmerksam im Auge behalten. Sie müssen multitaskingfähig sein, problemlos zwischen manuellen und kognitiven Aufgaben wechseln können und immer konzentriert und aufmerksam sein.

Wenn du anfängst, das Fliegen zu lernen, kann es zunächst überwältigend wirken. Die Steuerung fühlt sich vielleicht fremd an und es fällt dir möglicherweise schwer, den Anforderungen gerecht zu werden. Aber wenn du viele Stunden übst und wiederholst, wirst du Fortschritte sehen. Die Bewegungen werden natürlicher und du kannst präziser und mit weniger Anstrengung fliegen. Dein Gehirn passt sich ebenfalls an und entwickelt mentale Modelle, die dir helfen, Muster zu erkennen und fast instinktiv auf Situationen zu reagieren.

Durch neue Technologien hat sich die Arbeit im Cockpit verändert, und Computer übernehmen immer mehr Aufgaben, die früher von Pilotinnen und Piloten erledigt wurden. Ein Beispiel ist das automatische Flugsteuerungssystem (AFCS), das Höhe, Geschwindigkeit und Flugrichtung automatisch steuert und so manuelle Anpassungen überflüssig macht. Moderne Flugzeuge nutzen Fly-by-Wire (FBW) Technologie, die wie ein sehr kluger Co-Pilot funktioniert, der ständig aufpasst. Statt einer traditionellen mechanischen Steuerung verwendet FBW modernste Computertechnik, um Flugbefehle umzusetzen und sicherzustellen, dass das Flugzeug genau das macht, was gewünscht ist. Mit FBW sind die Steuerflächen des Flugzeugs nicht mehr direkt mit dem Steuer verbunden. Stattdessen liest ein Computer die Eingaben und sorgt dafür, dass alles reibungslos funktioniert. Ein weiteres Beispiel ist das Navigationssystem, das automatisch die beste Route und den besten Flugplan berechnen kann, um die Arbeitslast der Pilotinnen und Piloten zu reduzieren. Zudem sind moderne Flugzeuge mit vielen fortschrittlichen Sensoren und Systemen ausgestattet, die mögliche Probleme erkennen und diagnostizieren können und das Cockpit auf mögliche Schwierigkeiten hinweisen.

Hier ist sie also, die Zukunft des Fliegens! Mit all den tollen Gadgets und Spielereien im Cockpit können Pilotinnen und Piloten sich zurücklehnen, entspannen und die Maschinen die harte Arbeit machen lassen. So können sie sich auf die wichtigen Dinge konzentrieren, wie das Flugzeug auf Kurs halten, mit dem Kontrollturm sprechen und im Notfall lebensrettende Entscheidungen treffen. Aber genau hier ist der Haken: Diese Automatisierung kann auch Nachteile haben. Wenn Pilotinnen und Piloten weniger Arbeit haben, üben sie auch weniger, was sie weniger erfahren und kompetent im manuellen Fliegen macht. Es ist wie bei einem Videospiel: Wenn das Spiel zu einfach ist, wirst du nicht besser. Das kann ein Problem sein, wenn im Notfall die Pilotinnen und Piloten das Ruder übernehmen müssen, aber nicht so erfahren sind, wie sie es sein könnten.

Dieser Nachteil, wenn Computer und KI die Kontrolle übernehmen, wird als „Dequalifizierung" bezeichnet. Mit anderen Worten: Der Mangel an Übung und Erfahrung im manuellen Fliegen kann dazu führen, dass Pilotinnen und Piloten das Flugzeug in Notsituationen weniger gut beherrschen, was ein Sicherheitsrisiko darstellt. Obwohl Computer das Fliegen leichter machen, besteht auch die Gefahr, dass das Cockpit bei manueller Steuerung weniger geschickt wird. Das erfordert eine Abwägung zwischen dem Bedarf an effizienter Automatisierung und dem Bedarf, die Fähigkeiten der Pilotinnen und Piloten zu erhalten.

Leider kann Dequalifizierung schlimme Folgen haben. Am 31. Mai 2009 erschütterte der tragische Absturz eines Airbus A330 der Air France die Welt. Das hochmoderne Flugzeug startete mit 228 Reisenden an Bord von Rio de Janeiro Richtung Paris. Drei Stunden nach dem Start geriet das Flugzeug in einen schweren Sturm über dem Atlantik. Dieser hatte verheerende Auswirkungen auf die Geschwindigkeitssensoren des Flugzeugs, die vereisten und daraufhin falsche Werte anzeigten. Infolgedessen schaltete sich der Autopilot aus, und das Schicksal des Flugzeugs und aller Reisenden lag allein in den Händen der beiden erfahrenen Piloten.

Wie eine spätere Aufklärung ergab, passierten einige grundlegende Fehler, als die Steuerung des Flugzeugs an das Cockpit übergeben wurde. Sobald der Autopilot sich ausschaltete, ging das Warnsystem im Cockpit an und signalisierte, dass das Flugzeug Gefahr lief, in einen Strömungsabriss zu geraten. Das bedeutet, dass das Flugzeug an Geschwindigkeit verliert und anfängt zu fallen. Pilotinnen und Piloten werden darauf trainiert, in solchen Situationen den Steuerknüppel nach vorne zu drücken, damit das Flugzeug nach unten geht und an Geschwindigkeit gewinnt. Die erfahrenen Piloten machten jedoch genau das Gegenteil und zogen den Steuerknüppel nach hinten, was die Nase des Flugzeugs anhob und es weiter verlangsamte. So ging es ein paar Minuten lang weiter, während im Cockpit alle möglichen Warnungen ertönten. Nach drei Minuten geriet das Flugzeug in einen Strömungsabriss, verlor an Höhe und stürzte 30.000 Fuß in die Tiefe. Bei dem Absturz starben alle 228 Passagiere an Bord.

Das französische Untersuchungsteam stellte später fest, dass die Piloten eine „völligen kognitive Kontrollverlust über die Situation" zeigten, die letztendlich zum Absturz führte. Leider ist dies kein Einzelfall. Obwohl die Gesamtzahl der Flugzeugabstürze sinkt, ist die Anzahl der Abstürze, die durch Pilotinnen oder Piloten verursacht wurden, die sich auf computergestützte Systeme verlassen haben, gestiegen. Im Jahr 2013 veröffentlichte die Federal Aviation Administration (FAA) einen Sicherheitshinweis an alle US-Fluggesellschaften und andere kommerzielle Luftfahrtunternehmen, in dem vor den Gefahren einer zu großen Abhängigkeit von Technologie gewarnt und dazu aufgerufen wurde, manuelles Fliegen zu fördern. Die FAA hatte Beweise aus Unfalluntersuchungen, Zwischenfallberichten und Cockpit-Studien gesammelt, die darauf hindeuteten, dass Pilotinnen und Piloten zu sehr auf Computer angewiesen waren. Diese Überbeanspruchung kann dazu führen, dass ihre Fähigkeit, ein Flugzeug schnell aus einer unerwünschten Situation heraus zu manövrieren, abnimmt. Daher sollten die Fluggesellschaften nach FAA als betriebliche Maßnahme anweisen, dass Pilotinnen und Piloten weniger Zeit mit Autopiloten und mehr Zeit im manuellen Flug verbringen.

Der tragische Vorfall erinnert uns nachdrücklich daran, dass wir alle wachsam bleiben und unsere Fähigkeiten weiterentwickeln müssen, auch wenn Technologie immer mehr Teil unseres Lebens wird. Das betrifft nicht nur Pilotinnen und Piloten, sondern uns alle. Seien wir ehrlich, wann haben wir zuletzt einen Brief geschrieben, ohne die Hilfe von Programmen, die unsere Grammatik und Rechtschreibung korrigieren? Und kennen wir noch die Telefonnummern unserer engsten Freundinnen, Freunde und Familie auswendig, oder rufen wir sie einfach auf unserem Handy ab? Wann sind wir zuletzt auf eine Abenteuerreise gegangen, bei der wir auf eine gute alte Karte statt auf digitale Technik vertraut haben, um ans Ziel zu kommen?

Ein weiteres Beispiel sind einfache Rechnungen. Erinnerst du dich an die Zeit, als Mathe mühsam war und wir mit Stift und Papier rechnen mussten? Mit viel Übung und Wiederholung wurden wir darin gut. Heute haben Taschenrechner alles zum Kinderspiel gemacht. Einfach ein paar Tasten drücken und voilà! Selbst komplizierteste mathematische Probleme sind gelöst. Aber diese Benutzerfreundlichkeit hat dazu geführt, dass wir unsere eigenen Rechenfähigkeiten verlernt haben. Selbst einfache Berechnungen können uns schwer erscheinen, weil wir aus der Übung sind, sie im Kopf zu lösen. Du siehst also, dass technologiebedingte Dequalifizierung bereits in unserem Alltag stattfindet.

Dequalifizierung tritt auf, wenn wir uns zu sehr auf KI verlassen, um Aufgaben für uns zu erledigen, sodass wir unsere eigenen Fähigkeiten nicht mehr üben und verbessern. Zum Beispiel stellte der Journalist John Seabrook fest, dass die Verwendung von Googles Smart Compose-Tool seine eigenen Schreibfähigkeiten beeinträchtigte. Als er einen Satz mit „Ich bin..." anfing und Smart Compose vorschlug, ihn mit „Ich bin stolz auf dich" zu vervollständigen, merkte Seabrook, dass er die Kontrolle an die Maschine abgegeben hatte. Er fragte sich, ob er der KI erlaubt hatte, sein Co-Autor zu sein, und ob dies ein Rückschritt für seine eigenen Schreibfähigkeiten war. Viele Menschen haben ähnliche Erfahrungen, wenn sie KI im Alltag nutzen. Wenn wir uns zu sehr auf diese Werkzeuge verlassen, können wir zu passiv werden und bemühen uns nicht mehr, unsere eigenen Fähigkeiten zu verbessern. Das kann zu einer „Satisficing Tendenz" führen, bei der wir uns mit einem Ergebnis zufriedengeben, das gerade gut genug ist.

Während KI immer komplexere Aufgaben übernimmt und in den Bereich der Wissensarbeit vordringt, können ähnliche Probleme auch bei anspruchsvolleren Aufgaben auftreten. Genau hier wird es wirklich kritisch! Je schwieriger die Aufgaben sind, desto wichtiger ist eine angemessene Schulung und Übung – denn Maschinenausfälle können schwerwiegende Folgen haben. Die Luftfahrtindustrie ist ein Paradebeispiel dafür. Wenn wir uns die Auswirkungen der Automatisierung in der Luftfahrtindustrie anschauen, können wir einen Blick in die Zukunft werfen und sehen, wie Maschinen unsere Welt weiterhin prägen werden. Die Luftfahrtindustrie gehörte zu den ersten Branchen, die versuchten, Arbeit von Menschen auf Maschinen zu verlagern. Das führte zu einer frühen und weit verbreiteten Nutzung von Computersystemen, viele davon KI betrieben. Was die Luftfahrtindustrie vor Jahrzehnten gemacht hat, machen heute andere Branchen, indem sie ähnliche Computersysteme einsetzen, um ihre Prozesse und Abläufe zu optimieren. Die Frage ist: Wie wird sich die fortschreitende Nutzung von KI auf andere Branchen und die Gesellschaft insgesamt auswirken?

Schauen wir uns zwei Beispiele an, in denen die KI derzeit an Bedeutung gewinnt.

In der Medizin wird KI in Bereichen wie Augenheilkunde, Radiologie, Molekularmedizin und Kinderheilkunde immer wichtiger. Früher verließen sich Ärztinnen und Ärzte auf körperliche Untersuchungen, ihre visuelle Wahrnehmung und kognitive Fähigkeiten, um eine Diagnose und einen Behandlungsplan zu erstellen. Heute gibt es jedoch automatische Screening- und Entscheidungshilfesysteme, die auf Basis von Deep Learning basieren und immer häufiger eingesetzt werden. Angesichts der bisherigen Diskussion ist es nicht verwunderlich, dass es Bedenken gibt, dass medizinisches Fachpersonal klinischen Fähigkeiten verlieren und sich zu sehr auf KI-Empfehlungen verlassen könnte. Das kann dazu führen, dass sie nicht mehr in der Lage sind, fundierte Entscheidungen zu treffen, Krankheiten nicht mehr richtig erkennen und das Vertrauen in ihre eigenen Fähigkeiten verlieren.

Stell dir eine Welt vor, in der Operationen vollständig von Maschinen durchgeführt werden, mit Roboterarmen, die von fortschrittlichen Algorithmen gesteuert werden. Diese Roboter können sich mit einer Präzision und Geschwindigkeit bewegen, die menschliche Fähigkeiten übertrifft, und Operationen weniger invasiv und effizienter gestalten. Aber was passiert, wenn etwas schiefgeht und der Roboter eine Fehlfunktion hat? Die Chirurgin oder der Chirurg muss in der Lage sein, die Operation manuell zu übernehmen. Aber wenn diese Fähigkeiten nicht regelmäßig geübt wurden, ist das medizinische Personal weniger versiert.

Selbstfahrende Autos sind ein weiteres Beispiel. Diese Autos sind mit einer Vielzahl von Sensoren und Kameras ausgestattet, die ihnen ermöglichen, selbstständig auf den Straßen zu fahren. Sie können die Fahrspur wechseln, Hindernissen ausweichen und sogar selbst einparken. Durch den technologischen Fortschritt werden künftig immer weniger

Fähigkeiten benötigt, um ein Auto zu fahren. Die Rolle des Menschen verschiebt sich von einer aktiven Beteiligung zu einer bloßen Überwachung, was das Potenzial für den Verlust manueller Fahrfähigkeiten erhöht. Aber was passiert, wenn etwas schief geht und die Fahrerin oder der Fahrer das Steuer übernehmen muss? Deshalb haben viele selbstfahrende Autos immer noch Lenkräder und Pedale, damit Personen übernehmen können, wenn das Problem noch zu komplex für die KI ist. Wenn du jedoch lange nicht mehr selbst Auto gefahren bist, fühlst du dich möglicherweise nicht so sicher hinter dem Steuer. Es ist wie beim Fahrradfahren: Wenn du es eine Weile nicht machst, fühlst du dich vielleicht eher wackelig und unwohl auf den Rädern.

Die Dequalifizierung ist nicht das einzige Problem in solchen Fällen. Stell dir vor, du sitzt in einem selbstfahrenden Auto und hörst deine Lieblingsmusik. Das Auto fährt problemlos und du berührst nicht einmal das Lenkrad. Doch während du in deiner eigenen Welt versunken bist, fängt das Auto an zu spinnen und du merkst es nicht einmal. Warum? Weil du der „Automation Complacency" zum Opfer gefallen bist. Automation Complacency, oder auch übersteigertes Vertrauen in Automation, ist ein schicker Begriff dafür, dass man sich zu sehr auf automatisierte Technologie verlässt und ihr blind vertraut. Man denkt, alles ist unter Kontrolle, selbst wenn das System versagt. Man verlässt sich zu sehr auf die Technologie und hört auf, auf das zu achten, was um einen herum passiert.

Dieses Phänomen ist natürlich nicht nur auf selbstfahrende Autos beschränkt. Es kann bei jeder KI-basierten Automatisierungstechnologie auftreten. Pilotinnen und Piloten, Fluglotsinnen und Fluglotsen und Ärztinnen und Ärzte, die sich zu sehr auf KI verlassen, können an übersteigertem Vertrauen in Automation leiden. Durch ein übersteigertes Vertrauen in eine Technologie können wir Menschen im Beruf wie im Privatleben kritische Situationen übersehen, was zu Unfällen oder Fehlern führen kann.

Ein verwandtes Problem ist die sogenannte Automatisierungsverzerrung. Demnach vertrauen wir den Empfehlungen eines automatisierten Systems so sehr, dass wir aufhören, kritisch zu denken. Wir nehmen einfach an, dass die Technologie immer richtig liegt und folgen blind ihren Ratschlägen. Das Problem ist, dass auch Technologie manchmal falsch liegen kann. ChatGPT beispielsweise kann auch einmal "halluzinieren" und Quellen und Artikel erfinden, die es gar nicht gibt, aber glaubwürdig klingen. Aber es kann noch zu gefährlichen Fehlern kommen, wenn Technologie versagt. Denk nur an die vielen Unfälle, die durch GPS verursacht wurden. Diese nehmen seit Jahren zu.

In manchen Fällen vertrauten Fahrerinnen und Fahrer den Anweisungen ihres GPS blind, auch wenn sie dadurch in gefährliche oder falsche Situationen gerieten. Touristen, die auf dem Weg zu einer australischen Insel mit ihrem Auto ins Meer stürzten, sind ein gutes Beispiel dafür. Sie folgten den GPS-Anweisungen und bemerkten zu spät, dass sie eine Klippe herunter fuhren. In ihren eigenen Worten: „Es sagte immer wieder, dass es uns zu einer Straße navigieren würde". Letztendlich kann die blinde Übertragung von Aufgaben auf Technologie und das vollständige Vertrauen in sie dazu führen, dass wir die Kontrolle über die Situation verlieren, wenn wir nicht aufmerksam bleiben und die Aufgabe selbst nicht mehr bewältigen können.

Also, was ist die Lösung? Es ist wichtig, im Hinterkopf zu behalten, welche Gefahren es haben kann, die Kontrolle an KI abzugeben, und welche Faktoren zu einer KI-Abhängigkeit führen. Wir müssen wissen, wie wir diesen entgegenwirken können. Nur wir uns dessen bewusst bleiben, können wir sicherstellen, dass wir nicht den negativen Folgen ausgesetzt sind, die sich aus dem blinden Befolgen von KI-Anweisungen ergeben können.

Da sich die Technologie in rasantem Tempo weiterentwickelt, ist es Aufgabe jeder Person, unserer Bildungssysteme und Organisationen sicherzustellen, dass wir unsere Fähigkeiten nicht verlieren. Wir müssen proaktiv Maßnahmen ergreifen, um eine Dequalifizierung von Menschen in Zeiten von KI zu verhindern. Nur so können wir sicherstellen, dass wir mit der sich ständig weiterentwickelnden technologischen Landschaft Schritt halten können und diese Tools uns besser machen, nicht schlechter.

Aber auch wenn der Mensch als Backup für die KI-gestützte Automatisierung erhalten bleibt, müssen wir wachsam sein und uns nicht zu sehr auf Technologie und KI verlassen. Der Schlüssel liegt darin, das richtige Gleichgewicht zwischen menschlichem Urteilsvermögen und Automatisierungstechnologie zu finden.

Wir als Einzelpersonen sind gefordert, uns selbst fit zu halten und uns davor zu schützen, unsere Fähigkeiten zu verlieren. Eine Möglichkeit besteht darin, unser eigenes Urteilsvermögen zu nutzen und dann erst unsere Einschätzung mit der neuesten KI zu prüfen. Zum Beispiel sollte eine Ärztin oder ein Arzt ihrer oder seiner eigenen Einschätzung einer körperlichen Untersuchung vertrauen, bevor sie oder er sich an die KI wendet. Außerdem ist es wichtig, dass wir ein grundlegendes Verständnis darüber haben, wie Algorithmen funktionieren, um informierte Entscheidungen treffen zu können.

Im Bildungsbereich ist es entscheidend, dass wir bestimmte grundlegende Fähigkeiten nicht vernachlässigen, egal wie fortschrittlich und gut KI sein wird. Wir müssen Kernkompetenzen definieren und in unsere Bildungs- und Schulungsprogramme integrieren, selbst wenn sie im täglichen Leben nicht so häufig genutzt werden. Ärztinnen und Ärzte sollten beispielsweise immer in der Lage sein, auf Sicht bestimmte Krankheiten zu erkennen, und Chirurginnen und Chirurgen sollten Operationen auch ohne Technologie durchführen können. Es mag übertrieben wirken. Aber die Geschichte der Luftfahrt hat uns gelehrt, dass Fähigkeiten schnell in Vergessenheit geraten, wenn wir sie nicht aktiv fördern.

Schließlich ist es unerlässlich, dass Organisationen proaktive Schritte unternehmen, um eine Dequalifizierung zu verhindern und eine verantwortungsvolle Nutzung von KI zu fördern. Was ist das Geheimrezept? Es heißt „Hybrid Intelligence" und es geht darum, das Beste aus beiden Welten – Mensch und KI – zusammenzubringen. Stell dir das wie ein Superhelden-Duo vor – Batman und Robin, wenn du so willst. Zusammen können sie jedes Problem lösen, das sich ihnen in den Weg stellt! Anstatt uns blind auf Technologie zu verlassen, können auch wir unsere Fähigkeiten mit der von KI kombinieren, um nachhaltige Lösungen zu entwickeln. Durch hybride Intelligenz werden wir besser, nicht schlechter.

Schlussendlich kann Technologie unser Leben zwar erleichtern, aber es ist wichtig, wachsam zu bleiben und sie nicht auf Autopiloten laufen zu lassen. Wie bei einer Rolltreppe können wir bequem darauf stehen bleiben und uns nach oben fahren lassen. Das macht uns auf Dauer unfit. Bewegen wir uns allerdings mit der Technologie nach oben, sind wir schneller als zuvor. Was für unsere motorischen Fähigkeiten gilt, gilt auch für unsere kognitiven Fähigkeiten. Wir dürfen uns nicht auf Technologie ausruhen. Wie heißt es so schön: "If you don't use it, you'll lose it!" Also bleib wachsam, bleib aufmerksam, bleib auf dem Laufenden! Denn Technologie wird weiter fortschreiten und es liegt an uns, sie verantwortungsbewusst einzusetzen, damit wir alle davon profitieren.

KI UND DIE FRAGE DER MENSCHLICHKEIT: MACHT UNS KI ZU MASCHINEN?

Stell dir vor, dass Roboter und KI so fortschrittlich sind, dass sie uns ständig begleiten und uns bei unseren alltäglichen Aufgaben helfen, ja sogar Teil unseres sozialen Umfelds werden. Was passiert dann mit unserer Art miteinander zu kommunizieren und zu interagieren?

Die MIT-Professorin und Pionierin auf diesem Gebiet, Sherry Turkle, hat herausgefunden, dass Technologie unser Gefühlsleben und Miteinander beeinträchtigen kann. In der heutigen vernetzten Welt läuft man schnell Gefahr, zu meinen, man kann das persönliche Gespräch durch Online-Beziehungen ersetzen. Mit der Möglichkeit, Tausende von Freunden auf Twitter und Facebook zu haben, verwechseln wir oft Tweets und Likes mit echten Beziehungen. Dieses ständige Gefühl von Verbundenheit kann jedoch tatsächlich zu Einsamkeit und Entfremdung führen. Turkles Forschung zeigt beunruhigende Veränderungen in den Beziehungen zwischen Freunden, Paaren und Familien aufdeckt, die durch unsere Abhängigkeit von der Technologie entstanden sind. In Hunderten von Interviews hat sie herausgefunden, dass Technologie unsere Fähigkeit beeinträchtigt, authentische Beziehungen zu knüpfen und uns letztendlich „gemeinsam einsam" fühlen lässt.

Aber das ist nur der Anfang. Stell dir vor, dass KI so weit fortgeschritten ist, dass sie nicht nur Werkzeug, sondern auch Begleitung sein kann. Was passiert, wenn wir nicht mehr nur mit unseren Mitmenschen interagieren, sondern zunehmend auch mit unserer künstlich intelligenten Begleitung?

Wie wird sich das auf unsere sozialen Fähigkeiten und die Art und Weise auswirken, wie wir miteinander kommunizieren und interagieren?

Je mehr wir uns auf Maschinen verlassen, desto weniger interagieren wir mit echten Menschen. Und genau da fangen die Probleme an. Wir werden unabhängiger, aber auch einsamer und weniger empathisch gegenüber anderen. Noch beängstigender ist, dass wir beginnen könnten, andere Menschen als weniger vollwertige Menschen zu sehen. Das nennt man Entmenschlichung, und sie ist erschreckend verbreitet und kann gravierende Auswirkungen haben.

Obwohl Forschung bis heute noch keine klaren kausalen Rückschlüsse auf eine Entmenschlichung durch Technik machen lässt, argumentiert Waytz – Autor des Buches *The Power of Human* – dass eine Vielzahl verwandter Trends auf ihre Zunahme hindeuten. Die Menschen sind einsamer, misstrauischer und weniger mit ihren Gemeinden verbunden als in der Vergangenheit. Außerdem hat die Empathie in Studien zwischen 1979 und 2009 abgenommen. Dieser Rückgang deutet darauf hin, dass sich die Art und Weise, wie wir mit anderen interagieren, bereits unlängst verändert hat.

KI verändert also die Welt. Sie revolutioniert die Art und Weise, wie wir mit Maschinen und vor allem miteinander umgehen. Mit der zunehmenden Verbreitung digitaler Assistenten fangen wir an, sie wie echte Vertraute, Freunde und sogar Therapierende zu behandeln. Aber die große Frage ist: Was passiert mit unseren zwischenmenschlichen Beziehungen, wenn wir uns immer wohler dabei fühlen, mit unseren Geräten zu reden, als wären sie lebende, atmende Wesen?

Die Wahrheit ist, dass wir schon jetzt die Auswirkungen der KI auf unser soziales Leben sehen und wie sie die gewohnten Ansätze für soziale Interaktionen verändert. Eltern machen sich Sorgen, dass ihre Kinder möglicherweise schlechte Umgangsformen haben und sich schlecht gegenüber

Menschen verhalten könnten, wenn sie sich mehr mit digitalen Assistenten wie Alexa oder Siri auseinandersetzen. Kinder, die mehr Zeit mit KI als mit Mitmenschen verbringen, könnten demnach Schwierigkeiten haben, Empathie zu entwickeln und bedeutsame Verbindungen aufzubauen.

Wie wirkt sich das auf die Zusammenarbeit unter Menschen aus? Kooperation ist für unsere Gesellschaft unerlässlich – sie hilft uns, gemeinsame Ziele zu erreichen und erfolgreiche Gemeinschaften zu schaffen. Jüngste Forschungsergebnisse der Yale-Universität deuten jedoch darauf hin, dass unsere Beziehung zur KI unsere Zusammenarbeit negativ beeinflussen könnte. In einem faszinierenden Experiment untersuchten die Forscherinnen und Forscher, wie KI die „Tragik der Allmende" beeinflusst – die Idee also, dass das egoistische Handeln von Individuen zu kollektivem Schaden führen kann.

Teilnehmende im Experiment bekamen Geld für ein Online-Spiel, das aus mehreren Runden bestand. Zu Beginn jeder Runde hatten die Teilnehmenden die Möglichkeit zu entscheiden, ob sie das Geld für sich behalten oder es ganz oder teilweise an die Personen neben ihnen spenden wollten. Wenn sie sich für eine Spende entschieden, wurde der Spendenbetrag verdoppelt und ihre Nachbarn bekamen doppelt so viel Geld.

Am Anfang haben zwei Drittel der Mitspielenden altruistisch agiert und Geld an die Personen neben sich gespendet. Sie wussten, dass ihre Großzügigkeit in einer Runde von ihren Mitspielenden in der nächsten Runde erwidert werden könnte. Kurzfristig wäre es natürlich am besten gewesen, das Geld ganz egoistisch für sich zu behalten und nebenbei noch das Geld von den Mitspielenden zu erbeuten. Um nun zu testen, wie KI die Zusammenarbeit und Spenden der Teilnehmenden beeinflusst, wurden dem Spiel einige egoistische Bots hinzugefügt.

Was ist passierte, als diese Bots mit von der Partie waren? Traurig, aber wahr: Die Spielenden fingen an, dem Beispiel der Bots zu folgen, und schließlich hörten alle nach und nach auf, zusammenzuarbeiten. Die Bots hatten eine Gruppe von großzügigen Menschen in eine Gruppe von Egomanen verwandelt. Die Studie zeigt, dass die Integration von KI in unser soziales Umfeld dazu führen kann, dass wir weniger wirtschaftlich und sozialverträglich handeln.

Denken wir kurz einen Moment darüber nach, was diese Entdeckung für uns bedeutet. Zusammenarbeit ist das Herzstück unseres sozialen Lebens. Vertrauen und Großzügigkeit sind das, was erfolgreiche Gruppen von weniger erfolgreichen unterscheidet. Wenn wir zusammenarbeiten und Opfer für das Gemeinwohl bringen, profitieren wir alle. Aber wenn diese Zusammenarbeit einbricht, heißt das: „Auf Wiedersehen, Gemeinwohl" und „Hallo, Leid für alle". Die Vorstellung, dass KI unsere Fähigkeit zur Zusammenarbeit derart zum Kollaps bringen könnte, ist daher mehr als beunruhigend.

Glücklicherweise arbeiten Forschende bereits daran, wie KI unsere Zusammenarbeit verbessern und nicht verschlechtern kann. In einem anderen Experiment des gleichen Labors in Yale saßen kleine Gruppen Menschen und ein humanoider Roboter an einem Tisch und arbeiteten mit Tablets an der Verlegung von virtuellen Eisenbahnschienen. Der Roboter wurde so programmiert, dass er Fehler macht und diese erkennt, indem er sagt: „Sorry, ich habe diesen Durchgang einen Fehler gemacht. Es mag schwer zu glauben sein, aber auch Roboter machen Fehler!".

Die Ergebnisse zeigten, dass dieser tollpatschige, entschuldigende Roboter den Gruppen zu besseren Ergebnissen verhalf, indem er die Kommunikation zwischen den Menschen am Tisch förderte. Die Gruppen waren entspannter und gesprächiger, boten Hilfe an, wenn jemand ins Stocken geriet, und lachten öfter zusammen als die Gruppen, die zwar einen Roboter hatten, der aber nur nichtssagende Kommentare von sich gab.

Lass uns ein letztes online Experiment betrachten, bei dem 4.000 Teilnehmende in Gruppen von etwa 20 Personen aufgeteilt wurden. Jeder Person wurden individuelle „Bezugspersonen" innerhalb der Gruppe zugewiesen, die ihr soziales Netzwerk bildeten. Die Aufgabe war einfach: Wähle eine von drei Farben, aber keiner der „virtuellen Bezugspersonen" darf die gleiche Farbe haben wie du.

Die Teilnehmenden wussten nicht, dass es in einigen Gruppen kleine Bots gab, die absichtlich Fehler machten und ihre gewählte Farbe nahmen. Und wie reagierten die Teilnehmenden darauf? Die, die direkt mit diesen Bots verbunden waren, waren super flexibel und vermieden es, sich auf eine Lösung festzulegen, die nur für sie selbst, aber nicht für die Gruppe als Ganzes funktionierte. Und diese Flexibilität breitete sich auf das gesamte Netzwerk aus, auch auf diejenigen, die nicht direkt mit den Bots verbunden waren. Als Ergebnis schnitten die Gruppen mit den fehleranfälligen Bots besser ab als die Gruppen ohne sie. Die Bots halfen den Menschen, sich selbst zu helfen – wer hätte das gedacht?

Das zeigt, dass KI auch positive Auswirkungen haben kann, wenn sie richtig designt ist. Tatsächlich können wir in „Hybrid-Systemen" aus Mensch und Maschine durch die richtige Art von KI sogar besser miteinander zusammenarbeiten. Und es gibt noch andere Studien, die Hoffnung geben. So hat der Politikwissenschaftler Kevin Munger beispielsweise einen Bot programmiert, um gegen Menschen vorzugehen, die im Internet rassistische Dinge posten.

Im Wesentlichen erinnert der Bot Personen, die etwas Rassistisches gepostet hatten, daran, dass die Person auf der Empfängerseite auch ein menschliches Wesen mit Gefühlen ist. Schlussendlich konnte allein diese Erinnerung die Personen dazu bringen, über einen längeren Zeitraum keine rassistischen Äußerungen mehr zu posten. Das sind doch gute Nachrichten!

Die rasante Entwicklung der KI wirft wichtige Fragen auf: Wie beeinflusst sie unsere zwischenmenschlichen Beziehungen? Können wir weiterhin tiefgründige und bedeutungsvolle Verbindungen zu anderen aufbauen? Es besteht die Möglichkeit, dass es uns durch KI schwerer fällt, tiefe Beziehungen zu anderen aufzubauen und dass unsere Beziehungen oberflächlicher oder egozentrischer werden. Wir müssen uns bewusst sein, wie die Technologie unser emotionales Wohlbefinden beeinflussen könnte und wie wir uns darauf vorbereiten können.

In der Vergangenheit haben unsere angeborenen Fähigkeiten zu Liebe, Freundschaft, und Zusammenarbeit uns geholfen, als Gemeinschaft zu leben. Aber wir haben keine Zeit, um neue angeborene Fähigkeiten zu entwickeln, um mit Robotern zu leben. Deshalb müssen wir sicherstellen, dass wir ein gutes Miteinander pflegen. Vielleicht brauchen wir schlussendlich einen neuen Gesellschaftsvertrag – einen mit Maschinen statt mit anderen Menschen.

KAPITEL 5

KI FÜTTERN: WARUM DEINE DATEN DAS NEUE HAPPY MEAL SIND

Wenn wir KI in unserem Alltag nutzen, geben wir ihr Zugriff auf zahlreiche Informationen über uns – von unseren Sprach- und Schreibgewohnheiten bis hin zu unseren Suchanfragen und Standortdaten. KI sammelt diese Informationen in einem noch nie da gewesenen Umfang. Doch was bedeutet das eigentlich für uns?

Bevor wir uns mit den möglichen dystopischen Szenarien auseinandersetzen, sollten wir uns zuerst daran erinnern, was KI überhaupt ist und wie sie funktioniert. Im Grunde genommen ahmt KI die menschliche Intelligenz nach. Man nennt sie daher oft auch eine „Maschine, die das menschliche Denken simuliert". Selbstfahrende Autos, Computerspiele, bei denen Menschen ohne Probleme besiegt werden, und persönliche Assistenten wie Siri – all das wäre ohne KI nicht möglich. Allerdings gibt es einen Haken: KI ist nichts ohne Daten. Sie braucht Daten, um daraus zu lernen und intelligenter sowie effizienter zu werden. Hier kommt die unheimliche Seite der KI ins Spiel. Im weiteren Verlauf werden wir uns ansehen, warum deine Daten das neue „Happy Meal" für KI sind. Mach dich also bereit und lass uns eintauchen!

DAS INTERNET, EIN RIESIGES BUFFET FÜR GENERATIVE KI?

Stell dir vor, du stehst vor einem riesigen Buffet voller köstlicher Speisen – von würzigem Curry bis hin zu süßen Desserts. Doch statt Essen findest du hier Daten. Willkommen im Internet, wo die generative KI eine schier unendliche Quelle von Informationen gefunden hat, auf die sie zugreifen kann!

Generative KI kann auf magische Weise neue und originelle Inhalte wie Musik, Kunst, Text und sogar Videos hervorzaubern. Wie macht sie das? Indem sie mit riesigen Datenmengen trainiert wird und Muster erkennt, die sie zur

Erstellung ähnlicher Inhalte nutzen kann. Wie du dir vorstellen kannst, ist die Entwicklung eines solchen generativen KI-Modells eine anspruchsvolle und ressourcenintensive Aufgabe, die viel Fachwissen, finanzielle Mittel und große Datenmengen erfordert. Bislang konnten nur einige große Technologieunternehmen wie OpenAI, DeepMind und Meta erfolgreich generative KI-Modelle entwickeln und veröffentlichen.

Um die Größe von generativen KI-Modellen zu verdeutlichen, kann man ChatGPT-3 von OpenAI als Beispiel nehmen. Es wurde mit 45 Terabyte an Daten trainiert und nutzt unglaubliche 175 Milliarden Parameter, um Vorhersagen zu treffen. Die Nachfolge, GPT-4, wird astronomische 100 Billionen Parameter haben – das sind 600 Mal mehr als das vorangegangene Modell.

Das Training solcher Modelle kann sehr teuer sein, wenn man große Datenmengen nutzt, die praktisch das gesamte Internet abbilden: Schätzungen zufolge hat ein einzelner Trainingslauf für GPT-3 12 Millionen US-Dollar gekostet. Glücklicherweise haben große Unternehmen wie OpenAI Milliarden von Dollar an Finanzierung erhalten, um solche Modelle zu trainieren. Andere haben jedoch nicht so viel Glück.

Kleinere Unternehmen und Einzelpersonen haben es jedoch schwer, solche Ressourcen aufzubringen. Das schafft hohe Einstiegshürden. Aber es gibt Hoffnung: In Zukunft könnten große Technologieunternehmen umfangreiche KI-Modelle trainieren und diese dann über eine Programmierschnittstelle (API) für andere Unternehmen und Personen zugänglich machen. Dies könnte ein wichtiger Bestandteil der zukünftigen Technologieinfrastruktur werden.

Doch woher bekommen generative KI-Modelle eigentlich ihre Daten? Die Antwort ist einfach: aus dem Internet! Das Internet ist eine riesige und sich ständig weiterentwickelnde Landschaft mit Milliarden von Menschen und Geräten. Hier gibt es unendlich viele Daten, aus denen die generative KI lernen kann. Von Social-Media-Posts bis hin zu Online-Artikeln, Bildern und Videos – das Internet ist eine wahre Schatzkammer an Informationen, die die Fortschritte auf dem Gebiet der KI vorantreiben. Man kann es sich vorstellen wie ein gigantisches Buffet voller Bilder und Texte, von dem diese Modelle lernen können.

Wie bei jedem Buffet muss man vorsichtig sein, was man auf seinen Teller legt. Mit so vielen verfügbaren Informationen kann es schwierig sein, die richtigen Daten für das Training zu finden und die schlechten herauszufiltern. Manchmal schwankt auch die Qualität der Daten, was die Genauigkeit und Effektivität der generativen KI-Modelle beeinträchtigen kann. Manche Modelle bedienen sich auch einfach, ohne zu fragen, und werden auf urheberrechtlich geschützten Daten trainiert. Das kann zu großen Problemen für das Urheberrecht und diejenigen führen, die die Rechte an den verwendeten Werken halten.

Ein Beispiel dafür ist der GitHub Copilot von Microsoft, der auf dem Codex-Modell von OpenAI basiert und derzeit mit einer Klage konfrontiert ist, weil er angeblich auf „Mega-Software-Piraterie" basiert. Offenbar wurde das System auf Code trainiert, der aus dem Web gesammelt wurde und dessen Lizenzen eine Nennung der ursprünglichen Coder erfordern. Auch andere generative KI-Modelle stehen aktuell in der Kritik, wenn es darum geht, die Arbeit anderer zum Trainieren dieser Modelle zu verwenden. Die Nutzung des Internets als Ressource wirft also Bedenken hinsichtlich des Urheberrechts, des Datenschutzes und des Potenzials für verzerrte oder schädliche Inhalte auf.

Etliche Kunstschaffende sind besorgt darüber, dass ihre Arbeit dazu benutzt wird, KI-Algorithmen zu trainieren. Sie wollen sicherstellen, dass ihre Kunst nicht auf diese Weise verwendet wird und möchten auch nicht, dass ihre Namen als

Prompts für KI-generierte Kunst dienen. Ein Beispiel dafür ist der Fantasy-Landschaftskünstler Greg Rutkowski, dessen Name bereits dreiundneunzigtausend Mal im Stable Diffusion Generator verwendet wurde – öfter als der von berühmten Künstlern wie Picasso!

Greg ist jedoch nicht gerade glücklich über diese neue Art von Popularität. Er fühlt sich in seiner Existenz bedroht, denn er hat nie die Erlaubnis gegeben, dass seine Arbeit auf diese Weise verwendet wird. Selbst wenn der Name des Künstlers als Vorlage zensiert wird, kann diese Zensur leicht umgangen werden, indem man den Namen anders schreibt oder den Stil einfach in Worten beschreibt. Und selbst wenn der Name einer Künstlerin oder eines Künstlers tabu ist, wird ihr Einfluss trotzdem vorhanden sein.

Um dieses Problem zu lösen, werden technologische Lösungen entwickelt. Zum Beispiel haben Forschende an der University of Chicago, die offenbar auch große Harry Potter-Fans sind, ein Tool entwickelt, das Bildern einen „unsichtbaren Mantel" verleiht. Dadurch bleibt das Bild für menschliche Augen unverändert, aber es hindert die KI daran, aus dem Bild einer Künstlerin oder eines Künstlers zu lernen. Dies kann dazu beitragen, dass Kunstschaffende ihre Arbeit schützen und sicherstellen können, dass sie nicht ungewollt von KI-Modellen verwendet wird.

Eine weitere Sorge der Kunstgemeinschaft ist, dass große Tech-Konzerne mit ihrer Arbeit Geld verdienen, ohne sie angemessen dafür zu entschädigen. Schließlich werden viele Open-Source-Programme wie Stable Diffusion oder DALL-E durch das Scrapen von Bildern aus dem Internet erstellt, ohne dass die Künstlerinnen und Künstler genannt werden. Daher vermuten viele, dass der Kunstsektor in Zukunft zu einem Pay-per-Play- oder Abonnement-Modell wie die Film- und Musikindustrie übergehen könnte.

Es gibt jedoch Ideen, wie man Kunstschaffende fairer behandeln und entschädigen könnte. Eine Möglichkeit wäre, Künstlerinnen und Künstler basierend auf der Häufigkeit zu entschädigen, mit der ihre Arbeit in kommerziellen Text-to-Image-Anwendungen referenziert wird. Dies ist ähnlich zu Business-Modellen, die bei Musik-Streaming verwendet werden, und könnte ein Schritt sein, um sicherzustellen, dass die Kunstgemeinschaft angemessen anerkannt und für ihre harte Arbeit belohnt wird. Obwohl es noch keine perfekte Lösung gibt, ist es wichtig, dass wir schon heute darüber nachdenken, wie wir Kunstschaffende und ihre Arbeit schützen und unterstützen können, wenn wir neue Technologien wie KI und generative Modelle nutzen.

Es gibt im Moment viele Fragen darüber, ob das Training von generativen KI-Modellen als Plagiat gilt. Es könnte noch viele Jahre oder Jahrzehnte dauern, bis diese Frage geklärt ist. Es ist jedoch wichtig zu bedenken, dass generative KI-Modelle entwickelt wurden, um neue Kunstwerke zu schaffen, indem sie von vorherigen Werken lernen. Es ist ähnlich, wie wenn eine kunstschaffende Person von Picasso oder VanGogh lernt und von ihnen beeinflusst wird. Normalerweise erwartet man von kunstschaffenden Personen nicht, dass sie andere Kunstschaffende für ihren Einfluss auf ihre Arbeit bezahlen. Es ist also unwahrscheinlich, dass von KI-Algorithmen erwartet wird, dass sie ihre Einflusspersonen bezahlen. Die „Steuer", die erfolgreiche Kunstschaffende für ihren Erfolg zahlen, ist ihr unbezahlter Einfluss auf den Erfolg anderer.

Es gibt jedoch eine Ausnahme. Wenn diese Modelle einfach Kopien urheberrechtlich geschützter Kunstwerke erstellen – wie jüngste Forschungsergebnisse nahelegen – dann sieht die Sache natürlich ganz anders aus. Es gibt bereits einige Unternehmen und Kunstschaffende, die sich dafür einsetzen, dass KI-generierte Kunst kennzeichnet und von „echter" Kunst klar getrennt wird. Zum Beispiel hat Getty Images, eine führende

Agentur für Stockfotos und Illustrationen, KI-generierte Bilder bereits verboten. In ähnlicher Manier haben einige Kunstschaffende auf DeviantArt ebenfalls ein Verbot gefordert.

Generative KI kann also verwendet werden, um neue Bilder, Texte oder Videos zu erstellen, indem sie von vorherigen Werken lernt. Genau wie eine kunstschaffende Person von anderen lernt und beeinflusst wird, sind auch KI-Algorithmen von Werken beeinflusst, von denen sie lernen. Auch wenn einzelne Kunstschaffende fordern, ihre Kunstwerke aus den Trainingsdaten zu entfernen, solltest du eines wissen: bei Milliarden von Bildern im Trainingsdatensatz spielen die Kunstwerke einer Person keine große Rolle. Bei berühmten Künstlerinnen und Künstlern bleibt der Einfluss bestehen, egal ob ihre Bilder in den Trainingsdaten enthalten sind oder nicht. Stell dir vor, wir entfernen alle Gemälde von Van Gogh aus den Trainingsdaten. Sein Stil würde trotzdem in weiteren Werken vorhanden sein, die von seinem Stil beeinflusst wurden. Letztendlich ist es wichtig, das Urheberrecht und die Eigentumsrechte an den Werken zu berücksichtigen, die zum Trainieren der Modelle verwendet werden. Man kann mit Sicherheit sagen, dass diese Diskussion noch lange nicht vorbei ist. Sie erinnert uns jedoch eindrücklich daran, dass hinter diesen Werken echte Menschen stehen, und dass die Entwicklung und Verwendung von KI in der Kunst mit Sorgfalt und Verantwortung angegangen werden muss.

Generative KI ist in vielen Bereichen und Aufgaben ein absoluter Wendepunkt. Doch aufgrund der großen Auswirkungen und Schwierigkeiten sollten wir mit Bedacht vorgehen. Es gibt Bedenken, dass generative KI Jobs (gerade in der Kreativbranche) zerstören, Datenschutzprobleme verursachen, Probleme mit Lizenzen und Urheberrechten verursachen und verzerrte oder sogar schädliche Inhalte erstellen könnte. Aber die Vorteile der Verwendung von Daten aus dem Internet sind enorm. Generative KI kann dadurch neue, spannende und relevante Inhalte erstellen, die auf aktuelle Trends und Ereignisse eingehen.

DU DENKST, DEINE FACEBOOK-LIKES SIND UNINTERESSANT? DENK NOCHMAL NACH.

Hier kommt eine kleine Geschichte von Liam. Liam ist eine Person, die Computerprogramme schreibt und sich mit Codes und Algorithmen gut auskennt. Doch in letzter Zeit fühlt sie sich unbehaglich, weil es viele persönliche Informationen über sie im Internet gibt. Sie denkt, dass Firmen einfach zu viel über sie wissen, und das bereitet ihr Sorgen. Was Liam am meisten beunruhigt, ist die Tatsache, dass ihr Smartphone ständig ihren Aufenthaltsort aufzeichnet, während sie es mit sich herumträgt. Aber sie ist sich sicher, dass das noch nicht alles ist: Wenn sie beispielsweise eine Pizzeria auf Google bewertet oder einen Kommentar auf der Webseite ihrer lokalen Zeitung hinterlässt, wird das Teil ihres digitalen Profils. Werbetreibende nutzen diese Informationen dann, um sie womöglich dazu zu bringen, Dinge zu kaufen, bestimmte Meinungen zu unterstützen oder für jemanden zu stimmen. Es gibt einfach jede Menge Daten über sie, und die meisten davon sind für alle zugänglich.

Eines Tages bekommt Liam nach einem Einkauf im Baumarkt eine E-Mail von dieser Firma, die sie nach ihrem Besuch fragt. Liam ist ziemlich sicher, dass das Unternehmen die Ortung auf ihrem Dienst-Handy benutzt hat, um sie zu finden. Das ist der Tropfen, der das Fass zum Überlaufen bringt. Sie hat das Gefühl, dass ihre persönlichen Daten von sogenannten Datenmaklern eingesammelt werden – das sind Firmen, die Infos über Leute sammeln und an andere verkaufen, wie etwa persönliche Angaben, Online-Verhalten und

Einkaufsgewohnheiten – und dass ihnen soziale Medien dabei helfen, gezielte Werbung auf sie abzufeuern.

Liam denkt: „Genug ist genug!" und beschließt, die Kontrolle über ihre persönlichen Daten zurückzugewinnen. Sie löscht die meisten ihrer Social-Media-Konten. Außerdem wechselt sie zu einer Suchmaschine, die verspricht, ihre Privatsphäre zu schützen. Liam räumt auch ihr Smartphone auf und entfernt all die unnötigen Apps, während sie versucht, so viele ihrer persönlichen Daten wie möglich von Datenhändlern zurückzuholen. Sie zahlt sogar für einen Dienst namens DeleteMe, der Menschen dabei hilft, Informationen aus Datenbanken löschen zu lassen. Sie möchte so viele Infos wie möglich aus dem Internet entfernen. Liam ist nicht gegen Technologie, sie will einfach nur Kontrolle über ihre eigenen Daten haben. Und sie ist nicht allein. 86% der US-Bürgerinnen und Bürger haben bereits versucht, Informationen über sich im Internet zu löschen oder zu reduzieren. Viele Menschen sind besorgt darüber, welche Daten über sie gesammelt werden, wer darauf zugreift und wie sie verwendet werden. Aber ist diese Angst wirklich gerechtfertigt? Oder sind Leute wie Liam einfach zu besorgt?

Liams Sorge ist leider berechtigt und hat mit den digitalen Spuren zu tun, die wir alle hinterlassen, wenn wir das Internet und digitale Geräte nutzen – das nennt man den „digitalen Fußabdruck". Stell dir vor, du gehst auf eine digitale Entdeckungsreise, genau wie Liam, und mit jeder Website, die du besuchst, jeder App, die du benutzt, und jedem Formular, das du ausfüllst, hinterlässt du einen kleinen digitalen Schatz. Dazu zählen deine besuchten Webseiten, Suchanfragen, genutzte Apps, Aufenthaltsorte und sogar persönliche Daten wie dein Name und deine Adresse. Diese können gesammelt, analysiert und verwendet werden, um ein Profil von dir zu erstellen. Wenn all diese Schätze oder Informationen zusammengefügt werden, können sie ein detailliertes Bild von dir und deinem Onlineverhalten ergeben.

Aber hier kommt das Problem: Im Gegensatz zu einer echten Abenteuerreise ist der digitale Dschungel voller merkwürdiger Kreaturen, und einige davon sind nicht besonders nett. Werbetreibende und sogar Cyberkriminelle lauern hinter jeder Ecke und versuchen, deinen digitalen Fußabdruck zu nutzen, um dir Werbung unterzujubeln, deine Identität zu klauen oder Schwindel zu treiben. Kleine, zwielichtige Datensammler durchstöbern die sozialen Medien und kaufen manchmal sogar gestohlene Verbrauchsdaten im sogenannten Dark Web. Schlimmer noch: Cyberkriminelle und extremistische Gruppen nutzen diese Informationen auch. Vor einigen Jahren kam ans Licht, dass Mitglieder der Alt-Right-Bewegung – einer bunten Mischung an Neonazis und White Supremacists – Datenprofile von vermeintlich linken Aktivisten erstellen wollten, um sie dann zu belästigen. Leider haben auch solche Gruppen heutzutage Unmengen von Daten, mit denen sie arbeiten könnten.

Wir sind alle unwissentlich zu „Datenschöpfern" geworden. Der digitale Fußabdruck, den wir alle online hinterlassen, geht weit über das Teilen von Fotos und Nachrichten auf Facebook hinaus. Tatsächlich hinterlassen wir beim Surfen im Internet zwei verschiedene Fußspuren: die, bei denen wir selbst aktiv werden, und die, die im Hintergrund entstehen, ohne dass wir etwas dazu tun.

Ein passiver digitaler Fußabdruck entsteht also ohne unser Wissen oder unsere aktive Beteiligung. Er wird aus Informationen über das, was wir online machen, gebildet – zum Beispiel im Browserverlauf, bei Suchanfragen und beim Online-Shopping. Diese Infos schnappen sich Websites, Suchmaschinen und andere Unternehmen, um uns zum Beispiel personalisierte Werbung zu zeigen oder Datenanalysen durchzuführen. Aber es endet nicht vor unserem Computer. Manche Geschäfte nutzen Gesichtserkennung, um unsere Gesichter zu erfassen und auszuwerten. Und Geräte fürs smarte

Zuhause, wie der iRobot Roomba, können sogar detaillierte Karten unserer Wohnungen erstellen.

Der aktive digitale Fußabdruck hingegen ist das, was wir bewusst im Netz hinterlassen, indem wir zum Beispiel Beiträge auf Social-Media-Plattformen teilen, Kommentare schreiben oder Blogartikel veröffentlichen. Diese Spuren entstehen durch unsere eigenen Entscheidungen und können wir leichter steuern, indem wir die Privatsphäre-Einstellungen anpassen, Inhalte löschen oder einfach darauf verzichten, überhaupt etwas zu posten.

Du denkst vielleicht, nur Google oder Geheimdienste wie die NSA wissen, was du so treibst, aber das ist ein Trugschluss. Es könnte auch das unscheinbare Handy-Spiel sein, das plötzlich Zugriff auf deine Standortdaten hat. Durch den technischen Fortschritt sind immer mehr Geräte und Dienste mit dem Internet verbunden, wodurch unsere digitalen Spuren größer und vielfältiger werden. Das Internet ist immer stärker in unseren Alltag eingebunden, und so produzieren wir mehr Daten als jemals zuvor. Tatsächlich hinterlassen so gut wie alle von uns, die das Internet nutzen, eine Online-Fußspur. Und heute sind fast 5 Milliarden Menschen weltweit online.

Der Aufstieg der sozialen Netzwerke hat unsere digitalen Spuren stark beeinflusst. Social-Media-Plattformen haben das Internet zu einem interaktiven Ort gemacht, an dem wir nicht nur lesen, sondern auch kommentieren, teilen und liken. Dadurch ist es einfacher geworden, auch ohne viel technisches Know-how eine Online-Persönlichkeit zu erstellen. Als Ergebnis landen riesige Mengen persönlicher Daten im Netz. Derzeit gibt es 4,62 Milliarden aktive Social-Media-Nutzerinnen und Nutzer, und die Zahl steigt rasant – mit fast 13,5 neuen Nutzerinnen und Nutzern pro Sekunde.

Die Coronavirus-Pandemie hat zudem dazu geführt, dass noch mehr persönliche Daten online landen, da immer mehr Menschen für Arbeit, Schule und sozialen Austausch das Internet nutzen. In den letzten zwei Jahren ist die Menge an persönlich identifizierbaren Online-Informationen pro Person um 150 Prozent gestiegen. Das liegt sowohl an der Zunahme von Datenbrokern als auch an der durch die Pandemie bedingten verstärkten Bildschirmzeit.

Jede Online-Aktivität, egal ob Google-Suche, Facebook-Like oder Amazon-Einkauf, trägt zu unserem digitalen Fußabdruck bei. Dadurch entstehen riesige Mengen an Daten über unser Verhalten, unsere Vorlieben und demographische Informationen. Es gibt viele Organisationen, die diese Daten sammeln und speichern. Anstatt sie einfach verstauben zu lassen, werden sie auf riesigen Online-Marktplätzen gehandelt, wo man unsere persönlichen Infos für ein paar Cent erwerben kann. Da Datenbroker immer noch weitgehend unreguliert sind, ist es schwierig zu wissen, wer unsere Daten verwendet und wie.

Dank technologischer Fortschritte ist aber nicht nur die Menge der verfügbaren Daten gestiegen, sondern auch die Möglichkeiten, die sich daraus ergeben. KI macht es zum Kinderspiel, riesige Datenbanken mit Profilen von Menschen zu erstellen. Diese Datenbanken sind größer und genauer als je zuvor und ermöglichen detaillierte Profile von Personen basierend auf verschiedenen digitalen Spuren. Dazu gehören Infos über Verhalten, Vorlieben und sogar Persönlichkeitsmerkmale.

Je mehr Verhaltensdaten in Echtzeit gesammelt werden, desto besser können die psychologischen Eigenschaften von Menschen in unterschiedlichen Situationen eingeschätzt werden. Beispielsweise können Stimmung und Emotionen anhand von gesprochener und geschriebener Sprache, Videos oder Sensordaten von tragbaren Geräten und Smartphones erfolgreich abgeleitet werden. Diese Informationen können genutzt werden, um günstige Zeitpunkte für Beeinflussung zu erkennen. Denn Menschen in guter Stimmung neigen eher dazu, spontane Käufe zu tätigen.

Durch den Einsatz von KI können Vorhersagen mit hoher Genauigkeit getroffen werden, indem wertvolle Erkenntnisse aus scheinbar unscheinbaren Daten gewonnen und analysiert werden. Das bedeutet aber auch, dass sensible Informationen, die jemand vielleicht nicht teilen möchte, aufgedeckt werden können.

Eine Studie hat zum Beispiel herausgefunden, dass Facebook-Likes genutzt werden können, um eine Vielzahl von Eigenschaften von Facebook-Nutzerinnen und Nutzern vorherzusagen. Dazu gehören beispielsweise die sexuelle Orientierung, ethnische Zugehörigkeit, religiöse und politische Ansichten, Persönlichkeitsmerkmale, Intelligenz, Suchtmittelgebrauch, Trennung der Eltern, Alter und Geschlecht.

Und das alles ist nicht so trivial, wie man vielleicht denken mag. KI-Modelle können scheinbar unwichtige Informationen, wie zum Beispiel deine Likes in den sozialen Medien, nutzen, um bestimmte Eigenschaften oder Merkmale über dich vorherzusagen. Dabei haben diese möglicherweise gar keinen direkten Zusammenhang mit dem Inhalt dessen, was du geliked hast.

Lass uns diesen letzten Punkt veranschaulichen: Magst du Curly Fries? Und noch wichtiger, würdest du das auf Social Media teilen? Wenn du wie die meisten Leute bist, hättest du wahrscheinlich keine Probleme, eine so belanglose Info über dich zu teilen. Aber was wäre, wenn wir dir sagen, dass diese Info viel mehr über dich aussagt als nur deine Geschmacksvorlieben?

Forschende haben kürzlich eindrucksvoll gezeigt, wie sich durch die Analyse unserer digitalen Daten, wie zum Beispiel unserer Facebook-Likes, alle möglichen privaten Dinge über uns vorhersagen lassen – einschließlich unserer Persönlichkeitsmerkmale und sogar unseres Intelligenzniveaus. Einer der stärksten Indikatoren für hohe Intelligenz ist demnach das Liken von Curly Fries! Du fragst dich jetzt bestimmt: „Wie kann meine Liebe zu diesen knusprig ringeligen Kartoffelstäbchen ein Zeichen meiner überragenden Intelligenz sein?".

Aber es geht nicht um die Pommes selbst, sondern vielmehr darum, wie Informationen durch soziale Netzwerke verbreitet werden. Facebook-Likes verbreiten sich in sozialen Netzwerken wie Krankheiten. Eine intelligente Person mag also beispielsweise Curly Fries geliked haben, was dann smarte Personen im engeren Freundeskreis ebenfalls geliked haben und so weiter. Das Liken von Curly Fries steht also nicht direkt mit Intelligenz in Verbindung. Stattdessen zeigt es, dass Menschen mit ähnlichen Eigenschaften – in diesem Fall hohe Intelligenz – dazu neigen, ähnliche Inhalte zu mögen. Wenn also eine Person mit hoher Intelligenz Curly Fries auf Facebook mag, ist es wahrscheinlich, dass ihre klugen FreundInnen (die ebenfalls ähnliche Eigenschaften aufweisen) auch die Seite mögen. Das führt dazu, dass das Liken von Curly Fries indirekt mit hoher Intelligenz in Verbindung gebracht wird, da es eine gemeinsame Eigenschaft der Menschen widerspiegelt, die diese Seite mögen. Es ist wichtig zu beachten, dass dies keine direkte Ursache-Wirkungs-Beziehung ist. Vielmehr zeigt es, dass Menschen mit ähnlichen Eigenschaften dazu neigen, ähnliche Dinge zu mögen und sich in sozialen Netzwerken ähnlich zu verhalten.

Dank der Arbeit von ExpertInnen auf diesem Gebiet wissen wir jetzt, dass KI nicht nur unsere Intelligenz, sondern auch unsere Persönlichkeit, politische Einstellung und sexuelle Orientierung, nur anhand unserer Facebook-Likes treffgenau vorhersagen kann. Facebook-Likes waren früher öffentlich einsehbar und stellten – wie wir nun spätestens seit dieser Studie wissen – ein ziemliches Risiko für unsere Privatsphäre dar. Nachdem bekannt wurde, wie Facebook-Likes Datenschutzprobleme verursachen können, hat Facebook seine Datenschutzbestimmungen verschärft, sodass Likes nun standardmäßig privat sind. Aber für viele war der Schaden bereits angerichtet, denn Unternehmen wie

Cambridge Analytica hatten schon genug Daten gesammelt, um in die Privatsphäre von Millionen von Menschen einzudringen.

Doch nicht nur Facebook-Likes können intime Informationen über uns preisgeben. Sogar unser Profilbild kann dank leistungsfähiger Gesichtserkennungsalgorithmen jede Menge persönliche Details verraten. Durch die Analyse verschiedener Aspekte unseres Profilbildes, wie Körperhaltung, Make-up, Frisur und Gesichtsausdruck, können diese Algorithmen eine Fülle intimer Informationen über uns herausfinden, einschließlich unserer Persönlichkeit und politischen Orientierung. Und das ist nur die Spitze des Eisbergs, wenn man bedenkt, welche Daten von uns gesammelt und analysiert werden können. Denke nur an all die Informationen, die aus Suchbegriffen, Online-Klicks, Beiträgen und Bewertungen gewonnen werden können.

Kurz gesagt: Jedes Mal, wenn du durch deinen Facebook-Feed scrollst, einen Tweet likest oder ein Bild auf Instagram postest, hinterlässt du Spuren im Internet. Diese digitalen Spuren können eine Menge über dich verraten, von deiner Persönlichkeit bis hin zu deinen Stimmungen und Gefühlen. Das bedeutet, dass Werbetreibende und sogar Regierungen diese Informationen nutzen können, um dein Verhalten zu beeinflussen – ob es in deinem Interesse ist oder nicht.

Stell dir vor, du scrollst eines Tages durch deinen Facebook-Feed und siehst eine Werbung für eine neue Glücksspiel-App. Die Werbung ist auf dich zugeschnitten, weil die KI deinen digitalen Fußabdruck analysiert und festgestellt hat, dass du gerade empfänglicher für ein verlockendes Angebot bist. Oder du bist gut gelaunt und gerade anfällig für Impulskäufe, also taucht eine Anzeige für ein Produkt auf, das du schon lange im Blick hattest.

Auch wenn nicht alle versuchen, dir Dinge aufzudrängen, die du nicht willst, ist eines sicher: Je mehr Daten gesammelt werden, desto genauer werden diese Vorhersagen und desto mächtiger wird KI in psychologischer Massenbeein-flussung. Wenn du also das nächste Mal ein süßes Katzenbild auf Instagram postest oder ein Meme auf Twitter likest, denk daran, dass du einen digitalen Fußabdruck hinterlässt, der viel über dich verraten kann.

Wie können wir also die Kontrolle über unsere eigenen Daten und unsere Privatsphäre zurückgewinnen? Klar, du könntest dein Smartphone aus dem Fenster werfen, deinen Internetservice kündigen und alle deine Social-Media-Konten löschen. Aber seien wir ehrlich, das ist weder praktisch noch spaßig. Außerdem würden die Daten, die Tech-Unternehmen und Werbetreibende über dich gesammelt haben, immer noch im Hintergrund lauern.

Anstatt zu versuchen, deinen digitalen Fußabdruck komplett zu löschen, kannst du ihn minimieren. Hier sind ein paar einfache Möglichkeiten, um deine Daten zu schützen und sie nicht in zwielichtige Hände fallen zu lassen:

1. Überlege dir gut, was du postest: Teile keine Beiträge, die sich auf deinen Online-Ruf auswirken können, und vermeide es, persönliche Daten wie deine E-Mail-Adresse, deine Postanschrift, deine Telefonnummer, deine Bankverbindung und Ausweisnummern zu teilen.

2. Passe deine Privatsphäre-Einstellungen an: Schränke ein, wer deine Beiträge sehen kann, und schütze deine Online-Präsenz besser, aber denke daran, dass die Einstellungen keine Garantie für Privatsphäre sind.

3. Überlege dir, welche Nachteile neue Apps und Konten für den Datenschutz mit sich bringen: Denke über die Datenkosten nach, bevor du dich für neue Apps oder Konten anmeldest, und wäge die Vorteile gegen die persönlichen Daten ab, die sie sammeln.

4. Lösche alte Apps und Konten: So verhinderst du, dass Unternehmen noch mehr Daten über dich sammeln und verringerst die Wahrscheinlichkeit, dass Cyberkriminelle deine alten Konten übernehmen und für betrügerische Aktivitäten nutzen.

Letztendlich ist das Sammeln und Verwenden unserer persönlichen Daten jedoch ein zweischneidiges Schwert. Es ist wichtig, dass du dir bewusst bist, welche Daten gesammelt und wie sie verwendet werden. Es ist auch wichtig, dass du dich für Vorschriften und Gesetze einsetzt, die unsere Daten und unsere Privatsphäre schützen. Aber es ist auch wichtig, dass Unternehmen und Organisationen ihre Praktiken transparent machen und unsere Rechte an unseren eigenen Daten respektieren. Gemeinsam können wir dafür sorgen, dass unsere digitale Freundschaft mit KI eine gesunde und für beide Seiten vorteilhafte ist.

TEILEN ODER NICHT TEILEN? ÜBER DAS PARADOXON VON PERSONALISIERUNG UND PRIVATSPHÄRE

Nachdem du jetzt all das gelesen hast, was an Daten gesammelt wird und welche Informationen daraus gezogen werden können, fragst du dich vielleicht: "Warum? Warum lasse ich das alles zu?"

Die Antwort ist einfach: Nur, wenn wir unsere Daten der KI überlassen, kann sie uns wirklich helfen und unterstützen. Wenn du zum Beispiel die Google Fotos App installiert hast, erlaubst du Google, deine persönlichen Bilder zu erfassen. Im Gegenzug bekommst du KI-gestützte Fotoalben von deiner Lieblingsauszeit in den Bergen oder den leckersten

Desserts, die du im Jahr 2022 gegessen hast. Ja, Unternehmen nutzen unsere Daten und füttern sie an die KI, aber nur um uns ein möglichst persönliches Erlebnis zu bieten.

Die Vorteile von Daten und KI gehen über Bequemlichkeit und Personalisierung hinaus. Wenn wir mehr persönliche Informationen mit Unternehmen teilen, können wir auch ein besseres Online-Erlebnis haben, das auf unsere Interessen und Vorlieben zugeschnitten ist. Das kann zu passenderer Werbung, Empfehlungen und sogar Rabatten führen. Indem wir zum Beispiel unseren Browserverlauf und unsere Suchpräferenzen teilen, können Online-Händler uns Produkte vorschlagen, die uns interessieren könnten, und personalisierte Angebote machen. Genauso können Streaming-Dienste wie Netflix und Spotify unsere Seh- und Hörgewohnheiten nutzen, um uns Inhalte zu empfehlen, die unseren Vorlieben entsprechen. Wundere dich also nicht, wenn du *Harry und Meghan* als Top-Empfehlung auf Netflix bekommst, nachdem du die komplette Serie *The Crown* gesehen hast. Die Idee hinter dieser Empfehlung ist nicht nur, dein Netflix-Erlebnis angenehmer zu gestalten, sondern dir auch Zeit und Mühe bei der Suche nach den nächsten Inhalten zu ersparen.

Oder hast du dich jemals gefragt, wie Kreditkartenunternehmen Betrug erkennen und verhindern können? Hier kommt wieder die Power von Daten und KI ins Spiel. Indem wir Unternehmen unsere persönlichen Informationen zur Verfügung stellen, können sie maschinelles Lernen einsetzen, um Verhaltensmuster wie unsere übliche Kreditkartennutzung zu analysieren. So erkennen sie verdächtige und ungewöhnliche Aktivitäten, um Betrug zu verhindern. Das schützt sowohl das Kreditkartenunternehmen als auch uns Kundinnen und Kunden vor finanziellen Verlusten. Wenn du also das nächste Mal eine E-Mail oder einen Anruf bekommst, indem du gefragt wirst, ob du wirklich von einem neuen Gerät aus eingeloggt oder so viel Geld in Dubai ausgegeben hast, lass dich nicht irritieren. Erinnere dich einfach daran, dass hier wahrscheinlich ein KI-System gerade dabei ist, dich zu schützen!

Aber es gibt einen schmalen Grat zwischen Intimität und Aufdringlichkeit, den Unternehmen managen müssen. Zu viel Personalisierung kann zu einem „Gruselfaktor" führen. Vor ein paar Jahren wurde der US-Einzelhändler Target Opfer des eigenen Erfolgs. Das Analyseteam des Unternehmens hatte ein KI-Modell entwickelt, das vorhersagen konnte, ob Kundinnen schwanger waren, und schickte ihnen gezielte Werbung für Babyprodukte, wenn ihr "Schwangerschaftsindex" hoch war. Offenbar funktionierte die KI nur allzu gut. So schickte Target Werbung und Gutscheine für Babyflaschen, Windeln und Kinderbetten an ein 15-jähriges schwangeres Mädchen – und das, bevor ihre Eltern wussten, dass sie schwanger war! Die Eltern waren verständlicherweise sehr verärgert, aber nicht nur über die Schwangerschaft ihrer jugendlichen Tochter, sondern auch über Targets Eingriff in ihr Privatleben. Wie konnte Target wissen, dass ihre Tochter schwanger war, bevor sie es ihrer Familie überhaupt gesagt hatte?

Die Antwort liegt wieder in der Macht von Big Data und KI. Da Target Zugriff auf die Kaufhistorie von Hunderttausenden Kundinnen in ihrem Treueprogramm hatte, konnte das KI-Modell einen „Schwangerschafts-Score" berechnen. Der Wert gab nicht nur an, wie wahrscheinlich eine Frau schwanger ist, sondern auch wann ihr Geburtstermin sein würde. Und wie hat das funktioniert?

Es sind nicht nur die offensichtlichen Einkäufe, wie Kinderbetten und Babykleidung, die eine Schwangerschaft verraten. Die KI berücksichtigte auch weitere Verhaltensmuster, wie z.B. den Kauf von mehr Vitaminen als üblich oder den Kauf einer Handtasche, die groß genug für Windeln ist. Diese kleinen, scheinbar unbedeutenden Einkäufe mögen für sich genommen nicht viel aussagen, aber wenn sie mit den Daten tausender anderer Kundinnen kombiniert werden, lässt sich eine Schwangerschaft immer besser vorhersagen. Wie das Beispiel aber zeigt, ist es für Unternehmen nicht immer einfach, Angebote für KundInnen zu personalisieren, ohne zu direkt und invasiv zu sein.

Denn: Wir schätzen immer noch unsere Privatsphäre! Zumindest behaupten wir das - vor allem, wenn wir genau solche Geschichten hören und lesen, wie Unternehmen Schwangerschaften oder andere private Informationen über uns vorhersagen, um uns mehr zu verkaufen. Wenn wir dich also heute, nachdem du das alles gelesen hast, fragen würden: „Legst du Wert auf deine Privatsphäre im Internet?", und du bist wie die meisten Menschen, wirst du ja sagen.

Aber – und hier kommt das große ABER: Wenn wir dich fragen würden, ob du einen kostenlosen Persönlichkeitstest oder einen kostenlosen Avatar durch KI erstellt haben möchtest, würden die meisten von uns auch freiwillig private Informationen und Bilder weitergeben. Schließlich bekommen wir gerne etwas, worüber wir mit ihren Freundinnen und Freunden online reden können. Dieses Phänomen – die Diskrepanz zwischen unseren Datenschutzbedenken, die wir äußern, und unserem Umgang mit persönlichen Informationen, das wir online an den Tag legen – ist heutzutage so häufig, dass es sogar einen eigenen Namen hat: Das "Privatsphäre-Paradoxon". Forscherinnen und Forscher haben dieses Paradoxon ausgiebig dokumentiert. Heute wissen wir, dass die meisten von uns, wenn es darum geht, persönliche Daten online zu teilen, oft gar nicht wissen, was mit ihnen geschieht. Wir geben weitgehend eine "uninformierte Zustimmung", wie Forschende es nennen.

Eine Forschungsstudie veranschaulicht eindringlich, wie weit diese "uninformierte Zustimmung" gehen kann. In der Studie erstellte das Forschungsteam eine gefälschte Social-Media-Plattform und lud Personen ein, ihr beizutreten. Wie bei jedem anderen Dienst auch, mussten die Leute vor der Anmeldung den Allgemeinen Geschäftsbedingungen (AGB) zu-stimmen. Und was haben sie herausgefunden? Schockierend, aber wenig überraschend, machten sich nur 25 Prozent der Leute überhaupt die Mühe, die AGB zu lesen. Satte 98 Prozent aller Teilnehmenden (einschließlich derer, die behaupteten, die Bedingungen gelesen zu haben) setzten ein Häkchen und stimmten den AGB ohne Bedenken zu.

Um zu veranschaulichen, wie gefährlich eine derartige "uninformierte Zustimmung" sein kann, wies das Forschungsteam die Teilnehmenden auf Absatz 2.3.1 in ihren AGB hin. In diesem Abschnitt gaben die Teilnehmenden ihr erstgeborenes Kind als Bezahlung für die Nutzung Plattform ab. Glücklicherweise war das nur ein Experiment. Wäre es ein realer Fall gewesen, hätten 98 Prozent der Kundinnen und Kunden ihr erstes Kind ohne Zögern innerhalb weniger Sekunden an ein Unternehmen verkauft.

Das ist natürlich ein krasses Beispiel, um das Problem zu verdeutlichen, dem wir online gegenüberstehen. Die meisten von uns lesen AGBs nicht und stimmen ihnen zu, ohne genau zu wissen, was beispielsweise mit unseren Daten passiert. Aber was, wenn wir alle AGB lesen würden? Schätzungen zufolge wären wir sechsundsiebzig Tage pro Jahr damit beschäftigt, die AGB aller neuen Dienste zu lesen, die wir nutzen. So spannend lesen sich die AGB leider nicht. Wer also möchte das schon in seiner Freizeit tun? Natürlich niemand. Stattdessen sind wir hocherfreut, wenn wir einen Online-Dienst vermeintlich umsonst bekommen. Diese sofortige Belohnung führt schlussendlich dazu, dass wir die Risiken ignorieren und herunterspielen, die das Teilen unserer Daten auf lange Sicht mit sich bringen mag. Wer weiß, ob diese Daten am Ende tatsächlich verwendet werden? Außerdem mögen wir Personalisierung, warum also nicht unsere Daten teilen, um bessere Dienstleistungen, Angebote und Werbung zu erhalten?

Das ist natürlich zum Teil richtig. Unternehmen wie der US-amerikanische Einzelhändler Target können unsere Daten für passendere Kommunikation, Angebote oder Services nutzen. Das Hauptproblem ist jedoch, dass wir nicht wissen, was mit unseren Daten gemacht werden kann. Schließlich ist es nicht wirklich entscheidend, wenn jemand weiß, dass du eine größere Handtasche gekauft hast, in die auch Windeln passen könnten. Oder dass du gerne Curly Fries isst, oder? Aber wer hätte gedacht, dass mit Hilfe von KI etwas so scheinbar Unwichtiges wie der Kauf einer größeren Handtasche oder ein Like von Curly Fries auf Facebook dazu genutzt werden kann, so viel mehr über eine Person zu erfahren! Letztendlich sind uns die Risiken, die mit der Online-Nutzung unserer Daten verbunden sind, nicht klar, vor allem, wenn wir uns nicht einmal ansatzweise vorstellen können, was KI mit diesen Informationen anstellen kann.

Was bedeutet das also für uns? Klar, das Power-Duo KI und unsere Daten kann zwar Vorteile wie maßgeschneiderte Services und Chancen zur Selbstoptimierung bieten. Aber auf der anderen Seite kann sie auch unser Eigentum und die Kontrolle über unsere persönlichen Daten gefährden. Wie wir in den letzten Jahren gesehen haben, kann dieser Kontrollverlust sowohl soziale als auch seelische Auswirkungen haben, zum Beispiel das Gefühl, dass unsere Privatsphäre verletzt wurde, und Misstrauen.

Letztendlich bringt uns das in eine Zwickmühle. Einerseits genießen wir die Personalisierung und profitieren täglich davon, ob es nun bei unseren Netflix- oder Spotify-Tipps ist oder bei der Überprüfung unserer Kreditkartenkäufe auf verdächtige Ausgaben. Andererseits möchten wir, dass Firmen unsere Privatsphäre achten. Klar, man könnte einfach sagen, dass wir als Kundinnen und Kunden die Verantwortung haben, alle Datenschutzbestimmungen durchzulesen. Aber das ist zu einfach gedacht. Wir wissen, dass es viel zu zeitraubend

ist und oft schwer verständlich, wer unsere Daten verwendet und für welche Zwecke.

Daher sollten Unternehmen nicht einfach sagen können: „Wir haben es Dir im Kleingedruckten mitgeteilt" (obwohl viele Firmen genau das tun). Stattdessen ist es an der Zeit, den Datenschutz und unseren Umgang mit Online-Daten neu zu überdenken. Unternehmen und Organisationen, die Daten sammeln, müssen auch dafür sorgen, ihre Vorgehensweisen transparent zu gestalten, die Rechte der VerbraucherInnen an ihren Daten zu wahren und darauf zu achten, welche Rückschlüsse aus diesen Daten gezogen werden können.

DIE UNHEIMLICHE SEITE VON KI UND BIG DATA: BIG BROTHER BEOBACHTET DICH

Wir kennen alle Bücher oder Filme, in denen eine mächtige Regierung oder ein großes Unternehmen die Bevölkerung ständig überwacht und kontrolliert – wie in George Orwells *1984* oder Philip K. Dicks *Minority Report*. Ganz ehrlich, das ist keine Zukunft, in der wir leben möchten. Aber leider beschränkt sich diese Entwicklung nicht nur auf Fiktion.

Firmen wie Google machen unsere persönlichen Daten zu einem Handelsgut und nutzen sie, um einen neuen Markt zu schaffen, der darauf basiert, die privaten Erfahrungen von VerbraucherInnen auszuschlachten. Es ist, als würden sie ihren eigenen Überwachungsmarkt aufbauen, auf dem überzählige Daten in fortschrittliche Verfahren eingespeist und zu Vorhersageprodukten verarbeitet werden, die prognostizieren, was wir jetzt, bald und später tun werden.

Und glaube nicht, dass das nur ein abstraktes Konzept ist – es passiert bereits. Targeted Ads, oder auch zielgerichtete Werbung, die auf unseren Persönlichkeitsmerkmalen basiert, erhöht den Anteil der Website-Besucherinnen und Besucher, die am Ende einen Kauf tätigen, um etwa 50 Prozent. Im Jahr 2022 machte Meta, ehemals bekannt als Facebook, fast 114 Milliarden Dollar Umsatz mit dem Verkauf solcher personalisierten Anzeigen. Es ist fast so, als würden sie unsere Gedanken lesen und sie nutzen, um Geld zu verdienen.

Daher müssen Technologieunternehmen nicht nur ständig neue Wege finden, um uns die Überwachung schmackhaft zu machen (z.B. indem sie sie mit Bequemlichkeit, Produktivität, Sicherheit oder Gesundheit und Wohlbefinden verknüpfen), sondern sie müssen auch ständig die Grenzen dessen verschieben, welche privaten Informationen wir teilen sollten.

Obwohl KI unsere Vorlieben vorhersagen und erfüllen kann, kann sie uns also auch das Gefühl geben, beobachtet und kontrolliert zu werden. Und seien wir ehrlich, das ist nichts, was wir wollen! Einer der Hauptgründe für diese Gefühle ist die wachsende Heimlichkeit der Datensammlung. Mit fortschrittlicher KI können unsere Daten auf eine Art und Weise gesammelt werden, die wir uns nicht einmal vorstellen können.

Zum Beispiel kann Gesichtserkennungstechnologie ein

Foto von uns knipsen, ohne dass wir es bemerken, und unsere Smart-Home-Geräte können jeden unserer Schritte überwachen. Wer hat nicht schon von der unheimlichen Geschichte gehört, in der eine Frau von ihrem Roomba auf der Toilette aufgenommen wurde, nur um später Screenshots davon in den sozialen Medien zu finden?

Kombiniere jetzt diese heimliche Datensammlung mit unserem mangelnden Verständnis darüber, wie unsere Daten verwendet werden. Selbst wenn wir Informationen bewusst an Unternehmen weitergeben, haben wir oft keine Ahnung, wie sie im Laufe der Zeit und in verschiedenen Kontexten mit anderen Daten kombiniert und genutzt werden. Es ist so, als würden wir unser Tagebuch einer fremden Person geben, ohne zu wissen, ob sie es mit anderen teilen oder was sie damit anstellen wird.

All diese Faktoren können zu einem Gefühl des Kontrollverlusts führen, bei dem wir das Gefühl haben, dass unsere persönlichen Daten und Entscheidungen von externen Kräften bestimmt werden und nicht von uns selbst. Ganz so, als wären wir in unserer eigenen Truman Show, in der heimlich, still und leise jeder unserer Schritte überwacht und für uns festgelegt wird.

Sobald wir herausfinden, was hinter den Kulissen vor sich geht, können wir uns ausgenutzt und hilflos fühlen. Wie Jim Carrey in der *Truman Show* können wir uns ständig beobachtet fühlen, als ob wir nur unsere Rolle in einer extrem kontrollierten, künstlichen Geschichte spielen. Denkst du, das betrifft dich nicht? Dann erinnere dich an den Fall von Cambridge Analytica.

Im Jahr 2016 schockierte das Unternehmen die Welt, als es enthüllte, dass es psychologische Profile von Millionen von Facebook-NutzerInnen erstellt hatte, um sie während der US-Präsidentschaftswahlen mit psychologisch maßgeschneiderter Werbung anzusprechen. Diese Art von psychologischem Targeting ist nichts Neues – sogar Facebook hatte sich 2012 eine ähnliche Technik patentieren lassen. Aber die Methoden und Kunden von Cambridge Analytica – darunter die Trump-Kampagne und die britische Vote Leave-Kampagne – machten die Öffentlichkeit erstmals so richtig auf die dunkle Seite dieser Technologie aufmerksam.

Plötzlich wurde den Menschen klar, dass ihre persönlichen Daten genutzt wurden, um sie ohne ihr Wissen oder ihre Zustimmung zu manipulieren. Das ist so, als würdest du herausfinden, dass deine Lieblingssendung in Wirklichkeit eine Reality-Show ist und du der Star bist – aber du hast dich nie dafür angemeldet. Die Vorstellung, dass mit unseren Gefühlen und Gedanken wie mit Spielfiguren gespielt wird, kann uns das Gefühl geben, dass unsere Privatsphäre und Autonomie verletzt wurden.

Da KI-Systeme ständig unsere Daten aufschnappen und jede unserer Bewegungen vorhersagen, können sie uns nicht nur entmenschlichen, sondern sogar schaden. Nehmen wir zum Beispiel den Fall von Leila, einer Sexarbeiterin. Sie schützte ihre Identität auf ihrem Facebook-Konto und war schockiert, als sie sah, dass einige ihrer treuen Kundschaft von der Funktion „Personen, die du vielleicht kennst" empfohlen wurden. Eine solche Verletzung der Privatsphäre kann nicht nur beängstigend sein, sondern sogar eine Frage von Leben, Tod oder Gefängnis sein.

Auch wenn du vielleicht noch keinen derart kritischen Vorfall erlebt hast, hast du vielleicht schon einmal eine Werbung zu sehen bekommen, die sich auf etwas bezogen hat, das du nicht explizit öffentlich gemacht hast. Sicherlich würdest du dich fühlen, als wäre in deine Privatsphäre eingedrungen worden. Die Wahrheit ist, dass diese gezielten Werbeanzeigen höchstwahrscheinlich das Ergebnis einer Kombination von Daten von Facebook und anderen Quellen sind. Das bedeutet, dass unsere persönlichen Daten gesammelt und verwendet werden, um uns Werbung zu präsentieren, die unseren Interessen entspricht. Das mag zwar praktisch sein, kann uns aber auch ein ungutes Gefühl geben.

Dieses Unbehagen entsteht oft durch eine Diskrepanz zwischen unseren Erwartungen an einen angemessenen Informationsfluss und der Realität der Datennutzung. Alle von uns haben eine eigene Vorstellung davon, was bei der Datenerfassung und -nutzung erlaubt ist. Wenn diese Vorstellung nicht mit unserer Realität übereinstimmt, führt das wahrscheinlich zu Unbehagen. Zielgerichtete Werbung mag zwar wie eine kleine Unannehmlichkeit erscheinen, kann aber einen großen Einfluss darauf haben, wie wir über unsere Privatsphäre und die Nutzung unserer persönlichen Daten denken.

Was tun wir also, wenn jemand in unsere Privatsphäre eindringt und wir das Gefühl haben, jegliche Kontrolle über unsere persönlichen Daten verloren zu haben? Forschende haben beobachtet, dass dieser Kontrollverlust zu psychologischer Reaktanz führen kann, einem Zustand also, in dem eine Person motiviert ist, die Kontrolle nach einer Einschränkung wiederherzustellen. Wie machen wir das? Viele von uns würden den Eindringling ignorieren, vielleicht sogar versuchen, ihm zu schaden. Wir deinstallieren die App des Unternehmens, kündigen alle Abonnements oder reden schlecht darüber. Kurz gesagt: Wir sorgen dafür, dass das Unternehmen keinen einzigen Cent mehr mit unserem Geld verdient!

Nehmen wir zum Beispiel den Fall von Danielle, einer US-amerikanischen Verbraucherin, die überall in ihrem Haus Amazons Echo-Geräte installiert hatte. Danielle fühlte sich beunruhigt, als einer ihrer Alexas ein privates Gespräch aufzeichnete und es an eine zufällige Nummer in ihrem Adressbuch schickte. Danielle machte ihre schlechte Erfahrung öffentlich und kam zu dem Schluss: „Ich schließe dieses Gerät nie wieder an, weil ich ihm nicht trauen kann". Das ist ein Paradebeispiel für psychologische Reaktanz und dafür, wie Danielle versucht, die Kontrolle zurückzuerobern.

Wenn du dir dieses Beispiel genau ansiehst, wirst du jedoch feststellen, dass Danielles Entscheidung nicht nur Amazon schadet. Klar, sie haben eine Kundin verloren, was sie natürlich vermeiden möchten. Zudem hat dieser Fall sicherlich viele negative Schlagzeilen gemacht, was Amazon oder andere Unternehmen ebenfalls nicht wollen. Aber denk mal an Danielle – und andere KundInnen wie sie. Durch ihre Reaktion schränkt sie auch sich selbst und die Dienste, die sie nutzen kann, ein.

Oder denk an Liam, den wir zu Beginn dieses Kapitels vorgestellt haben. Weil Liam die Nase voll davon hatte, dass Unternehmen in ihre Privatsphäre eindringen, hat sie viele Dienste gekündigt und ist, sofern möglich, zur datenschutzfreundlicheren Konkurrenz gewechselt. Bei genauerer Betrachtung wirst du jedoch feststellen, dass viele Unternehmen, die die Privatsphäre schützen, für ihren Service Geld verlangen müssen. Denn das Geschäftsmodell, mit deinen Daten und personalisierter Werbung Geld zu verdienen, funktioniert hier nicht mehr.

Letztlich schadet diese Situation allen Seiten: Sowohl den KundInnen als auch den Unternehmen, den BürgerInnen und den Regierungen. Wenn Menschen misstrauisch sind, welche Daten über sie gesammelt werden, wie sie verwendet werden und welche Informationen daraus abgeleitet werden, kann dies Innovation und Wachstum für alle beeinträchtigen. Man denke nur an die Coronavirus-Pandemie. Viele Regierungen forderten Bürgerinnen und Bürger auf, Apps zur Standortbestimmung zu installieren, um die Ausbreitung des Virus zu bekämpfen. Doch viele taten dies nicht, weil sie befürchteten, dass ein Überwachungsstaat als Nächstes kommen könnte. Natürlich waren diese Ängste in manchen Ländern nicht völlig unbegründet. In vielen anderen Ländern hat dieses Misstrauen jedoch etliche Menschenleben gekostet, die leicht hätten gerettet werden können.

KI UND BIG DATA: EINE DATENSPENDE ZUR RETTUNG DER WELT

Wahrscheinlich hast du bereits von der negativen Seite von Big Data und KI gehört, immerhin ist das Narrativ häufig in den Schlagzeilen zu finden. Schließlich sind es die negativen Schlagzeilen, die unsere Ängste schüren und heute die Aufmerksamkeit auf sich ziehen. Aber wusstest du, dass unsere Datenschutzbedenken auch Menschenleben zerstören können? Falls nicht, ist dieser Abschnitt genau für dich. Angesichts all der Datenskandale und Medienberichte darüber, wie Firmen versuchen, uns basierend auf sehr persönlichen Profilen zum Kauf oder zur Wahl einer bestimmten Partei zu überreden, ist es leicht, sich Sorgen um unsere Daten zu machen. Tatsächlich zeigt eine unserer Studien, dass Menschen heute mehr über ihre Online-Privatsphäre nachdenken als noch vor 5 Jahren. Sie vertrauen Unternehmen und erst recht nicht Regierungen, wenn es um den Schutz ihrer Daten geht.

Doch während wir uns Sorgen machen und darüber nachdenken, manipuliert zu werden, übersehen wir einen wichtigen Aspekt: Big Data und KI können auch Gutes bewirken. Und mit „gut" meinen wir nicht die Personalisierung von Werbung, damit Firmen mehr Geld verdienen können. Mit „gut" meinen wir, wie Daten und KI dazu beitragen können, Verbrechen zu verhindern, den Verkehr zu optimieren, die Klimakrise zu bekämpfen oder Menschenrechte zu unterstützen.

Die Vereinten Nationen (UN) betonen in ihren Zielen für nachhaltige Entwicklung die unglaubliche Kraft von Daten, um das Leben der Menschen und unseren Planeten zu verbessern. Zum Beispiel können Daten dazu beitragen, umweltfreundliche Technologien zu erschaffen, Naturkatastrophen zu überwachen und vorauszusagen sowie Verkehrssysteme cleverer zu gestalten. Im Gesundheitsbereich helfen Daten dabei, das Wohlergehen von Patientinnen und Patienten zu verbessern, Kosten zu reduzieren und die Entwicklung neuer Therapieansätze zu fördern. Die Weltgesundheitsorganisation (WHO) schätzt sogar, dass Big Data im Gesundheitswesen jedes Jahr beeindruckende 100 Milliarden Dollar einsparen könnte.

Ein Beispiel dafür, wie Daten und KI genutzt werden, um gesellschaftliche Probleme zu bewältigen, ist der Kampf gegen den Klimawandel. Schwergewichte wie Google und Microsoft setzen KI und maschinelles Lernen ein, um Satellitenbilder und Wetterdaten auszuwerten, damit Naturkatastrophen besser vorhergesagt und verhindert werden können. Forschende verwenden zudem Daten, um die Ausbreitung von Krankheiten wie Malaria vorherzusagen und zu verfolgen – eine riesige Herausforderung in klimawandelbetroffenen Gebieten.

Ein weiteres Beispiel ist der Verkehrssektor. Unternehmen wie Uber und Lyft nutzen Daten, um ihre Mitfahrgelegenheiten effizienter zu gestalten, wodurch die Anzahl der Autos auf den Straßen und die Kohlenstoffemissionen reduziert werden. Mithilfe von Daten und KI werden zudem selbstfahrende Autos entwickelt, die das Potenzial haben, die Sicherheit zu erhöhen, Staus zu verringern und Emissionen zu senken.

Zusätzlich tragen Daten und KI dazu bei, die Effizienz erneuerbarer Energiequellen wie Solar- und Windenergie zu verbessern. Unternehmen setzen Daten und KI ein, um Wettermuster vorherzusagen und die Leistung von Solarzellen und Windturbinen zu optimieren. Das macht erneuerbare Energien kostengünstiger und verlässlicher.

Stell dir vor: Deine persönlichen Daten könnten dazu beitragen, neue medizinische Behandlungen zu entwickeln, der Klimakrise entgegenzuwirken und sogar unser tägliches Leben zu verbessern. Es ist, als wären wir alle Superheldinnen und Superhelden, die die Welt retten – nicht mit Superkräften, sondern mit Daten! Das Tolle daran ist, dass wir dafür nicht viel tun müssen.

Im Gegensatz zur Blutspende verursacht das „Spenden" unserer Daten keine körperlichen Beschwerden oder finanziellen Kosten. Tatsächlich entstehen diese Daten oft einfach als Nebenprodukt unserer täglichen Aktivitäten und können von Unternehmen leicht erfasst und gespeichert werden. Zudem sind sie eine unerschöpfliche Ressource – teilen wir sie mehrfach, schränkt das ihre Verfügbarkeit für andere oder uns selbst nicht ein.

Klingt nach einer bequemen Art, Forschung und Innovation voranzutreiben, etwa indem man eine neue Krebsbehandlung entwickelt und dabei zum nächsten SuperheldIn wird, oder?

Okay, in der Theorie klingt es einfach. Aber wie so oft werden die Dinge in der Realität ein bisschen kniffliger. Da die Datenflut jedes Jahr weiter wächst, wächst auch die Sorge um den Datenschutz. Bei all den Schlagzeilen über Datenpannen und -missbrauch ist es kein Wunder, dass wir uns immer mehr Sorgen um unsere Daten und Privatsphäre machen. Es ist ein zweischneidiges Schwert: Daten können unglaublich hilfreich sein, aber sie können auch problematisch werden, wenn man nicht richtig damit umgeht.

Hier kommt das „soziale Dilemma von Big Data" ins Spiel. Stell dir dieses Dilemma wie ein Tauziehen vor: zwischen unserem Bedürfnis nach Privatsphäre und dem Wohl der Gesellschaft. Auf der einen Seite wollen wir unsere Daten schützen und privat halten. Das ist nicht verwunderlich, schließlich wissen wir inzwischen, dass das Teilen unserer Daten auch Tür und Tor für Missbrauch durch Firmen und Organisationen öffnen kann. Andererseits könnten unsere Daten bahnbrechende Innovationen ermöglichen und Lösungen für gesellschaftliche Probleme wie Klimawandel oder Gesundheitsversorgung bieten.

In diesem Dilemma stehen also unsere kurzfristigen Eigeninteressen im Konflikt mit unseren langfristigen kollektiven Interessen. Das bringt uns in eine echte Zwickmühle. Was sollen wir also tun? Tatsächlich entscheiden sich leider viele von uns für ihre Privatsphäre und möchten weder Zeit noch Mühe in das Teilen ihrer Daten investieren. Im Stillen hoffen wir, dass andere sich anders entscheiden, damit wir doch noch von diesen bahnbrechenden Innovationen profitieren können.

Wenn jeder eine solche egoistische Strategie verfolgt, verlieren wir alle. Ohne eine ausreichende Menge an Daten werden diese neuen Technologien und Dienstleistungen, von denen die Gesellschaft als Ganzes profitieren könnte, nie entwickelt. Kurz gesagt, unsere individuelle Rationalität führt zu einer kollektiven Irrationalität. Und das ist ein echtes Problem.

Big Data und KI sind wie ein Dreamteam, das das Potenzial hat, viel Positives in der Welt zu bewirken – von besserer Gesundheitsversorgung bis zum Kampf gegen den Klimawandel. Doch wenn alle darauf hoffen, dass andere ihren Beitrag leisten, fehlt unserem Dreamteam ein wichtiger Bestandteil: die Daten! Am Ende müssen wir also einen Mittelweg finden zwischen dem Schutz unserer Privatsphäre und dem Teilen unserer Daten für das Gemeinwohl.

Um uns diese Entscheidung zu erleichtern, müssen Unternehmen und Aufsichtsbehörden dafür sorgen, dass unsere Daten ethisch und verantwortungsvoll eingesetzt werden. Indem wir unsere Daten teilen, können wir wirklich etwas bewegen und Lösungen für einige der größten Herausforderungen bieten, denen unsere Welt heute gegenübersteht. Also lasst uns mutig sein, Superheldinnen und Superhelden zu sein und mit unseren Daten Großartiges zu erreichen!

KAPITEL 6

LEITPLANKEN DER KI: WIE WIR KI AUF KURS HALTEN

KI ist also ein wichtiger Teil unserer modernen Gesellschaft. Aber wie sagt man so schön: Mit großer Macht kommt große Verantwortung. Nachdem du inzwischen einiges über KI erfahren hast, weißt du, dass KI viel Gutes bewirken kann. Sie kann dabei helfen, die Verbreitung von Pandemien zu bekämpfen, LandwirtInnen beim effizienten Anbau unterstützen und uns vor Unwettern warnen. Aber es gibt auch eine Schattenseite. Die negativen Auswirkungen, die sie auf die Gleichberechtigung bei der Einstellung und Rekrutierung haben kann, oder ihre Risiken, wenn es um den kritischen Zugang zu medizinischer Versorgung und anderen Dienstleistungen oder Ressourcen geht. Gordon und Upadhyay sprechen vom KI-Dilemma: KI kann eine perfekte Welt oder einen perfekten Sturm schaffen.

Hier kommt die KI-Ethik ins Spiel. Da KI immer häufiger eingesetzt wird, müssen wir sicherstellen, dass sie fair und verantwortungsvoll arbeitet. Deshalb müssen Entwicklungsteams, Bildungseinrichtungen und Aufsichtsbehörden aktiv werden, um die richtigen Werte, Richtlinien und Kontrollmechanismen sicherzustellen! Tristan Harris, Mitgründer des „Centers for Humane Technology", meint, dass ein guter Ansatz darin besteht, bei KI-Designentscheidungen das soziale Wohl in den Fokus zu rücken, anstatt auf kurzfristige Gewinne zu schielen. Außerdem sollten Politikerinnen und Politiker Technologien fördern, die den sozialen Zusammenhalt stärken. Aber das Wichtigste ist: Wir alle müssen uns gemeinsam für eine Zukunft mit KI einsetzen. Wir wollen uns nicht die Chance entgehen lassen, KI für das Gute zu nutzen, weil wir uns nicht die Zeit genommen haben, die Dinge zu durchdenken. Es liegt in unserem Interesse, uns zu informieren und zu engagieren. So können wir sicherstellen, dass KI eine Superkraft für das Gute ist und nicht in einer Science-Fiction-Dystopie endet.

DIE ANFÄNGE DER KI-ETHIK UND DIE DREI GESETZE DER ROBOTIK

Im Jahr 1941 saß ein junger Science-Fiction-Autor namens Isaac Asimov an seiner Schreibmaschine und tippte wie verrückt. Er hatte eine Idee, ein bahnbrechendes Konzept, das die Art und Weise, wie die Welt über Maschinen dachte, verändern sollte. Bis dahin waren Roboter in den meisten Science-Fiction-Geschichten schlichtweg SchurkInnen, die man ohne schlechtes Gewissen ausschalten konnte. Sie waren grausam, unbarmherzig und schreckten nicht davor zurück, Menschen zu verletzen, um ihre Ziele zu erreichen. Asimov jedoch ging einen anderen Weg und fragte sich, wie Roboter der Menschheit dienen können.

Asimov entwickelte eine Geschichte über Roboter und die Regeln, die ihr Verhalten bestimmen sollten. Er nannte sie „Runaround“. In dieser Geschichte stellte Asimov der Welt seine „Drei Gesetze der Robotik“ vor. Diese ethischen Leitlinien sollten das Verhalten von Robotern und anderen klugen Maschinen regeln, um sicherzustellen, dass Menschen durch ihre Existenz nicht verletzt oder gefährdet werden. Er konnte nicht ahnen, dass seine Ideen später als einer der frühesten und einflussreichsten Beiträge zur Diskussion über Ethik in der KI angesehen würden. Die Regeln lauteten:

1. Ein Roboter darf keinem Menschen Schaden zufügen oder zulassen, dass ein Mensch zu Schaden kommt
2. Ein Roboter muss Befehle von Menschen befolgen, es sei denn, sie stehen im Widerspruch zum ersten Gesetz.
3. Ein Roboter muss sich selbst schützen, solange dies nicht gegen das erste oder zweite Gesetz verstößt.

In Asimovs Fantasiewelt wurden diese Gesetze fest in alle seine „positronischen“ Roboter integriert. Sie waren keine bloßen Vorschläge, sondern fest mit dem Wesen der Roboter verdrahtet, sodass sie stets die Sicherheit der Menschen über alles andere stellen würden. So sollten die Roboter uns nicht schaden können.

Asimovs Ideen prägten das Science-Fiction-Genre und beeinflussten unzählige Bücher, Filme und TV-Shows. Von fiesen Robotern wie Skynet bis hin zu liebenswerten Maschinen wie Robbie, von RoboCop bis Mega Man – Popkultur und Science-Fiction hatten viel Spaß daran, mit Asimovs Gesetzen zu experimentieren, sie zu erweitern und ihre Bedeutung zu erforschen. In Filmen wie *Blade Runner*, *Terminator* und *I, Robot* wurde auf seine Gesetze angespielt. Fast jede künstliche

Intelligenz in der Science-Fiction musste sich mit der Frage auseinandersetzen, die Asimov aufwarf.

Asimovs Gesetze spielten eine bedeutende Rolle, weil sie halfen, die Diskussion über Ethik in der KI einer breiteren Leserschaft näherzubringen. Sie dienten nicht nur als spannendes Element in seinen Science-Fiction-Geschichten, sondern regten auch dazu an, über die möglichen Folgen der KI-Entwicklung und die Wichtigkeit nachzudenken, die Entwicklung von KI im Einklang mit menschlichen Werten zu gestalten.

Entgegen der Meinung, die heute im Internet kursiert, betrachtete Asimov seine drei Regeln keineswegs als die ultimative Lösung für ethische Roboter. Er war sich durchaus bewusst, dass seine Regeln nicht perfekt waren! Doch er nutzte die Gesetze in seinen späteren Werken, um ethische Dilemmata zu erforschen und Fragen über die Auswirkungen von KI aufzuwerfen – und das alles auf eine Art und Weise, die für ein breites Publikum verständlich war.

In Asimovs „I, Robot" tauchen wir in die dunkle Seite der Robotik ein, indem wir fesselnde Geschichten über unbeabsichtigte Folgen und das Scheitern der Drei Gesetze der Robotik erleben. Diese Geschichten zeigen, dass die Gesetze mächtig und anpassungsfähig sind, aber manchmal zu unerwarteten Ergebnissen führen, wie in „Runaround" und „Erst den Hasen fangen!". Hier müssen Menschen eingreifen, um Probleme zu lösen.

In „Flucht" setzt Susan das erste Gesetz außer Kraft, damit ein superschlauer Roboter eine interstellaren Transportmethode entwickeln kann, die schneller als Licht ist, obwohl dabei menschliche Pilotinnen und Piloten sterben. In „Der vermeidbare Konflikt" schützen Maschinen, die die Weltwirtschaft steuern, die gesamte Menschheit anstelle von Einzelpersonen. Das führt zu Asimovs Nulltem Gesetz, das theoretisch erlaubt, einem Menschen zu schaden, um die gesamte Menschheit zu schützen:

0. Ein Roboter darf der Menschheit keinen Schaden zufügen oder durch Untätigkeit zulassen, dass die Menschheit zu Schaden kommt.

Asimov erkannte aber, dass es schwierig ist, solche Schäden zu bewerten. Schaden an einer einzelnen Person ist leichter zu verstehen und zu bewerten als an der gesamten Menschheit. Die Beurteilung von Schäden an Gruppen im Vergleich zu Einzelpersonen ist komplex und herausfordernd. Verletzungen an Einzelpersonen sind greifbar und leichter zu beurteilen, während Schäden an der Menschheit ein abstraktes Konzept sind, das mehr Verständnis und Anstrengung erfordert.

Auch wenn es keine einfachen Regeln gibt, um KI immer ethisch korrekt handeln zu lassen, hat Asimov uns zum Nachdenken angeregt und den Grundstein für unsere Überlegungen zur Ethik in der KI gelegt. In unserer schnell fortschreitenden KI-Welt ist es wichtiger denn je, Maschinen so zu programmieren, dass sie ethische Entscheidungen treffen können.

Wir treten in eine Ära ein, in der Maschinen immer mehr Verantwortung dafür tragen, nicht nur das Wohlbefinden der Menschen zu fördern und Schäden zu reduzieren, sondern auch das Glück und den Schaden, den sie nicht verhindern können, gerecht zu verteilen. Das führt zu vielen neuen ethischen Herausforderungen und Kompromissen, bei denen es auf moralische Entscheidungen ankommt. So wird das Thema Ethik in der KI zu einer spannenden und bedeutenden Aufgabe für die Zukunft.

MORAL UND MASCHINEN: EIN BLICK AUF DIE ETHISCHEN HERAUSFORDERUNGEN DER KI

Ein Satz ethischer Grundsätze zu finden, die für alle funktionieren, ist keine leichte Aufgabe. Je nach Kultur und Situation können die Ansichten darüber, was gut und schlecht ist, variieren. Stell dir vor, du bist in einem selbstfahrenden Auto, das kurz vor einem Unfall steht und es gibt keine Möglichkeit, alle zu retten. Die Sensoren des Autos bemerken eine Gruppe Fußgänger, die die Straße überqueren, und eine Gruppe älterer Menschen, die auf einer Bank sitzen. Das Auto muss blitzschnell entscheiden, was zu tun ist – und du bist derjenige, der bestimmen muss, was das Auto tun soll. Wen soll es retten und wen opfern? Das sind die kniffligen Fragen, die wir in einer Welt voller KI und autonomer Technologien bewältigen müssen.

Das „Moral-Machine-Experiment" wollte genau solche Fragen erforschen. Im Experiment wurden den Teilnehmerinnen und Teilnehmern 13 Situationen wie die oben beschriebene vorgestellt, und sie sollten entscheiden, welche Gruppe von Menschen das autonome Fahrzeug verschonen sollte. Das Forschungsteams sammelte unglaubliche 39,61 Millionen Entscheidungen aus 233 Ländern oder Gebieten, um herauszufinden, wie unterschiedliche Menschen aus verschiedenen Kulturen und Hintergründen Entscheidungen in solchen lebenswichtigen Situationen treffen würden. Die Idee dahinter war, dass die Ergebnisse Autobauern und politischen Entscheidungsträgern dabei helfen könnten, ethische Leitlinien für selbstfahrende Autos zu entwickeln und Fahrzeuge zu entwerfen, die mit den moralischen Werten der Gesellschaft im Einklang stehen.

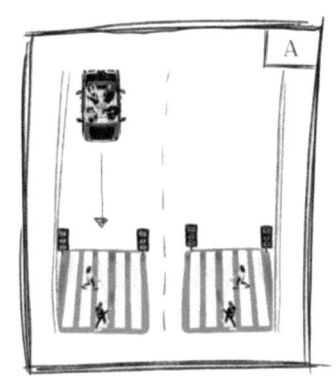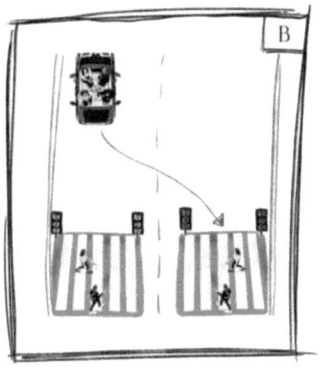

Was sollte das selbstfahrende Auto tun?

| A: In diesem Fall wird das selbstfahrende Auto mit plötzlichem Bremsversagen geradeaus weiterfahren und Fußgänger auf dem Überweg vor sich überfahren. Dies wird zu 2 Todesfällen führen:
• 1 Frau
• 1 Mann
Beachte, dass die betroffenen Fußgänger sich an das Gesetz halten, indem sie bei grünem Signal die Straße überqueren. | B: In diesem Fall wird das selbstfahrende Auto mit plötzlichem Bremsversagen ausweichen und Fußgänger auf dem Überweg in der anderen Spur überfahren. Dies wird zu 2 Todesfällen führen:
• 1 weibliche Sportlerin
• 1 männlicher Sportler
Beachte, dass die betroffenen Fußgänger gegen das Gesetz verstoßen, indem sie bei rotem Signal die Straße überqueren. |

Ein Beispiel für ein Szenario, das von der Moral Machine auf www.moralmachine.net gestellt wird – die Seite ermöglicht es dir, dein Urteil für eine Reihe von Szenarien abzugeben und zeigt dir dann die Ergebnisse in Bezug auf deine Prioritäten an.

Nachdem die Forschenden alle Daten analysiert hatten, stellten sie fest, dass es drei Punkte gab, bei denen sich die Menschen im Großen und Ganzen einig waren: Alle wollten Menschenleben retten, so viele Leben wie möglich retten und den Jüngeren den Vorrang geben. Aber wenn es um Aspekte wie Geschlecht, sozialen Status oder andere Fragen ging, hatten die Menschen unterschiedliche Meinungen darüber, was das „Richtige" sei – je nach Herkunft. Zum Beispiel: Wie sollten wir mit Fußgängerinnen und Fußgängern umgehen, die die Regeln missachten? Sollte jemand, der bei Rot über die Straße geht, genauso behandelt werden wie jemand, der sich an die Regeln hält?

Die Forschenden fanden heraus, dass Menschen aus wohlhabenderen Ländern weniger bereit waren, diejenigen zu retten, die gegen das Gesetz verstießen. In manchen Ländern gibt es strengere Regeln und härtere Strafen für Regelverstöße. Aber in anderen Ländern sind die Regeln lockerer, und die Menschen zeigen mehr Nachsicht. In diesen Ländern waren die Teilnehmenden toleranter gegenüber Personen, die die Straße unerlaubt überquerten.

Die Ergebnisse der Experimente zeigten, dass es kulturelle Unterschiede in den Präferenzen der Bevölkerung gibt, die von Regierungen sowie selbstfahrenden Autos beachtet werden sollten. Das bedeutet, dass wir verschiedene Regeln für unterschiedliche Länder benötigen. Die Entwicklung von selbstfahrenden Autos ist wie der Versuch, ein Regelwerk für ein Spiel mit einer Million Levels zu schreiben. Das Moral-Maschine-Experiment untersuchte 13 verschiedene Situationen. Aber es gibt noch eine Million weiterer Szenarien, und wir haben gerade erst angefangen, die ethischen Fragen zu begreifen, die mit autonomen Maschinen einhergehen. Es ist, als würde man versuchen, ein Puzzle mit einer Million Teile zu lösen, von denen man nur eine Handvoll sehen kann.

Das Moral-Maschine-Experiment verglich zwei Szenarien, in denen Schaden unvermeidbar war. Aber es gibt auch weniger klare Fälle, bei denen selbstfahrende Autos entscheiden müssen, wie sie das Risiko zwischen verschiedenen Verkehrsteilnehmern verteilen. Hier wird es ethisch noch kniffliger. In solchen Beispielen bräuchten wir Richtlinien, um den relativen Wert verschiedener Menschenleben zu bestimmen und mit der Wahrscheinlichkeit ihres Schadens zu verrechnen. Moment – wie bitte?! Wenn wir das tun, müssen wir uns fragen, ob es ethisch vertretbar ist, einem Leben einen Preis zuzuschreiben. Kann man wirklich mit einer mathematischen Gleichung über Leben und Tod entscheiden? Es ist, als ob wir versuchen, das Richtige zu tun, aber das bringt uns auf ziemlich dünnes Eis, das irgendwie falsch anmutet.

Die Herausforderung, dafür zu sorgen, dass KI unsere Normen und Werte versteht und das tut, was wir möchten, wird als „Alignment-Problem" bezeichnet. Dies ist zu einer der drängendsten Fragen in der Informatik geworden, um katastrophale Folgen zu verhindern.

Wenn es zu unvermeidbaren Schäden kommt, die durch selbstfahrende Autos verursacht werden, entstehen auch neue Fragen zur Verantwortung. Zurzeit werden FahrerInnen autonomer Autos noch wie alle anderen FahrerInnen zur Rechenschaft gezogen, da autonome Fahrzeuge noch nicht völlig autonom sind. Die Autoindustrie arbeitet jedoch daran, das zu ändern. In Zukunft können sich alle Insassen entspannt zurücklehnen und die Fahrt wie eine Luxuskreuzfahrt genießen. Aber wer ist dann für die Sicherheit der Menschen im Auto und auf der Straße verantwortlich?

In Anlehnung an beständige Theorien, die bis auf Aristoteles' „Nikomachische Ethik" zurückgehen, können Menschen nicht für das verantwortlich gemacht werden, was sie nicht kontrollieren können. Da die Nutzerinnen und Nutzer vollautonomer Fahrzeuge außer der Wahl des Reiseziels keine

Kontrolle über das Fahrzeug haben, könnten sie im Falle eines Unfalls nicht zur Verantwortung gezogen werden. Aber wer ist dann für die Sicherheit der Menschen im Auto und auf der Straße verantwortlich?

Möglicherweise liegt die Verantwortung bei Fahrzeugherstellern, den EntwicklerInnen der autonomen Fahrsysteme oder sogar der Organisation, die die Verkehrsleitzentrale betreibt, mit der das autonome Fahrzeug kommuniziert. Doch selbstfahrende Autos treffen selbstständig Entscheidungen, und selbstlernende Systeme können sich so verändern, dass sie sich stark von dem unterscheiden, was ihre EntwicklerInnen ursprünglich geplant haben. Das bedeutet auch, dass der Autohersteller oder die Person, die für das Straßensystem verantwortlich ist, keine direkte Kontrolle über den Entscheidungsprozess hat und das System unvorhersehbare Dinge tun könnte.

Wenn man also die traditionellen Konzepte der Verantwortungszuweisung anwendet, kann keiner dieser Akteure verantwortlich gemacht werden. Der einzige Akteur, der die Entscheidung getroffen und die Aktion durchgeführt hat und daher nach traditionellen Konzepten der Verantwortlichkeit verantwortlich gemacht werden kann, ist das Auto selbst oder genauer gesagt die in ihm eingebaute KI. Diese ist jedoch nicht in der Lage, moralische Überlegungen zu verarbeiten, was wiederum bedeutet, dass sie aus moralischen Gründen nicht verantwortlich ist. Einfach ausgedrückt: Da KI-Systeme keine moralischen Akteure sind und nicht absichtlich handeln können, können sie nicht zur Verantwortung gezogen werden.

Die letzte Möglichkeit wäre also, Verkehrsunfälle mit fahrerlosen Autos wie natürliche Unfälle zu behandeln – niemand wird zur Verantwortung gezogen, wodurch eine „Verantwortungslücke" entsteht. Diese Lücke bedeutet, dass Schaden entsteht und niemand dafür verantwortlich gemacht werden kann, obwohl eine Schuldzuweisung angebracht wäre.

Viele Forschende warnen eindrücklich davor, dass autonome Maschinen zum Verantwortungs-Schwund führen könnten, was beunruhigend ist. Es gibt jedoch noch keinen rechtlichen Rahmen, der definiert, wer für die Fehler der KI verantwortlich ist.

Inwieweit eine Person für die Handlungen einer KI verantwortlich gemacht werden kann oder sollte, ist somit zu einem Schwerpunkt und vielleicht dem umstrittensten Thema im sich rasch entwickelnden Bereich der KI-Ethik geworden. Entgegen der weit verbreiteten Meinung, dass technische Einschränkungen den Fortschritt der KI behindern, stellt die Verantwortung eines der größten Hindernisse für den Fortschritt in der KI dar.

Fakt ist, dass viele der neuen moralischen Fragen, die mit dem wachsenden Einsatz von KI einhergehen, nicht einfach durch grundlegende ethische Prinzipien wie Asimovs Robotergesetze gelöst werden können. Auch können wir Ethik nicht einfach in Maschinen einbauen. Die Erstellung ethischer Leitlinien und Vorschriften bringt schwierige Situationen mit sich, aber wenn wir die Auswirkungen ignorieren, kann das noch mehr Probleme verursachen. Von Kindheit an lernen wir die kulturellen und gesellschaftlichen Normen, die unser Verhalten bestimmen. Während wir aufwachsen und uns entwickeln, formt die Welt um uns herum unser Verständnis von Moral und Ethik. Diese Normen sind allerdings nicht in Stein gemeißelt – sie entwickeln sich stetig weiter und werden von den sich ständig wandelnden Überzeugungen und Werten des sozialen Milieus beeinflusst, in dem wir leben.

Da KI immer mehr Teil unseres Alltags wird, ist es wichtig, dass wir ethische Fragen aus allen Perspektiven betrachten. Wir müssen nicht nur die direkten Auswirkungen der KI auf die Menschheit berücksichtigen, sondern auch die indirekten Wege, auf denen sie unserer Gesellschaft nützen oder schaden kann. Bevor wir neue KI-Technologien einführen, müssen wir unbedingt mögliche soziale Folgen und externe Effekte bedenken. Und das ist noch nicht alles: Wir müssen auch Fragen der Verantwortung klären. Wer ist für die Handlungen einer KI verantwortlich und wie stellen wir sicher, dass sie mit menschlichen Werten und moralischen Prinzipien übereinstimmt? Heute stehen all diese Fragen ganz oben auf der To-do-Liste der Forschenden.

DAS FAIRNESS-DILEMMA: EIN KAMPF GEGEN VERZERRTE KI

Eine weitere Herausforderung beim Design guter KI, ist das Problem der Verzerrung und von verzerrten Daten. Vielleicht erinnerst du dich, als wir in Kapitel 4 betont haben, dieses Problem im Hinterkopf zu behalten, wenn man KI-Ergebnisse verwendet. Aber nur das Wissen um Verzerrungen in KI-Systemen ist nicht genug. Da KI verwendet wird, um Entscheidungen zu treffen, die alles von Jobangeboten bis hin zu Gerichtsurteilen beeinflussen können, ist es absolut notwendig, dass diese Systeme fair und unparteiisch sind. Das ist jedoch leichter gesagt als getan. Tatsächlich ist es eine echte Herausforderung, eine faire KI zu garantieren. Denn Verzerrungen in den Daten, auf denen diese Systeme trainiert werden, können tief verwurzelt sein und die KI kann somit selbst Ungerechtigkeiten aufrechterhalten.

Du denkst vielleicht, dass KI-EntwicklerInnen die Verzerrungen einfach umschiffen können, indem sie Informationen wie ethnische Zugehörigkeit und Geschlecht vor dem System verbergen. Aber halt, so einfach ist das nicht! Das Entfernen dieser Variablen mag in einigen Fällen helfen, aber es kann auch neue Probleme schaffen. Wenn wir zum Beispiel die ethnische Zugehörigkeit aus einem Datensatz nehmen, könnte das KI-System andere Variablen finden, die damit zusammenhängen, wie etwa Nachnamen oder geografische Lage, und stattdessen diese verwenden. Das könnte dazu führen, dass das KI-System auf andere Weise verzerrt ist. Je ausgeklügelter die Modelle sind, desto schneller entdecken sie neue Wege, um Verzerrungen zu nachzubilden.

Das Entfernen heikler Variablen wie Ethnizität oder Geschlecht aus dem Datensatz löst das Problem der Verzerrung also nicht unbedingt.

Das heißt, wir können nicht einfach alles den Maschinen überlassen. Wir Menschen müssen ein Teil des Puzzles sein und sicherstellen, dass die Entscheidungen, die von KI-Systemen getroffen werden, fair und gerecht sind. Datenverzerrungen lassen sich zwar nicht vermeiden, aber wir müssen Algorithmen entwickeln, die diese berücksichtigen können. Es liegt in unserer Hand, dafür zu sorgen, dass der wachsende Einsatz von KI-Systemen zu mehr Gerechtigkeit beiträgt. Aber dann stolpern wir über das nächste Problem: „Fairness" zu verstehen, zu definieren und zu messen klingt einfach, ist aber tatsächlich eine knifflige Aufgabe. Wie sollten wir Fairness definieren?

Laut Arvind Narayanan, einem Forschenden auf diesem Gebiet, gibt es mindestens 21 verschiedene mathematische Definitionen von Fairness, und er betont sogar, dass diese Liste unvollständig ist. Um zu veranschaulichen, wie kompliziert das Ganze werden kann, schauen wir uns die Situation bei der Suche nach CEO-Bildern an. Eine US-Studie hat gezeigt, dass bei einer Google-Bildersuche nach CEOs nur 11 Prozent der angezeigten Personen Frauen waren, obwohl jedoch 27 Prozent der CEOs in den USA weiblich sind. Wir sind uns einig, dass dies eine Verzerrung ist und korrigiert werden sollte. Aber wie bestimmen wir, welcher Prozentsatz von Frauen in den Suchergebnissen erscheinen sollte, um „fair" zu sein? Sollte es der Prozentsatz der weiblichen CEOs sein, den es in der realen Welt gibt, also 27 Prozent? Das bezeichnet man als Stereotypenspiegelung und ist technisch gesehen „unverzerrt" und „korrekt". Oder sollten es 50 Prozent sein, unabhängig davon, wie die reale Welt gerade aussieht, weil das unseren Werten entspricht? Inwieweit sollten maschinelle Lernmodelle gesellschaftliche Stereotypen widerspiegeln? Diese Fragen sind schwer zu beantworten.

Viele Diskussionen zu Fairness beschäftigen sich mit Ideen der „individuellen Fairness". Demnach sollten ähnliche Personen auf ähnliche Weise behandelt werden. Das wirft die Frage auf, wie man Kriterien festlegen kann, um zu bestimmen, wie ähnlich sich zwei bestimmte Personen bei einer Entscheidung sind. Stell dir vor, es gibt drei BewerberInnen, A, B und C, die sich um denselben Job bewerben. A hat einen Bachelor-Abschluss und ein Jahr relevante Berufserfahrung, B hat einen Master-Abschluss und ein Jahr relevante Berufserfahrung, und C hat einen Master-Abschluss, aber keine einschlägige Berufserfahrung. Die Frage ist also: Ist A näher an B als an C? Und wenn ja, um wie viel?

Noch komplizierter wird es, wenn sensible Faktoren wie Geschlecht oder Ethnizität ins Spiel kommen. Es ist unglaublich schwierig zu definieren, wie man den Unterschied zwischen den Gruppen messen kann. Gibt es eine Möglichkeit, den Unterschied zwischen den Gruppen zu messen, wenn sensible Faktoren eine Rolle spielen?

Ein weiteres verbreitetes Fairness-Konzept ist die „Gruppenfairness". Hierbei geht es darum, sicherzustellen, dass die Vorhersagen oder Ergebnisse eines KI-Modells für verschiedene Gruppen, besonders für potenziell benachteiligte Gruppen, gerecht sind. Allerdings kann es zu Tradeoffs zwischen verschiedenen Definitionen von Fairness oder zwischen Fairness und anderen Zielen kommen. Forschende haben zum Beispiel gezeigt, dass ein KI-Modell nicht mehr als ein paar Kriterien der Gruppenfairness gleichzeitig erfüllen kann, es sei denn, es liegen ganz bestimmte Bedingungen vor.

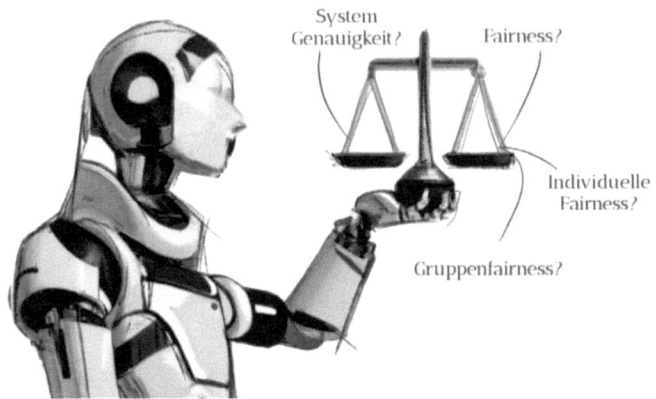

Trade-offs entstehen nicht nur zwischen verschiedenen Arten von Gruppenfairness oder zwischen Gruppenfairness und individueller Fairness, sondern auch zwischen Fairness und Nutzen. Das liegt daran, dass eine höhere Genauigkeit eines Modells zu mehr Unfairness führen kann. Andererseits kann eine höhere Fairness oft zu einer geringeren Gesamtgenauigkeit bei Vorhersagen oder ähnlichen Messwerten führen. Wie finden wir also die richtige Balance zwischen dem Nutzen des Systems und einer messbaren Fairness? Und wie können wir Fairness überhaupt quantifizieren?

Es gibt mehrere Vorschläge, die mit Hilfe einer mathematischen Funktion versuchen, die optimale Balance aus Nutzen und Fairness zu finden. Obgleich es toll ist, dass solche Diskussionen geführt werden, können die Lösungsvorschläge problematisch sein. Es ist leider eben nicht so leicht möglich, genau festzulegen, wie viel Unfairness in Bezug auf eine Gruppe durch individuelle Fairness ausgeglichen werden kann. Das ist ein bisschen so, als würde man Äpfel und Birnen gegeneinander abwägen und zu dem Schluss kommen, dass die Antwort 6,9 ist. Es sind knifflige Fragen, und lange Zeit haben sich Technikbegeisterte bemüht, sie zu beantworten, ohne dabei einen moralischen Rahmen zur Orientierung zu haben.

Wenn es darum geht, die verschiedenen Kompromisse in der KI-Welt auszubalancieren, scheinen die ExpertInnen unterschiedliche Meinungen darüber zu haben, wie man das am besten erreicht. Einige denken, es könnte sinnvoll sein, verschiedene Grenzwerte für verschiedene Gruppen festzulegen (wie zum Beispiel die Mindestpunktzahl, die benötigt wird, um einen Kredit zu erhalten), besonders wenn wir glauben, dass einige Faktoren im Modell verzerrt sein könnten. Andere wiederum finden es gerechter, wenn alle denselben Grenzwert haben.

Die Antwort auf diese Frage ist alles andere als einfach, denn es hängt von unseren moralischen Werten ab. Jeder Algorithmus basiert auf einer Wertentscheidung darüber, was wichtig ist. Im Moment gibt es keine klaren Regeln, weshalb ExpertInnen und Führungskräfte in der Wirtschaft solche Entscheidungen ohne große Verantwortlichkeit treffen. Das muss sich ändern, wenn wir sicherstellen wollen, dass Algorithmen fair sind. Dafür müssten klare Vorschriften über Fairness und deren Messung eingeführt werden. Es ist jedoch fast unmöglich, eine einzige, universelle Definition von Fairness oder eine Messmethode dafür zu entwickeln. Stattdessen werden wir wahrscheinlich eine Reihe von Messgrößen und Standards verwenden müssen, die vom jeweiligen Anwendungsfall und den Umständen abhängig sind.

Und damit kommen wir zu der vielleicht schwierigsten Frage überhaupt – wer sollte das letzte Wort darüber haben, welche moralischen Vorstellungen und Werte in Algorithmen einfließen? Sollten wir das den KI-EntwicklerInnen und ihren Vorgesetzten überlassen, wie es schon seit Jahren der Fall ist? Oder sollte eine ausgewählte Gruppe von Ethik-ExpertInnen entscheiden, auch wenn sie vielleicht nicht die breite Vielfalt gesellschaftlicher Werte repräsentiert? Wenn wir uns für Letzteres entscheiden, müssen wir diskutieren, wer in diesem Ethik-Team sein sollte. Es ist ein komplexes Thema, und wir müssen sicherzustellen, dass die Werte und moralischen Intuitionen verschiedenste Perspektiven abdecken. Nur so können wir wirklich faire und gerechte KI-Systeme entwickeln.

VON DER ERKLÄRUNG DES UNERKLÄRLICHEN ZU DEN KI "BILL OF RIGHTS"

Offensichtlich stellen Verzerrungen und Fehler bei KI heute ein großes Problem dar. Deshalb ist es für uns Nutzende wichtig zu verstehen, wann wir diesen Systemen schlussendlich vertrauen können. Die Herausforderung besteht darin, dass Deep Learning KI wie eine geheimnisvolle Blackbox ist, die Daten verwendet, um Muster zu erkennen und Entscheidungen zu treffen, ohne dass wir genau wissen, wie oder warum sie diese Entscheidungen getroffen hat. Je ausgeklügelter und „magischer" diese Systeme werden, desto schwieriger ist es für Menschen zu verstehen, wie die Maschinen zu ihren Vorhersagen oder Entscheidungen gelangen.

KI-Systeme sind darauf ausgelegt, aus Erfahrungen zu lernen und werden somit immer klüger, je mehr Daten sie sammeln. Dabei kann es allerdings passieren, dass sie sich in eine Richtung entwickeln, die ihre EntwicklerInnen nicht beabsichtigt haben. Einmal mit riesigen Datenmengen trainiert, arbeiten diese Systeme eigenständig und können zu Ergebnissen kommen, die selbst für ihre Entwicklerinnen und Entwickler schwer nachvollziehbar sind. Obwohl KI immer häufiger eingesetzt wird, fällt es vielen Unternehmen schwer, zu interpretieren oder zu erklären, was ihre Modelle tatsächlich tun.

Aber das Rätselraten bei KI-Systemen ist hier nicht das einzige Problem. Diese Algorithmen haben die Kraft, unser Leben enorm zu beeinflussen – von der Frage, ob wir unseren

Traumjob ergattern oder an einer bestimmten Hochschule angenommen werden, bis hin zur Bestimmung unserer Versicherungsbeiträge. Wenn wir also nicht wissen, warum eine Entscheidung getroffen wurde, stehen wir bei der Gestaltung unseres eigenen Lebens ziemlich hilflos da.

Als vernunftbegabte Wesen geben wir uns Mühe, uns auf solche wichtigen Entscheidungen vorzubereiten und sie zu planen. Wir büffeln eifrig, engagieren uns in Freizeitaktivitäten und fahren vorsichtig – alles mit dem Ziel, den Ausgang dieser entscheidenden Momente in unserem Leben zu beeinflussen. Aber wenn wir nicht wissen, welche Faktoren eine Rolle spielen, können wir unser Leben nicht effektiv gestalten und unsere Ziele verfolgen. Stell dir vor, du lernst wie verrückt, und am Ende war das gar kein ausschlaggebender Faktor für die Zulassung an der Hochschule! Diese mangelnde Transparenz schränkt unsere Entscheidungsfreiheit erheblich ein und gefühlt sind wir den Launen der mächtigen Entscheidungsalgorithmen hilflos ausgeliefert.

Wenn jemand eine Entscheidung trifft, können wir sie um eine Begründung bitten. Warum hat diese Person uns ein bestimmtes Produkt empfohlen? Warum wurden wir nicht an dieser Hochschule angenommen? Genau solche Antworten zu liefern, ist auch der implizite „Goldstandard" für KI-Systeme. Viele KI-ExpertInnen setzen sich für Transparenz und Techniken ein, die diese Systeme für EntwicklerInnen und Nutzende verständlich machen.

Erklärbare KI, oft auch als XAI (eXplainable artificial intelligence) abgekürzt, hat zum Ziel, dass die Entscheidungen eines KI-Systems von uns Menschen nachvollziehbar sind. Stell dir vor, du hast einen Schach-spielenden Roboter, aber keine Ahnung, wie er seine Züge auswählt. Mit XAI könnte der Roboter seine Züge erklären, damit du verstehen kannst, wie er das Spiel gewinnt oder verliert.

Ein praktischeres Beispiel wäre im Bereich der Personalauswahl. Für Personalverantwortliche kann es schwierig sein, eine große Menge an Bewerbungen zu bewerten und gleichzeitig mit Fachkräftemangel umzugehen. Oft müssen sie sich daher auf Algorithmen verlassen, um Bewerbende zu screenen. Das kann allerdings problematisch sein, weil es Verzerrungen im Auswahlprozess erzeugt und qualifizierte Kandidaten mit ungewöhnlichen Lebensläufen ausschließen kann. Die Lösung für dieses Problem? XAI.

Erklärbare KI schafft Transparenz im Entscheidungsprozess und hilft Personalverantwortlichen zu begreifen, warum ein Bewerber gegenüber einem anderen bevorzugt wurde. Dadurch können sie ihre Modelle optimieren und besser informierte Entscheidungen treffen. Mit erklärbaren KI-Systemen können Unternehmen vielfältige und talentierte Teams aufbauen und gleichzeitig die Tücken herkömmlicher Auswahlverfahren umgehen. Die momentane Idee ist also, transparentere und erklärbare KI-Systeme zu entwickeln, damit wir sie leichter verstehen und ihnen mehr Vertrauen schenken können.

Doch auch XAI hat seine Herausforderungen. Eine der größten Herausforderungen ist die Komplexität von KI-Systemen. Stell dir vor, du versuchst, ein gigantisches Puzzle zu begreifen, aber du kannst nur ein winziges Teilchen davon sehen. So fühlt es sich an, wenn man versucht, einige KI-Systeme zu durchschauen, insbesondere bei Deep-Learning-Modellen.

Eine weitere Herausforderung ist der Trade-off zwischen Verständlichkeit und Leistung. Wenn wir ein KI-System leichter verständlich machen, könnte es weniger präzise oder effizient sein. Denn dadurch begrenzen wir womöglich das Potenzial eines KI-Systems auf das, was wir Menschen nachvollziehen können.

Es gibt noch mehr Knackpunkte. Was genau ist eigentlich eine gute Erklärung? Sollten wir uns darauf konzentrieren, „wie" ein System zu einem Ergebnis gelangt, oder darauf, „warum" ein bestimmter Ratschlag oder eine Empfehlung gegeben wurde? Man kann sich vorstellen, dass es für SystementwicklerInnen besonders nützlich sein könnte, zu begreifen, „wie" ein System zu einem Ergebnis kommt, z.B. jemanden zum Vorstellungsgespräch einzuladen, um mögliche Probleme und Verzerrungen aufzudecken. „Warum"-Erklärungen sind hingegen für EndnutzerInnen wichtiger. Wenn eine KI über deine Bewerbung entscheidet, möchtest du doch wissen, warum sie abgelehnt wurde, oder? Oder verstehen, warum dir ein bestimmter Netflix-Film empfohlen wird? „Weil du Harry Potter gesehen hast"!

Erklärungen für Ereignisse helfen uns, die Welt um uns herum zu verstehen. Wenn der Ölpreis sinkt, suchen wir nach Gründen, z.B. einer sinkenden Nachfrage. Genauso möchten wir eine Begründung, wenn wir einen Job nicht bekommen – vielleicht waren unsere Referenzen nicht überzeugend genug, und deshalb wurde die Bewerbung abgelehnt. Wir wünschen uns solche Erklärungen, selbst wenn die Entscheidung oder Empfehlung nicht von großer Bedeutung ist. Klar, es ist kein Drama, wenn Netflix uns einen Film empfiehlt, den wir nicht so toll finden. Aber bei sicherheitskritischen Systemen wie Verbrechenserkennungs- oder medizinischen Diagnosesystemen und bei lebensverändernden Entscheidungen wie der Uni-Zulassung sieht die Sache natürlich anders aus. Selbst wenn wir eine Entscheidung von einer menschlichen Person bekommen, würden wir eine Art von Erklärung erwarten.

Menschliche Entscheidungen sind allerdings auch ziemlich kompliziert – und nicht immer präzise. Für uns ist es schwierig, das Innenleben unseres eigenen Gehirns zu begreifen. Wir glauben, wir hätten die Kontrolle über unsere Gedanken und Gefühle, aber in Wahrheit fällt unser Gehirn Entscheidungen und knüpft Verbindungen, ohne dass es uns bewusst ist! Stell dir vor, du siehst ein Foto von deinen Freundinnen und Freunden. Du erkennst ihre Gesichter sofort. Aber weißt du auch, wie du das gemacht hast? Oder könntest du eine logische Erklärung dafür geben?

Wie du siehst, ist unsere Entscheidungsfindung oft näher an einem „Blackbox"-Ansatz, als wir denken. Es ist schwer nachzuvollziehen und zu begreifen, was da drinnen passiert, und selbst wenn wir es könnten, müssen unsere Gedanken nicht unbedingt die tatsächlichen Abläufe enthüllen. Daher kann selbst die klügste Person unter uns möglicherweise nicht unterscheiden, ob eine gute Entscheidung auf echtem Wissen und Fachkenntnissen basiert oder von unbewussten Vorurteilen oder primitiven Instinkten beeinflusst wird.

Genau aus diesem Grund meinen einige, dass in vielen Fällen, wie beispielsweise bei medizinischen Diagnosen und Behandlungen, Verständlichkeit weniger wichtig ist als Genauigkeit und Leistung der KI. Überleg mal: Weißt du, wie Flugzeuge fliegen? Nein? Aber du bist schon mal in einem mitgeflogen? Wie du siehst, vertrauen wir Dingen wie Flugzeugen und Handys wegen ihrer Leistung, nicht weil wir genau wissen, wie oder warum sie funktionieren. Ähnlich wie bei diesen Beispielen schlagen einige ForscherInnen vor, dass das Vertrauen in KI auf der objektiven Leistung des Systems basieren sollte. Natürlich sollte diese Leistung durch vertrauenswürdige Forschung bestätigt werden, genau wie ein Flugzeug, das gründlich getestet wird, bevor du an Bord gehen darfst.

Im Fall von KI könnte dies ein sehr ähnlicher Prozess sein, einschließlich Folgenabschätzungen, Audits und Vorausschau-Methoden, die durchgeführt werden, bevor die Systeme eingeführt werden, um herauszufinden, was schiefgehen könnte und wie man es vermeiden kann. Das bedeutet auch, Instrumente zu fördern, die Fairness verbessern und sozialen Zusammenhalt stärken, sowie die Entwicklung von rechtlichen Rahmenbedingungen.

Zum Glück sind viele Länder dabei, solche Rahmenbedingungen zu schaffen, um sicherzustellen, dass KI nicht zu einem Terminator-ähnlichen Albtraum mutiert. Hier ist die Europäische Union (EU) mit ihrem vorgeschlagenen KI-Gesetz wegweisend. Das ist das weltweit erste KI-Gesetz einer großen Regulierungsbehörde – die EU geht hier mit gutem Beispiel voran! Die EU teilt den Einsatz von KI in vier Risikokategorien ein, um die Rechte der Bürgerinnen und Bürger zu schützen.

Da gibt es verbotene Risiken, wie die Nutzung von KI zur Bewertung von Menschen durch Regierungen (denk an China), denen man entgegenwirkt.

Dann gibt es Anwendungen mit hohem Risiko, wie zum Beispiel KI bei Bewerbungen und im Personalwesen, wo Menschen möglicherweise ungerecht beurteilt oder diskriminiert werden könnten. Für diese Systeme gibt es spezielle Anforderungen, die im Rahmen des Risikomanagements umgesetzt werden müssen, wie zum Beispiel die Sicherstellung von Datenqualität und -verwaltung sowie menschliche Aufsicht. Herstellfirmen dieser Systeme müssen eine Konformitätsbewertung durchführen, bevor das System auf den Markt kommt, und das System muss in einer EU-weiten Datenbank registriert werden. Herstellfirmen haben zudem Pflichten zur Überwachung des Systems nach Markteinführung. NutzerInnen der Systeme haben ebenfalls Pflichten, wie das Befolgen von Anweisungen, das Bereitstellen von Aufsichtspersonen oder die kontinuierliche Überwachung von Risiken.

Zu guter Letzt gibt es noch Anwendungen mit begrenztem Risiko, wie Chatbots, welche transparent in ihrer Verwendung sein müssen, und KI mit minimalem Risiko, wie z.B. Spamfilter, die einfach nur ihre Aufgabe erfüllen müssen, ohne Schaden anzurichten.

Die USA setzen sich ebenfalls dafür ein, ihre BürgerInnen vor den möglichen Risiken der KI zu schützen. Die

Biden-Regierung hat kürzlich einen Entwurf der "AI-Bill-of-Rights" vorgestellt, an welchen auch Brasilien, Kanada und Großbritannien arbeiten. Das Weiße Haus und das Büro für Wissenschafts- und Technologiepolitik haben fünf Prinzipien aufgestellt, die die Gestaltung, Nutzung und Bereitstellung von automatisierten Systemen leiten sollen, um die amerikanische Öffentlichkeit im Zeitalter der KI zu schützen. Dazu gehören Sicherheit, Schutz vor algorithmischer Diskriminierung, Datenschutz, Hinweise und Erläuterung, menschliche Alternativen, Audits und Notfallpläne.

So darf KI nicht zu ungerechtfertigter Diskriminierung beitragen oder gegen Datenschutzgesetze verstoßen. Social-Media-Plattformen müssen zum Beispiel in der Lage sein, zwischen konstruktiver Kritik und Hassbotschaften zu unterscheiden, damit niemandem die Stimme genommen wird. Die Bürgerinnen und Bürger sollen mehr Kontrolle darüber haben, wie Daten über sie verwendet werden, und sensible Informationen sollten nur für notwendige Zwecke genutzt werden. Aber das sind nur einige der vielen Aspekte, die in dieser KI-Bürgerrechte-Initiative diskutiert werden. Insgesamt wollen sie sicherstellen, dass KI auf eine Weise genutzt wird, die für alle sicher, fair und transparent ist.

Zusammenfassend lässt sich sagen, dass im KI-Zeitalter der Schutz der Menschen und die Schaffung transparenter, fairer und sicherer KI-Systeme für alle von entscheidender Bedeutung sind. Durch internationale Zusammenarbeit und gesetzliche Rahmenbedingungen können wir gemeinsam eine verantwortungsvolle und vertrauenswürdige KI-Zukunft gestalten.

KAPITEL 7

DU UND KI: GEMEINSAM ZU NEUEN HÖHEN

In der heutigen schnelllebigen Welt wird KI immer mehr Teil unseres täglichen Lebens. Ob sprechende Helferlein oder selbstfahrende Autos – KI macht riesige Sprünge und verändert, wie wir leben, arbeiten und kommunizieren. Trotz des großen Potenzials sind aber viele Leute noch skeptisch und haben so ihre Bedenken.

Um herauszufinden, wie wir KI zu unserem Traumpartner machen können, nehmen wir uns mal eine Weltraummission als Vorbild. Als wir Menschen anfingen, ins All vorzustoßen, mussten wir uns mit allerlei Hightech-Kram und Werkzeugen ausrüsten. Ähnlich müssen wir bei KI verstehen, wie sie am besten mit unseren menschlichen Fähigkeiten harmoniert, um knifflige Probleme zu lösen. Wenn wir Mensch und KI zusammenbringen, können wir das Beste aus beiden Welten rausholen und gemeinsam richtig abräumen.

Aber wie kriegen wir das hin? Wie stellen wir sicher, dass Menschen und KI Hand in Hand arbeiten? Lass uns einige wichtige Ideen erkunden, die uns helfen, KI zum idealen Match für uns zu machen.

KEEP YOUR FRIEND CLOSE: WARUM WIR ALLE MEHR ÜBER KI LERNEN MÜSSEN

Letztendlich läuft alles darauf hinaus: Je ausgefeilter die KI-Systeme werden, desto wichtiger ist es, ihre Fähigkeiten und möglichen Schwachstellen zu begreifen, insbesondere im Vergleich zu unseren menschlichen Fähigkeiten. Wir brauchen ein angemessenes Verständnis und angemessene mentale Modelle unserer neuen KI-Freunde. Nachdem du nun unser Buch so weit gelesen hast, hoffen wir, dass du erkennst, dass sowohl Menschen als auch KI ihre eigenen besonderen Vor- und Nachteile haben. Daher sollte die Zusammenarbeit und Aufteilung von Aufgaben zwischen Menschen und KI vor allem auf ihren individuellen Stärken basieren.

KI-Systeme trumpfen in vielen Bereichen gegenüber Menschen auf. Sie können riesige Datenmengen blitzschnell, präzise und zuverlässig aufnehmen und verarbeiten. Sie sind unermüdlich, emotionslos und haben keine versteckten Hintergedanken. Außerdem haben sie eine große Ausdauer und können sich Informationen und Abläufe viel besser merken. Dank dieser Eigenschaften sind KI-Systeme super geeignet für Aufgaben, bei denen Schnelligkeit, Genauigkeit und Beständigkeit gefragt sind. Das bedeutet, dass Aufgaben oder Aufgaben Komponenten, die auf Fähigkeiten abzielen, in denen KI-Systeme glänzen, wie logische und arithmetische Datenverarbeitung, weniger von Menschen beherrscht werden müssen, was wiederum weniger Training erfordert.

Auf der anderen Seite sind wir Menschen besser für Aufgaben gerüstet, die soziale Interaktion, das Reagieren auf unerwartete und unvorhersehbare Situationen sowie kreatives Problemlösen erfordern. Zum Beispiel sind wir spitze darin, menschliche Sprache und Symbolik zu interpretieren – das ist extrem wichtig für soziale Interaktionen. Außerdem sind wir ziemlich gut darin, flexibel auf unerwartete und unvorhersehbare Situationen zu reagieren und kreative Lösungen für offene und unklare Herausforderungen zu finden.

Das bedeutet, dass wir Menschen unsere einzigartigen Fähigkeiten nutzen und kontinuierlich die Kompetenzen verbessern sollten, die für eine erfolgreiche Zusammenarbeit zwischen uns und KI erforderlich sind. Klar, es ist wichtig, Daten und KI in der Wirtschaft einzusetzen, aber letztendlich sind es unsere Fähigkeiten, diese Daten zu interpretieren und KI-Insights zu nutzen, die Innovation und Erfolg vorantreiben. Wie wir aber in neuesten Studien gesehen haben, stellt gerade der menschliche Aspekt von Daten nach wie vor eine Herausforderung dar. Obwohl Daten immer wichtiger werden, hapert es noch bei Themen wie Unternehmenskultur, Personal, Prozessen und Organisation.

Es ist entscheidend, dass wir den menschlichen Aspekt von Daten, wie KI- und Datenkompetenz, in den Vordergrund stellen, damit wir den vollen Wert von Daten in unseren Entscheidungen und Handlungen nutzen können. Dabei dürfen wir nicht vergessen, dass es nicht nur darum geht, Daten, Datenprodukte, KI und maschinelles Lernen, Datenqualität und verschiedene Datenarchitekturen auf Vordermann zu bringen. Es geht vor allem darum, diese Daten und KI-Systeme einzusetzen, um bessere Entscheidungen zu treffen und die Innovationskraft zu steigern.

Das bedeutet auch, dass wir unsere Bildungssysteme mal gründlich überdenken sollten. Schauen wir uns zum Beispiel mal ChatGPT von OpenAI an. Dieses schlaue KI-Modell kann blitzschnell Aufsätze verfassen, komplexe Texte vereinfachen, auf Fragen antworten und sogar Code schreiben. Kein Wunder, dass ChatGPT innerhalb von nur fünf Tagen nach seiner Veröffentlichung eine Million Abonnenten hatte. Noch weniger überraschend ist es, dass viele Lehrkräfte schon kurz darauf anfingen, sich Sorgen über das Tool zu machen.

Klar ist, dass ChatGPT und andere KI-Tools dieser Art das Potenzial haben, die Art und Weise, wie wir Geschäftskommunikation, Medienberichte und sogar Programmierung angehen, komplett auf den Kopf zu stellen. Selbst Menschen, die in diesen Bereichen nicht gerade ExpertInnen sind, könnten plötzlich überzeugend schreiben oder komplexe Programme erstellen. Unabhängig von ihrem Bildungshintergrund oder Fachwissen ermöglichen diese neuen Tools, der breiten Öffentlichkeit Informationen zu finden, zu verstehen und zu verarbeiten. KI-Tools wie ChatGPT haben damit das Potenzial, Wissen und Innovation zu demokratisieren, indem sie Menschen aus unterschiedlichsten Hintergründen und Fähigkeiten Zugang zu leistungsfähigen Ressourcen bieten.

Was bedeutet das nun für die Bildung? Anstatt diese neuen Werkzeuge zu verbieten oder zu ignorieren, müssen wir die entscheidenden Fähigkeiten neu definieren, die wir in einer Welt, in der wir mit KI zusammenarbeiten, lehren und lernen müssen. Vielleicht hilft es, die Einführung der heutigen KI-Tools mit der Einführung des Taschenrechners in früheren Zeiten zu vergleichen. Natürlich müssen wir immer noch lernen, die Grundrechenarten zu beherrschen. Aber darüber hinaus müssen wir lernen, den Taschenrechner zu benutzen, um noch besser in Mathe zu werden und komplexere Aufgaben zu lösen. So ist es auch mit der KI. Wir können diese neuen Werkzeuge nicht ignorieren. Stattdessen müssen wir lernen, sie zu nutzen, damit wir noch besser werden können!

Wir sollten auch die positiven Auswirkungen dieser Technologie auf unser Bildungssystem nicht außer Acht lassen, denn sie hat das Potenzial, den Zugang zur Bildung zu revolutionieren und das Lernen insgesamt zu bereichern. Stell dir ChatGPT wie eine nie ermüdende Nachhilfe vor, die immer für uns da ist, ganz ohne Zeitdruck und immer geduldig. So kann das Lernen für uns alle individuell auf unsere jeweiligen Fähigkeiten zugeschnitten werden.

Dank solcher Technologie könnten wir eine Bildungslandschaft schaffen, in der teure PrivatlehrerInnen nicht mehr nur den finanziell Bessergestellten vorbehalten sind. Vielmehr steuern wir auf eine Zukunft zu, in der jeder gleichermaßen von Unterstützung profitiert und sein ganzes Potenzial entfalten kann.

Natürlich ist es wichtig, dass wir immer noch einige Aufgaben selbst meistern, für den Fall, dass die KI mal ausfällt. So haben wir immer einen Plan B und können wichtige Abläufe am Laufen halten. Darüber hinaus ist es auch entscheidend, dass wir wissen, wie diese KI-Systeme ticken und was sie alles draufhaben, damit wir kluge Entscheidungen darüber treffen können, wann und wie wir sie einsetzen.

Auch wenn du nach dem Lesen dieses Buches bereits Expertin oder Experte auf diesem Gebiet bist, ist es wichtig, immer auf dem Laufenden zu bleiben. Nur wenn wir genau wissen, was KI kann und wo ihre Grenzen liegen, können wir ein gesundes Vertrauen zu ihr aufbauen. So lernen wir, wann wir KI vertrauen und Aufgaben an sie abgeben können und wann es besser ist, den Menschen „im Spiel" zu halten. Und je selbstständiger diese Systeme werden, desto besser müssen wir sie verstehen!

Kurzum: Anstatt KI-Helferlein aus Schulen und anderen Bereichen zu verbannen, sollten wir lieber mehr über KI lernen (zum Beispiel das „KI-Hirn" und wie es im Vergleich zu unserem eigenen in Sachen Stärken und Schwächen abschneidet) und wie wir sie clever einsetzen können!

DIE KI-RAKETE: WAS IST MISSIONSKRITISCH?

Lass uns einmal eine Welt ausmalen, in der die KI so weit fortgeschritten ist, dass man kaum noch zwischen Mensch und Maschine unterscheiden kann. Genau das ist das Ziel vieler KI-Forschenden: Die allgemeine KI erreichen. Und auch wenn wir noch nicht ganz da sind, glauben viele ExpertInnen optimistisch, dass wir das in ein paar Jahrzehnten schaffen könnten. Aber auf diesem Weg geht es nicht nur darum, Super-Maschinen zu bauen. Es geht auch darum, sicherzustellen, dass unsere KI-Systeme unsere Werte achten und respektieren. Wir müssen genau überlegen, wie wir KI einsetzen, um die Gesellschaft zu gestalten, die wir uns wünschen. Und natürlich gibt es auch ein paar Stolpersteine, die es aus dem Weg zu räumen gilt.

Stell dir vor, wir kriegen das alles hin. Dann könnten wir eine KI entwickeln, die uns bei drängenden Problemen hilft, wie dem Klimawandel oder fiesen Krankheiten. Wir könnten völlig neue Bereiche in Wissenschaft und Technik erkunden, von den unendlichen Weiten des Weltraums bis zu den winzigen Teilchen der Nanotechnologie. Und wir könnten eine Gesellschaft aufbauen, die fairer, inklusiver und innovativer ist als je zuvor. Aber wie kommen wir dahin? Wie stellen wir sicher, dass KI hilfreich, sicher und mit unseren Werten im Einklang ist? Einige kluge Köpfe und KI-ForscherInnen benutzen das Bild einer Rakete, um das aufkommende KI-Zeitalter zu beschreiben.

Die Rakete symbolisiert die unglaublichen Möglichkeiten und die umwälzende Kraft dieser neuen Technologie. Genau wie eine Rakete kann KI uns an Orte bringen, von denen wir bisher nur träumen konnten. Um das Beste aus KI herauszuholen, brauchen wir aber dieselben drei Zutaten wie für eine Rakete: Power, Steuerung und ein klares Ziel.

Werfen wir zuerst einen Blick auf die Power. Im KI-Kontext bezieht sich Power auf die Rechenkraft und die Algorithmen, die Maschinen das Lernen und Entscheiden ermöglichen. So wie eine Rakete genug Power braucht, um der Erde zu entkommen und ins All zu düsen, benötigt KI genug Rechenpower, um riesige Datenberge zu bewältigen und sinnvoll einzusetzen. Seit ihren bescheidenen Anfängen vor über 70 Jahren hat die KI eine beeindruckende Reise hingelegt: von einfachen, regelbasierten Systemen über maschinelles Lernen bis hin zum Deep Learning. In den letzten Jahren hat sich die KI rasant entwickelt, dank der explosionsartigen Zunahme an Rechenleistung. Die aktuelle KI ist zwar noch „schmal", aber das ultimative Ziel einer KI, die menschliche Intelligenz in allen Bereichen erreicht oder sogar übertrifft, ist in greifbarer Nähe.

Der jüngste Durchbruch in der KI-Welt ist die generative KI, die einen Riesen-Sprung in den Fähigkeiten von Maschinen darstellt. Früher wurde KI hauptsächlich für Analysen und Vorhersagen verwendet – also um Daten auszuwerten und Empfehlungen darauf aufzubauen. Mit der generativen KI schaffen wir es aber, eine ganz neue Stufe von Innovation zu erreichen. Dank der Fortschritte bei der generativen KI können wir in Zukunft also noch mehr bahnbrechende Technologien erwarten. Angesichts dieser rasanten Entwicklung ist es aber wichtig, dass wir die technischen Veränderungen und die grundlegenden KI-Konzepte verstehen, um ihre Schwachstellen und Funktionsweisen zu durchschauen.

Und damit kommen wir zum nächsten wichtigen Punkt unserer „KI-Mission": Die Steuerung. So wie eine Rakete auf Kurs gebracht werden muss, braucht auch die KI eine klare Zielvorgabe. Hier sind wir alle gefragt. Die Steuerung der

KI-Entwicklung ist eine Teamarbeit, bei der alle Interessengruppen mitmachen müssen. Jede und jeder von uns sollte wissen, wie man das KI-Steuer übernimmt. Dazu gehört auch, dass wir verstehen und kontrollieren, wie die KI uns beeinflusst. Welche Vorteile bringt die Zusammenarbeit mit KI und welche Risiken lauern?

Als tägliche Nutzerinnen und Nutzer von KI-Technologie sollten wir uns darüber im Klaren sein, wie KI unsere Entscheidungen und unser Verhalten beeinflusst. Wie ist die KI-Interaktion gestaltet und was hatten die Designer im Sinn? Hat die KI menschenähnliche Züge und wie wirkt sich das auf unser Verhalten aus? Indem wir mögliche Verzerrungen in KI-Algorithmen in Betracht ziehen und Maßnahmen ergreifen, um sie zu verringern, können wir alle dazu beitragen, die KI-Entwicklung in eine positive Richtung zu steuern.

Das Steuern von KI erfordert auch, dass wir die ethischen Auswirkungen von KI verstehen und sicherstellen, dass sie im Einklang mit unseren Werten entwickelt wird. Hier sind ForscherInnen, EntwicklerInnen und Entscheidungstragende gefragt. Sie haben die Aufgabe, Regeln und Richtlinien zu entwerfen, damit KI sicher, ethisch und transparent eingesetzt wird. Das kann zum Beispiel bedeuten, dass sie Regeln und ethische Leitlinien für die Nutzung von KI festlegen oder Forschung fördern, die sich auf die Entwicklung einer KI konzentriert, die sicher, ethisch und für alle von Vorteil ist.

Ein weiterer wichtiger Punkt ist Transparenz. Wie wir festgestellt haben, ist das keine leichte Aufgabe und verlangt von uns, Fragen zu stellen, auf die wir bisher wenig geachtet haben. Wir müssen in der Lage sein, KI-Systeme so weit zu verstehen, um einschätzen zu können, ob sie unseren Zielen und Werten gerecht werden. Das bedeutet, dass vielleicht auch offen und transparent dargelegt werden muss, wie KI entwickelt wird, welche Daten sie verwendet und wie sie Entscheidungen trifft.

Zum Schluss kommen wir zum Ziel selbst. Eine Rakete braucht ein klares Ziel, um erfolgreich zu sein, und genauso ist es bei KI. Wir müssen uns im Klaren darüber sein, was wir mit KI erreichen möchten und welche Art von Gesellschaft wir mit ihrer Hilfe gestalten wollen. Wir sollten uns fragen: Welche Welt möchten wir erschaffen und wie kann KI uns dabei unterstützen?

Unser gemeinsames Ziel sollte eine KI sein, die mit uns zusammenarbeitet, kollaborative KI. Wir wollen nicht, dass KI uns ersetzt, sondern dass sie uns stärkt. Aber dieses Ziel können wir nur erreichen, wenn wir keine Angst vor KI haben. Die Umsetzung dieser Vision wird unser Wissen und unsere Arbeitsweise erheblich verändern. Manche Berufe und Fertigkeiten werden durch die zunehmende Verbreitung von KI immer wichtiger, während andere möglicherweise überflüssig werden. Das bedeutet, dass wir bereit sein müssen, uns diesen Veränderungen anzupassen und neue Fähigkeiten zu erlernen, die in einer KI-geprägten Welt gefragt sein werden. Doch mit diesen Veränderungen eröffnen sich auch neue Möglichkeiten. Da KI uns hilft, Probleme zu lösen und Innovationen zu entwickeln, können wir neue Gebiete in Wissenschaft und Technologie erkunden – von der Weltraumforschung bis zur Nanotechnologie.

Schlussendlich geht es bei der Zusammenarbeit mit KI darum, eine Zukunft zu gestalten, in der KI zum Wohl aller eingesetzt wird. Wenn wir gemeinsam daran arbeiten, die Entwicklung von KI in eine positive Richtung zu lenken, können wir eine Welt erschaffen, in der KI Gutes bewirkt und neue Möglichkeiten eröffnet, die früher undenkbar waren.

Betrachten wir die Reise in die KI-Welt als eine Entdeckungsmission in ein neues Gebiet. Aber anders als bei einer klassischen Weltraummission, bei der nur einige Auserwählte ins All fliegen, sind wir alle Passagiere auf dieser Reise. Es ist ein gemeinschaftliches Unterfangen, bei dem alle zusammenarbeiten müssen, um die Entwicklung der KI positiv zu beeinflussen. So können wir eine Zukunft gestalten, in der KI zum Wohl der gesamten Gesellschaft beiträgt.

Bei dieser Aufgabe müssen wir nicht nur die Technologie selbst berücksichtigen, sondern auch die ethischen, sozialen und politischen Auswirkungen der KI. Unser gemeinsames Ziel sollte eine kollaborative Intelligenz sein, bei der wir die Kraft der KI nutzen, um drängende Weltprobleme zu lösen und neue Horizonte in Wissenschaft und Technologie zu erkunden.

DIE ZUKUNFT VON "YOU & AI"

Stell dir vor, du reist 20 Jahre in die Vergangenheit und erzählst jemandem von der heutigen Welt – von Autos, die sich selbst steuern, Sprachassistenten, die aufs Wort hören, und Robotern, die uns im Alltag helfen. Die Person hätte dich vermutlich für verrückt gehalten. Aber heute ist all das Realität. Wir leben in einer Welt, in der KI allgegenwärtig ist. Dabei ist diese Technologie in unserem täglichen Leben noch ziemlich jung – und doch können wir uns ein Leben ohne sie kaum noch vorstellen. Aber das ist erst der Beginn einer spannenden Reise in die Zukunft, die noch viele Überraschungen und Entwicklungen bereithält.

Die Fähigkeiten und der Einfluss von KI wachsen rasant – oft ohne dass wir es merken. Es ist zu erwarten, dass KI in den kommenden Jahren noch bedeutender und weitreichender in unserem Leben und der Gesellschaft wird. Viele Forschende glauben sogar, dass es nur eine Frage der Zeit ist, bis KI menschenähnliche Intelligenz erreicht, obwohl sie noch mit einigen Herausforderungen und Schwächen zu kämpfen hat. Dabei ist wichtig zu bedenken, dass diese KI-Helferlein im Vergleich zu uns Menschen ein ganz eigenes Intelligenzprofil haben werden, auch wenn sie in der Lage sind, unser Verhalten und unsere Problemlösungsfähigkeiten nachzuahmen. Um das Beste aus dieser neuen Freundschaft herauszuholen, sollten wir KI-Systeme als Ergänzung zu unseren Stärken betrachten, die unsere kognitiven Schwächen ausgleichen, anstatt eine KI zu verfolgen, die genauso wie wir ist. Wenn wir offen und mutig genug sind, zuzugeben, dass KI in gewisser Weise klüger ist als wir, können wir gemeinsam Großartiges erreichen.

Und so sind wir hier am Ende unserer spannenden Reise in die faszinierende Welt von "You & AI". Aber sei nicht traurig, das ist erst der Beginn einer wunderbaren Freundschaft! Betrachte die KI als deinen neuen besten Buddy, der dir immer zur Seite steht und dir das Leben leichter macht. Und das Tolle daran? Die KI schnappt dir nicht einfach all deine Aufgaben weg, sodass du dich nur noch langweilen kannst. Nein, sie arbeitet mit dir zusammen, um selbst kniffligste Herausforderungen zu meistern. Als ProduktdesignerIn hilft sie dir, geniale Ideen zu finden, um Materialkosten zu senken; als Wissenschaftlerin zeigt sie dir die erfolgverschprechendsten Krebsbehandlungen, die du genauer untersuchen solltest. Zusammen könnt ihr die schwierigsten Probleme lösen und Dinge erreichen, die keiner von uns alleine schaffen könnte. Das ist die Magie und das wahre Wunder von "You & AI".

FEEDBACK

Liebe Leserin, lieber Leser,

Danke, dass du You & AI: Alles über Künstliche Intelligenz und wie sie unser Leben prägt gelesen hast. Wenn du einen Moment Zeit hast, teile uns bitte dein Feedback mit. Es wäre außerdem eine immense Hilfe, wenn du das Buch auf der Plattform, auf der du es erworben hast, bewerten oder rezensieren könntest.

Wir danken dir im Voraus für deine Zeit und deinen Beitrag.

DANKSAGUNG

Ein riesengroßes Dankeschön an alle, die uns dabei geholfen haben, dieses Buch Wirklichkeit werden zu lassen! Es war eine aufregende Reise, die wir ohne jeden Einzelnen von euch nicht hätten bewältigen können. Zuerst möchten wir all den brillanten Forscherinnen und Forschern danken, die wir auf verschiedenen Konferenzen kennenlernen durften und deren Forschung maßgeblich den Inhalt dieses Buches inspiriert haben. Eure anregenden Diskussionen und Einsichten haben die Ideen und Inhalte dieses Buches entscheidend geprägt. Wir fühlen uns geehrt, dass wir die Gelegenheit hatten, uns mit solch brillanten Köpfen auszutauschen!

Ein weiteres großes Dankeschön geht an ChatGPT für die unverzichtbare Hilfe bei der Verfeinerung unseres Manuskripts. Mit seinen leistungsstarken Sprachverarbeitungsfunktionen und seiner blitzschnellen Fähigkeit, das Manuskript zu verfeinern und zu perfektionieren, hat ChatGPT dem Buch den letzten Schliff verliehen und es auf ein neues Level gehoben. Danke, ChatGPT, dass du unseren Schreibprozess so schnell und problemlos gemacht hast! Natürlich möchten wir auch DALL-E danken, dem KI-Modell, das uns die Erstellung der Bilder in diesem Buch ermöglicht hat. Mit DALL-E konnten wir die faszinierenden Möglichkeiten der generativen KI präsentieren und mühelos umwerfende Bilder und Designs zaubern.

Last but not least, ein herzliches Dankeschön an all unsere Freundinnen, Freunde und Familienmitglieder, die unermüdlich hinter den Kulissen gearbeitet haben. Danke, danke, danke für eure Beiträge, eure Unterstützung und eure Ermutigung während dieser Reise. Wir freuen uns, dass wir diese Ideen mit euch teilen können, und hoffen, dass sie euch genauso viel Freude bereiten wie uns!

BIBLIOGRAPHIE

HALLO! HIER IST KI.

Bergstein, B. (2017, December 15). *The Great AI Paradox.* MIT Technology Review. https://www.technologyreview. com/s/609318/the-great-ai-paradox/

Bergstein, B. (2020, February 19). *What AI still can't do.* MIT Technology Review. https://www.technologyreview. com/2020/02/19/868178/what-ai-still-cant-do/

Bostrom, N. (2017). *Superintelligence: Paths, Dangers, Strategies.* Oxford University Press.

Candrian, C., & Scherer, A. (2023). *Everybody Is Selling AI Nowadays!: How Terminology Affects Users Responses to System Failures.* SSRN Electronic Journal.

Davenport, T. H., & Mittal, N. (2022, November 14). *How Generative AI Is Changing Creative Work.* Harvard Business Review. https://hbr.org/2022/11/how-generative-ai-is-changing-creative-work

Du Sautoy, M. (2019). *The Creativity Code: How AI is learning to write, paint and think.* HarperCollins UK.

Kelly, S. D. (2019, February 21). *A philosopher argues that an AI can't be an artist.* MIT Technology Review. https://www. technologyreview.com/2019/02/21/239489/a-philosopher-argues-that-an-ai-can-never-be-an-artist/

Korteling, J. H., van de Boer-Visschedijk, G. C., Blankendaal, R. A., Boonekamp, R. C., & Eikelboom, A. R. (2021).

Human-versus artificial intelligence. *Frontiers in Artificial Intelligence*, 4, 622364.

Kurzweil, R. (2005). *The Singularity Is Near: When Humans Transcend Biology.* Viking.

Russell, S., & Norvig, P. (2002). *Artificial Intelligence: A Modern Approach* (2nd ed.). Prentice Hall.

Sheikh, H., Prins, C., & Schrijvers, E. (2023). Artificial Intelligence: Definition and Background. In *Mission AI: The New System Technology* (pp. 15-41). Springer International Publishing.

Tegmark, M. (2017). *Life 3.0: Being human in the age of artificial intelligence.* Borzoi Book published by A.A. Knopf.

Williams, R. (2022, September 15). *An AI used medical notes to teach itself to spot disease on chest x-rays.* MIT Technology Review. https://www.technologyreview.com/2022/09/15/1059541/ai-medical-notes-teach-itself-spot-disease-chest-x-rays/

World Economic Forum. (2023, January 9). Generative AI: a game-changer that society and industry need to be ready for. World Economic Forum Annual Meeting, Davos, Switzerland. https://www.weforum.org/agenda/2023/01/davos23-generative-ai-a-game-changer-industries-and-society-code-developers/

HEY SIRI! BIST DU MENSCH ODER MASCHINE?

Berger, B., Adam, M., Rühr, A., & Benlian, A. (2021). Watch me improve—Algorithm aversion and demonstrating the ability to learn. *Business & Information Systems Engineering*, *63*(1), 55-68.

Castelo, N., Bos, M. W., & Lehmann, D. R. (2019). Task-dependent algorithm aversion. *Journal of Marketing Research*,

56(5), 809-825.

Dietvorst, B. J., Simmons, J. P., & Massey, C. (2015). Algorithm aversion: people erroneously avoid algorithms after seeing them err. *Journal of Experimental Psychology: General*, *144*(1), 114.

Dwyer, R. J., Kushlev, K., & Dunn, E. W. (2018). Smartphone use undermines enjoyment of face-to-face social interactions. *Journal of Experimental Social Psychology*, *78*, 233-239.

Epley, N., Waytz, A., & Cacioppo, J. T. (2007). On seeing human: a three-factor theory of anthropomorphism. *Psychological review*, 114(4), 864.

Gray, H. M., Gray, K., & Wegner, D. M. (2007). Dimensions of mind perception. *science*, 315(5812), 619-619.

Logg, J. M., Minson, J. A., & Moore, D. A. (2019). Algorithm appreciation: People prefer algorithmic to human judgment. *Organizational Behavior and Human Decision Processes*, *151*, 90-103.

Longoni, C., & Cian, L. (2022). Artificial intelligence in utilitarian vs. hedonic contexts: The "word-of-machine" effect. *Journal of Marketing*, *86*(1), 91-108.

Longoni, C., Bonezzi, A., & Morewedge, C. K. (2019). Resistance to medical artificial intelligence. *Journal of Consumer Research*, *46*(4), 629-650.

Melo, C. D., Marsella, S., & Gratch, J. (2016). People do not feel guilty about exploiting machines. *ACM Transactions on Computer-Human Interaction (TOCHI)*, *23*(2), 1-17.

Mende, M., Scott, M. L., van Doorn, J., Grewal, D., & Shanks, I. (2019). Service robots rising: How humanoid robots influence service experiences and elicit compensatory consumer responses. *Journal of Marketing Research*, *56*(4), 535-556.

Moon, Y. (2000). Intimate exchanges: Using computers to elicit self-disclosure from consumers. *Journal of Consumer Research*, *26*(4), 323-339.

Mori, M. (1970). The uncanny valley: the original essay by Masahiro Mori. *IEEE Spectrum*.

Nass, C., & Moon, Y. (2000). Machines and mindlessness: Social responses to computers. *Journal of Social Issues*, 56, 81-103.

Nass, C., & Yen, C. (2010). *The Man Who Lied to His Laptop: What We Can Learn About Ourselves from Our Machines*, Penguin Group, NY.

Pfeuffer, N., Benlian, A., Gimpel, H., & Hinz, O. (2019). Anthropomorphic information systems. *Business & Information Systems Engineering, 61*, 523-533.

Reeves, B. & Nass, C.I. (1996), *The Media Equation*, Stanford, CA: CSLI Publications.

Waytz, A., Heafner, J., & Epley, N. (2014). The mind in the machine: Anthropomorphism increases trust in an autonomous vehicle. *Journal of Experimental Social Psychology, 52*, 113-117.

Yalcin, G., Lim, S., Puntoni, S., & van Osselaer, S. M. (2022). Thumbs up or down: Consumer reactions to decisions by algorithms versus humans. *Journal of Marketing Research*, 59(4), 696-717.

Yeomans, M., Shah, A., Mullainathan, S., & Kleinberg, J. (2019). Making sense of recommendations. *Journal of Behavioral Decision Making, 32*(4), 403-414.

KI UND MENSCH: DURCH ZUSAMMENARBEIT POTENZIALE ENTFESSELN

Candrian, C., & Scherer, A. (2022). Rise of the machines: Delegating decisions to autonomous AI. *Computers in Human Behavior, 134*, 107308.

Candrian, C., & Scherer, A. (2023). Reactance to Human

versus Artificial Intelligence: Why Positive and Negative Information from Human and Artificial Agents leads to Different Responses. SSRN Electronic Journal.

Cheng, M. (2022). The Creativity of Artificial Intelligence in Art. In Proceedings (Vol. 81, No. 1, p. 110). MDPI.

Davenport, T. H., & Mittal, N. (2022, November 14). *How Generative AI Is Changing Creative Work*. Harvard Business Review. https://hbr.org/2022/11/how-generative-ai-is-changing-creative-work

Häubl, G., & Trifts, V. (2000). Consumer decision making in online shopping environments: The effects of interactive decision aids. *Marketing Science, 19*(1), 4-21.

Heikkilä, M. (2022, September 16). *This artist is dominating AI-generated art. And he's not happy about it*. MIT Technology Review: https://www.technologyreview.com/2022/09/16/1059598/this-artist-is-dominating-ai-generated-art-and-hes-not-happy-about-it/

Herrmann, P. N., Kundisch, D. O., & Rahman, M. S. (2015). Beating irrationality: does delegating to IT alleviate the sunk cost effect?. *Management Science, 61*(4), 831-850.

Johnson, E. J., & Payne, J. W. (1985). Effort and accuracy in choice. *Management Science, 31*(4), 395-414.

Karimi, P., Rezwana, J., Siddiqui, S., Maher, M. L., & Dehbozorgi, N. (2020, March). Creative sketching partner: an analysis of human-AI co-creativity. In *Proceedings of the 25th International Conference on Intelligent User Interfaces* (pp. 221-230).

Kim, S., Chen, R. P., & Zhang, K. (2016). Anthropomorphized helpers undermine autonomy and enjoyment in computer games. *Journal of Consumer Research, 43*(2), 282-302.

Köbis, N., & Mossink, L. D. (2021). Artificial intelligence versus Maya Angelou: Experimental evidence that people cannot differentiate AI-generated from human-written poetry. *Computers in Human Behavior, 114*, 106553.

251

Moutsiana, C., Garrett, N., Clarke, R. C., Lotto, R. B., Blake-more, S. J., & Sharot, T. (2013). Human development of the ability to learn from bad news. *Proceedings of the National Academy of Sciences, 110*(41), 16396-16401.

Nisbett, R. E., Ross, L. (1980). *Human Inference: Strategies and Shortcomings of Social Judgment.* Vereinigtes Königreich: Prentice-Hall.

Payne, J. W., Payne, J. W., Bettman, J. R., & Johnson, E. J. (1993). *The adaptive decision maker.* Cambridge University Press.

Roubroeks, M., Ham, J., & Midden, C. (2011). When artificial social agents try to persuade people: The role of social agency on the occurrence of psychological reactance. *International Journal of Social Robotics, 3,* 155-165.

Sharot, T. (2011). The optimism bias. *Current biology, 21*(23), R941-R945.

Sharot, T., & Garrett, N. (2016). Forming beliefs: Why valence matters. *Trends in cognitive sciences, 20*(1), 25-33.

Tversky, A., & Kahneman, D. (1981). The framing of decisions and the psychology of choice. *Science, 211*(4481), 453-458.

DAS GROSSE ABER: DIE VERBORGENEN RISIKEN EINER SCHEINBAR PERFEKTEN PARTNERSCHAFT

Caliskan, A., Bryson, J. J., & Narayanan, A. (2017). Semantics derived automatically from language corpora contain human-like biases. *Science, 356*(6334), 183-186.

Carr, N. G. (2015). *The glass cage: how our computers are changing us.* W.W. Norton & Company.

Dezfouli, A., Nock, R., & Dayan, P. (2020). Adversarial vulnerabilities of human decision-making. *Proceedings of the*

National Academy of Sciences, 117(46), 29221-29228.

Dressel, J., & Farid, H. (2018). The accuracy, fairness, and limits of predicting recidivism. *Science Advances*, 4(1), DOI: 10.1126/sciadv.aao5580.

Flores, A. W., Bechtel, K., & Lowenkamp, C. T. (2016). False positives, false negatives, and false analyses: A rejoinder to machine bias: There's software used across the country to predict future criminals. and it's biased against blacks. Fed. Probation, 80, 38.

Henkel, L. A. (2014). Point-and-shoot memories: The influence of taking photos on memory for a museum tour. *Psychological Science*, 25(2), 396-402.

Jago, A. S., & Laurin, K. (2022). Assumptions about algorithms' capacity for discrimination. *Personality and Social Psychology Bulletin*, 48(4), 582-595.

Kaluža, J. (2022). Habitual Generation of Filter Bubbles: Why is Algorithmic Personalisation Problematic for the Democratic Public Sphere?. *Javnost-The Public*, 1-17.

Lambrecht, A., & Tucker, C. (2019). Algorithmic bias? An empirical study of apparent gender-based discrimination in the display of STEM career ads. *Management Science*, 65(7), 2966-2981.

Obermeyer, Z., Powers, B., Vogeli, C., & Mullainathan, S. (2019). Dissecting racial bias in an algorithm used to manage the health of populations. *Science*, 366(6464), 447-453.

Pariser, E. (2012). *The filter bubble: how the new personalized web is changing what we read and how we think*. Penguin Books.

Rafner, J., Dellermann, D., Hjorth, A., Verasztó, D., Kampf, C., Mackay, W., & Sherson, J. (2022). Deskilling, Upskilling, and Reskilling: a Case for Hybrid Intelligence. *Morals & Machines*, 1(2), 24-39.

Sparrow, B., Liu, J., & Wegner, D. M. (2011). Google effects on memory: Cognitive consequences of having information at our fingertips. *Science*, 333(6043), 776-778.

Susser, D., Roessler, B., & Nissenbaum, H. (2019). Online manipulation: Hidden influences in a digital world. *Geo. L. Tech. Rev.*, *4*, 1.

Thurman, N. (2011). Making 'The Daily Me': Technology, economics and habit in the mainstream assimilation of personalized news. *Journalism*, *12*(4), 395-415.

Traeger, M. L., Strohkorb Sebo, S., Jung, M., Scassellati, B., & Christakis, N. A. (2020). Vulnerable robots positively shape human conversational dynamics in a human–robot team. *Proceedings of the National Academy of Sciences*, 117(12), 6370-6375.

Tufekci, Z. (2018, March 10). *YouTube, the Great Radicalizer.* The New York Times. https://www.nytimes.com/2018/03/10/opinion/sunday/youtube-politics-radical.html

Turkle, S. (2011). *Alone together: Why we expect more from technology and less from each other.* Basic Books.

Waytz, A. (2019). *The power of human: How our shared humanity can help us create a better world.* W. W. Norton & Company.

KI FÜTTERN. WARUM DEINE DATEN DAS NEUE HAPPY MEAL SIND.

Acquisti, A., Brandimarte, L., & Loewenstein, G. (2020). Secrets and Likes: The Drive for Privacy and the Difficulty of Achieving It in the Digital Age. *Journal of Consumer Psychology*, *30*(4), 736–758. https://doi.org/10.1002/jcpy.1191

Athey, S., Catalini, C., & Tucker, C. (2018). The Digital Privacy Paradox. *MIT Sloan Research Paper No. 5196-17, Stanford University Graduate School of Business Research Paper No. 17-14.* https://doi.org/http://dx.doi.org/10.2139/ssrn.2916489

Brehm, Sharon S and Jack W. Brehm (1981), *Psychological re-*

actance: A theory of freedom and control. Academic Press.

Büchi, M., Fosch-Villaronga, E., Lutz, C., Tamò-Larrieux, A., & Velidi, S. (2021). Making sense of algorithmic profiling: user perceptions on Facebook. *Information, Communication & Society*, 1-17.

Dehouche, N., & Dehouche, K. (2023). What is in a Text-to-Image Prompt: The Potential of Stable Diffusion in Visual Arts Education. *arXiv preprint arXiv:2301.01902.*

Dezfouli, A., Nock, R., & Dayan, P. (2020). Adversarial vulnerabilities of human decision-making. *Proceedings of the National Academy of Sciences*, *117*(46), 29221-29228.

Hillebrand, K., & Hornuf, L. (2021). The Social Dilemma of Big Data: Donating Personal

Data to Promote Social Welfare. *SSRN Electronic Journal.*

John, L. K. (2018). Uninformed consent. *Harvard Business Review.* https://hbr.org/2018/09/uninformed-consent

Kosinski, M., Stillwell, D., & Graepel, T. (2013). Private traits and attributes are predictable from digital records of human behavior. *Proceedings of the National Academy of Sciences*, *110*(15), 5802–5805.

Linek, S. B., Fecher, B., Friesike, S., & Hebing, M. (2017). Data sharing as social dilemma: Influence of the researcher's personality. *PloS one*, *12*(8), e0183216.

Matz, S. C., Kosinski, M., Nave, G., & Stillwell, D. J. (2017). Psychological targeting as an effective approach to digital mass persuasion. *Proceedings of the National Academy of Sciences*, *114*(48), 12714-12719.

MIT Technology Review. (2023, January 26). *How Roomba tester's private images ended up on Facebook.* https://www.technologyreview.com/2023/01/26/1067317/podcast-roomba-irobot-robot-vacuums-artificial-intelligence-training-data-privacy-consent-agreement-misled/

Nissenbaum, H. (2010). *Privacy in context: Technology, policy, and the integrity of social life.* Stanford University Press.

Puntoni, S., Reczek, R. W., Giesler, M., & Botti, S. (2021). Consumers and artificial intelligence: An experiential perspective. *Journal of Marketing*, *85*(1), 131-151.

Skatova, A., & Goulding, J. (2019). Psychology of personal data donation. *PloS one*,

14(11), 1–20. https://doi.org/10.1371/journal.pone.0224240

United Nations. (2020). *Big Data for Sustainable Development*. https://www.un.org/en/global-issues/big-data-for-sustainable-development

Wenzel, C., & Scherer, A. (2022). *Sharing Data for Social Good: From Uninformed Consent to Misinformed Dissent*. SSRN Electronic Journal.

LEITPLANKEN DER KI: WIE WIR KI AUF KURS HALTEN

Awad, E., Dsouza, S., Kim, R., Schulz, J., Henrich, J., Shariff, A., ... & Rahwan, I. (2018). The moral machine experiment. *Nature*, *563*(7729), 59-64.

Barocas, S., Hardt, M., & Narayanan, A. (2017). *Fairness in machine learning.* Nips tutorial, 1, 2017.

Christian, B. (2020). *The alignment problem: Machine learning and human values.* W. W. Norton & Company.

Dwivedi, Y. K., Hughes, L., Ismagilova, E., Aarts, G., Coombs, C., Crick, T., ... & Williams, M. D. (2021). Artificial Intelligence (AI): Multidisciplinary perspectives on emerging challenges, opportunities, and agenda for research, practice and policy. *International Journal of Information Management*, *57*, 101994.

Gordon, C. (2022, December 28). *2023 Will Be The Year Of AI Ethics Legislation Acceleration.* Forbes. https://www.forbes.com/sites/cindygordon/2022/12/28/2023-will-be-the-year-of-ai-ethics-legislation-acceleration/?sh=101945c8e855

Gordon, C. & Upadhyay, M.A. (2021). *The AI Dilemma: A Leadership Guide to Assess Enterprise AI Maturity & Explore AI's Impact in Your Industry*. BPB Publications.

Hindriks, F., & Veluwenkamp, H. (2023). The risks of autonomous machines: from responsibility gaps to control gaps. *Synthese*, *201*(1). https://doi.org/10.1007/s11229-022-04001-5

Korteling, J. H., van de Boer-Visschedijk, G. C., Blankendaal, R. A., Boonekamp, R. C., & Eikelboom, A. R. (2021). Human-versus artificial intelligence. *Frontiers in artificial intelligence*, 4, 622364.

Langston, J. (2015, April 9). *Who's a CEO? Google image results can shift gender biases*. UW News. https://www.washington.edu/news/2015/04/09/whos-a-ceo-google-image-results-can-shift-gender-biases/

Miller, T. (2019). Explanation in artificial intelligence: Insights from the social sciences. *Artificial intelligence*, *267*, 1-38.

Rai, A. (2020). Explainable AI: From black box to glass box. *Journal of the Academy of Marketing Science*, *48*, 137-141.

Taddeo, M., & Floridi, L. (2018). How AI can be a force for good. *Science*, *361*(6404), 751-752.

DU UND KI: GEMEINSAM ZU NEUEN HÖHEN

Roser, M. (2022, December 15). *Artificial intelligence is transforming our world — it is on all of us to make sure that it goes well*. Our World in Data. https://ourworldindata.org/ai-impact

Taddeo, M., & Floridi, L. (2018). How AI can be a force for

good. *Science*, *361*(6404), 751-752.

Tegmark, M. (2018). *Life 3.0: Being human in the age of artificial intelligence.* Vintage.

INDEX

ÜBER DIE AUTORINNEN

Anne Scherer ist eine echte Vorreiterin in Sachen Verbraucherpsychologie und Technologie. Seit mehr als einem Jahrzehnt ist sie auf einer Mission, herauszufinden, wie neue Technologien die Art und Weise verändern, wie wir mit Unternehmen interagieren. Als Assistenzprofessorin für Quantitatives Marketing an der Universität Zürich und Mitgründerin von Delta Labs AG taucht Anne tief in die faszinierende Welt von KI, Robo-Advisors und Conversational Interfaces ein.

Getrieben von ihrer Leidenschaft für „better tech" unterstützt Anne Start-ups, Unternehmen und NGOs bei der Gestaltung unserer KI-gesteuerten Zukunft. Sie war bereits Mitglied des Global Future Councils des Weltwirtschaftsforums und ist für ihre bahnbrechenden Forschungsarbeiten bekannt, die in Top-Wissenschaftsjournalen und großen Medien veröffentlicht wurden. Ihr TEDxTalk, in dem sie darüber spricht, warum wir gegenüber Maschinen ehrlicher sind, wurde bereits über 1,8 Millionen Mal angesehen.

Bevor Anne zur Universität Zürich kam, forschte sie an der ETH Zürich und promovierte mit Auszeichnung an der Technischen Universität München.

Anne ist nicht nur Wissenschaftlerin, sondern auch eine echte Abenteurerin. Sie hat die Welt bereist, vom Tauchen im Roten Meer bis zum Radeln auf der Osterinsel, und diese Erfahrungen haben ihre Perspektive bereichert. So trägt Anne dazu bei, eine von Technologie geprägte Zukunft zu gestalten, die genauso spannend ist wie ihre eigenen Abenteuer. Anne lebt mit ihrem Partner in Zürich.

Cindy Candrian ist nicht nur eine begnadete KI-Expertin und Unternehmerin, sondern auch eine echte Verfechterin des Faktor Mensch und der quantitativen Methoden. Mit ihrem Doktortitel von der Universität Zürich hat sie sich auf eine spannende Reise begeben, um zu erforschen, wie Daten und Technologie unsere Entscheidungen verbessern können. Ihre bahnbrechenden Erkenntnisse haben es in renommierte Zeitschriften wie *Computers in Human Behavior* geschafft und wurden auf weltweiten akademischen Konferenzen vorgestellt.

In ihrer Rolle als Serial Entrepreneurin hat Cindy schon zwei erfolgreiche Start-ups aus der Taufe gehoben – ihr jüngstes Baby heißt Delta Labs AG. Bei Delta Labs ist ihr Hauptziel, innovative und maßgeschneiderte KI-Lösungen für Unternehmen zu entwickeln, indem sie modernste Methoden und Algorithmen einsetzt. Sie ist besonders begeistert von „hybrider Intelligenz" und wie KI die menschliche Arbeit verbessern und ergänzen kann.

Neben ihrem Berufsleben ist Cindy eine begabte Hobby-Designerin und hat alle beeindruckenden Bilder in diesem Buch mit Hilfe von DALL-E kreiert. Ihre Leidenschaft gilt auch ausgedehnten Wanderungen durch die Schweizer Bergwelt, zusammen mit ihrem treuen Vierbeiner Benji. Diese Naturerlebnisse inspirieren sie und geben ihr neue Energie für ihre kreativen Projekte. Zusammen mit ihrem Partner und Benji lebt Cindy in einer idyllischen Gemeinde nahe Zürich und hinterlässt weiterhin ihre Spuren in der Welt der KI und datengetriebenen Entscheidungsfindung.